Debora Horst / Marie Anne Nauer

Graphologische Gutachten in Theorie und Praxis aus arbeitsrechtlicher Sicht

Herausgegeben von / Edited by

Prof. Dr. iur. Roland Müller, Universität St. Gallen
Prof. Dr. iur. Thomas Geiser, Universität St. Gallen
Prof. Dr. iur. Kurt Pärli, Universität St. Gallen

Recht in privaten und öffentlichen Unternehmen

Law for Private and Public Enterprises

Band / Volume 32

Debora Horst / Marie Anne Nauer

Graphologische Gutachten in Theorie und Praxis aus arbeitsrechtlicher Sicht

DIKE

Bibliografische Information der Deutschen Nationalbibliothek
Die Deutsche Nationalbibliothek verzeichnet diese Publikation in der Deutschen Nationalbibliografie; detaillierte bibliografische Daten sind im Internet über http://dnb.dnb.de abrufbar.

ISBN 978-3-03891-134-0

www.dike.ch

So fällt es manchen Leuten leicht, anderen aber äusserst schwer,
den individuellen Charakter eines anderen Menschen aufzuzeichnen,
sei dieser nun ähnlich oder ganz verschieden zu ihrem eigenen.

Aldorisius, Axiom XII

Vorwort

Die diesem Buch zugrunde liegende Masterarbeit ist von Debora Horst am 4. Mai 2016 an der Universität Bern an der rechtswissenschaftlichen Fakultät bei Prof. Dr. iur. Roland Müller vorgelegt worden. Graphologisch begleitet wurde sie von der Co-Autorin Dr. Marie Anne Nauer.

Prof. Dr. iur. Roland Müller hatte das Thema ursprünglich angeregt; ihm gebührt ein besonderer Dank für seine überzeugte Unterstützung und fachliche Begleitung der Arbeit und später auch des Buches während seiner ganzen Entstehungszeit.

Wertvolle Hinweise und Anmerkungen sind uns ausserdem von Dr. iur. Adolf C. Kellerhals, ehem. StA, Nora Steiner, MLaw, und Thomas Oechsle zugekommen.

Wir bedanken uns auch bei all jenen, die ebenfalls zum Gelingen dieser Arbeit beigetragen haben: Sie haben uns unterstützt und motiviert in Gesprächen, mit Anregungen, kritischen Fragen, Ergänzungen, Kommentaren und Gegenlesen.

Debora Horst und Marie Anne Nauer

Niedergösgen/Zürich, im April 2019

Inhaltsübersicht

Inhaltsverzeichnis

Literaturverzeichnis

Die nachstehenden Werke werden, wenn nichts anderes angegeben ist, mit Nachnamen des Autors/der Autorin sowie mit Seitenzahl oder Randnummer zitiert.

ALDORISIUS, PROSPER. Idengraphicus nuntius. Neapoli 1611. Zitat übersetzt von Marie Anne Nauer.

ANDEL VAN, PEK. Anatomy of the Unsought Finding. Serendipity: Origin, History, Domains, Traditions, Appearances, Patterns and Programmability. *The British Journal for the Philosophy of Science,* 1994, Vol 45, no 2, pp. 631–648.

AVÉ-LALLEMENT, URSULA (Hrsg.). Die vier deutschen Schulen der Graphologie. Klages – Pophal – Heiss – Pulver. München/Basel 1989.

BALDO, CAMILLO. Trattato come da una lettera missiva si conoscano la natura e qualità dello scrivente. Carpi 1622.

BALESTRINO, MAURIZIO/FONTANA, PAOLA/TERZUOLI, SERENA/VOLPE, SILVIO/INGLESE, MARIA LAURA/COCITO, LEONARDO. Altered handwriting suggests cognitive impairment and may be relevant to posthumous evaluation. *Journal of Forensic Sciences,* September 2012, Vol 57, no 5: 1252–1258. Zit. n. NÜRNBERGER, MARIANNE. Der «Writing Score Test». *Graphologie-News,* 2016, 11/12, S. 1–13.

BEER, ULRICH. Graphologie. Handschrift ist Herzschrift. 4. Aufl., Herbolzheim 2003.

BEN-SHAKHAR, GERSHON/BAR-HILLEL, MAYA/YORAM, BILU/BEN-ABBA, EDOR/FLUG, ANAT. Can Graphology Predict Occupational Success? Two Empirical Studies and Some Methodological Ruminations. In: Journal of Applied Psychology 1986, Vol 71, no 4, S. 645–653.

BEPLER, KLAUS. Persönlichkeitsverletzung durch graphologische Begutachtung. In: NJW 1976, S. 1872 ff.

BERNHARD, MARIE. Graphologie. Eine Einführung mit 800 Schriftbeispielen. Basel 1990.

BEYERSTEIN, BARRY L./BEYERSTEIN, DALE F. The Write Stuff. Evaluations of Graphology – The Study of Handwriting Analysis. Prometheus Books, Buffalo, N.Y., 1992.

BLECHTA, GABOR P. Kommentierung zu Art. 3 DSG in: MAURER-LAMBROU, URS/BLECHTA, GABOR P. (Hrsg.). Basler Kommentar Datenschutzgesetz, Öffentlichkeitsgesetz. 3. Aufl., Basel 2014.

BOLLSCHWEILER, ROBERT. Paul Irniger (1913–1939). In: *Bulletin SGG 188,* April 2018, S. 3–6.

BRUNNER, CHRISTIANE/BÜHLER, JEAN-MICHEL/WAEBER, JEAN BERNARD. Kommentar zum Arbeitsrecht (gemäss Obligationenrecht), Deutsche Fassung der 2. nachgeführten Aufl., Basel 1997.

CASTELNUOVO-TEDESCO, PETER. A study of the relationship between handwriting and personality variables. *Genetic psychology monographs.* 1948, 37, 167-220.

CHERNOV, YURY. Der Einsatz des Computers in der Graphologie. *Angewandte Graphologie und Persönlichkeitsdiagnostik,* 2014, 62 (2), S. 18–37 (zit. CHERNOV, Einsatz des Computers).

– Ist die Handschrift tatsächlich individuell? Die Individualität der Handschrift und ihre Untersuchung mit Computermethoden. Vortrag an der SGG-Tagung, Zürich 6. November 2015 (zit. CHERNOV, Individualität Handschrift).

– Formal Modeling of Projective Techniques and their Validation. Presented at IMPS 2017, Annual meeting of American Psychometric Society, Zurich 2017 (zit. CHERNOV, Formal Modeling).

– Formal Validation of Handwriting Analysis. In: CHERNOV, YURY/NAUER, MARIE ANNE. Handwriting Research – Validation & Quality. S. 37–69, Berlin 2018 (zit. CHERNOV, Formal Validation).

CHERNOV, YURY/NAUER, MARIE ANNE (Hrsg.). Handwriting Research – Validation & Quality. Berlin 2018.

CHRISTENSEN, CAROL A. The role of orthographic-motor integration in the production of creative and well-structured written text for students in secondary school. *Educational Psychology*, 2005, 25(5), S. 441–453.

CRAUER, PIL. Das Leben und Sterben des unwürdigen Dieners Gottes und mörderischen Vagabunden Paul Irniger. Lenos, Basel 1981.

DONATSCH, ANDREAS/DEMARMELS, MISCHA. Der Beizug von Gutachten und Zeugenaussagen aus Zivilverfahren im Strafprozess. In: BREITSCHMID, PETER/JENT-SØRENSEN, INGRID/SCHMID, HANS/SOGO, MIGUEL. Tatsachen – Verfahren – Vollstreckung. Festschrift für Isaak Meier. Zürich, Basel, Genf 2015.

ECK, CLAUS D./JÖRI, HANS/VOGT, MARLÈNE. Assessment-Center, 2. überarbeitete und aktualisierte Aufl., Berlin Heidelberg 2010.

ECO, UMBERTO. Der Name der Rose. (Il nome della rosa. Milano 1980.) Übersetzung aus dem Italienischen, München 1982/1987.

EGGER, JOHANN. Rechtsprobleme bei der Anbahnung von Arbeitsverhältnissen. In: Das Recht der Arbeit, 1982, 164. Heft, S. 89–101.

ERLENMEYER, ALBRECHT. Die Schrift. Grundzüge ihrer Physiologie und Pathologie. Leipzig 1879.

FISCHER, HERMANN. Wie werde ich Menschenkenner? Menschen-, Charakter-, Handschriftenkunde. Kemper, Heidelberg 1956.

FONTANA, PAOLA/DAGNINO, FRANCESCA/COCITO, LEONARDO/BALESTRINO, MAURIZIO. Handwriting as a gauge of cognitive status: a novel forensic tool for posthumous evaluation of testamentary capacity. Neurological Science 2008; 29: 257–261. Zit n. NÜRNBERGER, MARIANNE. Der «Writing Score Test». *Graphologie-News,* 2016, 11/12, S. 1–13.

FRANZ, MICHAEL. Personalauswahl und Graphologie. Schondorf/Ammersee 2010.

FREI, BERNHARD. Der Persönlichkeitsschutz des Arbeitnehmers nach OR Art. 328 Abs. 1. Unter besonderer Berücksichtigung des Personaldatenschutzes. Diss. Bern 1982.

GABATHULER, THOMAS/SCHUHMACHER, RENÉ/THÜR, HANSPETER. Saldo Ratgeber. Arbeitsrecht. Was Angestellte wissen müssen. 1. Aufl., Zürich 1999 (zit.: Saldo Ratgeber).

GAUCH, PETER/SCHLUEP, WALTER R./SCHMID, JÖRG/EMMENEGGER, SUSAN. 9. Aufl., ergänzt, verbessert und nachgeführt von Jörg Schmid. Zürich 2008.

GEISER, THOMAS/MÜLLER, ROLAND. Arbeitsrecht in der Schweiz. 2. Aufl., Bern 2012.

GEISER, THOMAS/MÜLLER, ROLAND/PÄRLI, KURT. Arbeitsrecht in der Schweiz, 4. Aufl., Bern 2019.

GINZBURG, CARLO. Spurensicherung. Die Wissenschaft auf der Suche nach sich selbst. Deutsche Erstausgabe 1983/Berlin 2011.

GOLDSCHEIDER, ALFRED. Zur Physiologie und Pathologie der Handschrift. In: *Archiv für Psychiatrie,* 1892, Bd. 24.

GRÜNEWALD, GERHARD. Die Schreibdruckkurve. *Lit. 313,* 1957, Jahrg. 21.

GRÜNWALD, HUGO. Ergebnisqualität in der Psychiatrie/Psychotherapie. Antrittsvorlesung HAP 13.6.2001.

HAAS, RAPHAEL. Die Einwilligung in eine Persönlichkeitsverletzung nach Art. 28 Abs. 2 ZGB. Luzerner Beiträge zur Rechtswissenschaft, 18, Zürich 2007.

HAASE, HANS-JOACHIM. Dosierung der Neuroleptika mit Hilfe des standardisierten Handschrifttests. *Zeitschrift für Menschenkunde,* 1986, 41, S. 194–213.

HÄFELIN, ULRICH/MÜLLER, GEORG. Grundriss des Allgemeinen Verwaltungsrechts. 3., neu bearbeitete Aufl., Zürich 1998.

HÄNER, ISABELLE. Grundrechtsgeltung bei der Wahrnehmung staatlicher Aufgaben durch Private. In: AJP 10/2002, S. 1144 ff.

HÄSLER, PHILIPP. Geltung der Grundrechte für öffentliche Unternehmen. Diss. Bern 2005.

HAFNER, GERMAN. Cassiodor – ein Leben für kommende Zeiten. Stuttgart 2002.

HEITKAMP, WILHELM. Rechtsfragen der Bewerbung. Diss. Zürich 1986.

HELBLING, PETER. Kommentierung zu Art. 1–9 BPG in: PORTMANN, WOLFGANG/UHLMANN, FELIX (Hrsg.). Stämpflis Handkommentar zum BPG. Bern 2013.

HORST, DEBORA. Graphologische Gutachten in Theorie und Praxis aus arbeitsrechtlicher Sicht. Masterarbeit nach Art. 23 RSL RW. Rechtswissenschaftliche Fakultät der Universität Bern, 2016.

HUARTE, JUAN DE SAN JUAN. Examen de ingenios para las ciencias. Baeza 1575/Barcelona 2008.

HUBER, ROLF. Rechtsprobleme der Personalakte. Diss. Zürich 1985.

HUBER, ANDREAS. Experten und Expertenkommissionen im Strafprozess und im Straf- und Massnahmenvollzug. Zürich/St. Gallen 2019 (zit. HUBER, A.).

HUGENTOBLER, MARKUS. Datenschutzfalle Assessment Center. AJP 2009 S. 153–156. ISSN 1660-3362.

HUNGER, PATRICK/MARSCHALL HUNGER, SANDRA (2007). Compliance Pre-Clearance im Anstellungsverfahren. Human Resources Recruiting als Mittel zur Risikoreduktion. AJP 2007, S. 1347–1355. ISSN 1660-3362.

JAMES, KARIN H. (2009). Sensorimotor experience lead to changes in visual processing in the developing brain. *Developmental Science,* 13(2), 2009, S. 1–10.

JULMI, CHRISTIAN. Ein Circumplexmodell der Atmosphären. *Sociologia Inernationalis,* 2017, S. 1–20.

KANNING, UWE P. Von Schädeldeutern und anderen Scharlatanen. Unseriöse Methoden der Psychodiagnostik. Lengerich 2010.

KIENER, REGINA/KÄLIN, WALTER. Grundrechte. Bern 2007.

KLAGES, LUDWIG. Handschrift und Charakter. 21. und 22. ergänzte Aufl., Leipzig 1942.

KÖLLER, NORBERT/NISSEN, KAI/RIESS, MICHAEL/SADORF, ERWIN. Probabilistische Schlussfolgerungen in Schriftgutachten. Zur Begründung und Vereinheitlichung von Wahrscheinlichkeitsaussagen im Sachverständigengutachten. BKA, München 2004.

KOSTKIEWICZ, THOMAS. Kommentierung zu Art. 319–323 OR in: KREN KOSTKIEWICZ, JOLANTA/NOBEL, PETER/SCHWANDER, IVO/WOLF, STEPHAN (Hrsg.). OR Kommentar Schweizerisches Obligationenrecht. 2. überarbeitete und erweiterte Aufl., Zürich 2009.

KUBINGER, KLAUS D. Psychologische Diagnostik. 2., überarbeitete Aufl., Göttingen 2009.

KUHL, JULIUS/SCHEFFER, DAVID/MIKOLEIT, BERNHARD/STREHLAU, ALEXANDRA. Persönlichkeit und Motivation im Unternehmen. Stuttgart 2010.

LAVATER, JOHANN CASPAR. Physiognomische Fragmente zur Beförderung der Menschenkenntniß und Menschenliebe. Leipzig 1775–1778/ Winterthur 1783.

LOCKOWANDT, OSKAR. Quantitative Überprüfungsmethoden in der Graphologie. *Zeitschrift für Menschenkunde,* 1968, 32, S. 232–253 (zit. LOCKOWANDT, Überprüfungsmethoden).

– Der Prozess der Urteilsbildung in der Schriftpsychologie. *Zeitschrift für Menschenkunde,* 1973, 3 (zit. LOCKOWANDT, Urteilsbildung).

– Bielefelder Graphologische Bibliographie (BGB). Bielefeld 1990 (zit. LOCKOWANDT, BGB).

MALLMANN, OTTO. Zielfunktionen des Datenschutzes. Frankfurt am Main 1977.

MARTENS, JENS-UWE/KUHL, JULIUS. Die Kunst der Selbstmotivierung. Neue Erkenntnisse der Motivationsforschung praktisch nutzen. Stuttgart 2004/2011.

MICHEL, LOTHAR. Gerichtliche Schriftvergleichung. Eine Einführung in Grundlagen, Methoden und Praxis. Berlin 1982.

MICHON, ABBÉ JEAN HYPPOLYTE. Système de graphologie: l'art de connaître les hommes d'après leur écriture. Paris 1875.

MORETTI, GIROLAMO (KOCH, UMBERTO). Manuale di grafologia. Scarponi 1914.

MORIN, MARIE-FRANCE/LAVOIE, NATALIE/MONTESINOS-GELET, ISABELLE. The effects of manuscript, cursive or manuscript/cursive styles on writing development in Grade 2. *Language and Literacy,* 2012, 14(1), S. 110–124.

MÜLLER, WILHELM HELMUTH/ENSKAT, ALICE. Graphologische Diagnostik. Ihre Grundlagen, Möglichkeiten und Grenzen. 4. korrigierte und ergänzte Aufl., Bern/Göttingen/Toronto/Seattle 1993.

MULLER, PAM A./OPPENHEIMER, DANIEL M. The Pen Is Mightier Than the Keyboard: Advantages of Longhand Over Laptop Note Taking. *Psychological Science* 2014, 25: 1159–1168.

MULLINS, DANIEL A./WHITEHOUSE, HARVEY/ATKINSON, QUENTIN D. The role of writing and record-keeping in the cultural evolution of human cooperation. *Journal of Economic Behavior & Organization 90S,* 2013, S141– S151.

NAUER, MARIE ANNE. Die drei Säulen der Qualitätssicherung. In: SBAP. Sondernummer zur Schriftpsychologie. Punktum Oktober 2010, S. 24–26 (zit. NAUER, QS).

– Who are you? Identität im Spiegel der Handschrift. Beiträge zur psychoanalytischen Graphologie. Freiburg 2013 (zit. NAUER, Who are you).

– The Second System of Thought. In: CHERNOV, YURY/NAUER, MARIE ANNE (Hrsg.). Handwriting Research – Validation & Quality. S. 239–268, Berlin 2018 (zit. NAUER, System of Thought).

NAUER, MARIE ANNE, CHERNOV, YURY/PETERKA, BORIS. The Electronic Graphic Tablet – an Investigation in Graphological Validity. A Statistically Based Comparative Study. In press, S. 1–35, 2010.

NEVO, BARUCH. Yes, graphology can predict occupational success: rejoinder to Ben-Shakhar et al. *Perceptual and Motor Skills,* 1988, 66, 92–99.

NEVO, BARUCH/BENITTA, RACHEL. Rank-Ordered Matching – Validity Studies Utilising Qualitative Data: A Proposed Model and Some Empirical Results. *Australian Journal of Psychology,* 1993, Vol 45, no 3, 131–133.

NEZOS, RENNA. Judicial Graphology. London 1994.

NÖTZLI, HARRY. Kommentierung zu Art. 27–30 BPG in: PORTMANN, WOLFGANG/UHLMANN, FELIX (Hrsg.). Stämpflis Handkommentar zum BPG. Bern 2013.

NÜRNBERGER, MARIANNE. Der «Writing Score Test». *Graphologie-News* 2016, 11/12, S. 1–13.

ORTEGA, JAVIER VIRUÉS. Juan Huarte de San Juan in cartesian and modern psycholinguistics: en encoiuner with Noam Chomsky. Psicotema 2005 (Universidad de Oviedo), Vol 17, no 3, pp. 436–440, 2005.

PEIRCE, CHARLES SANDERS. Deduktion, Induktion und Hypothese, in: PEIRCE, CHARLES SANDERS: Schriften zum Pragmatismus und Pragmatizismus, Hrsg. Von K.O. Apel, Frankfurt am Main, 1967. Zitiert nach GINZBURG, CARLO. Spurensicherung. Die Wissenschaft auf der Suche nach sich selbst. Deutsche Erstausgabe 1983. Berlin 2011.

PELLASCIO, MICHEL: Kommentierung zu Art. 329f–331f OR in: KREN KOSTKIEWICZ, JOLANTA/NOBEL, PETER/SCHWANDER, IVO/WOLF, STEPHAN (Hrsg.). OR Kommentar Schweizerisches Obligationenrecht. 2. überarbeitete und erweiterte Aufl., Zürich 2009.

PFANNE, HEINRICH. Wesen und Wert der Graphologie. Rudolstadt 1956 (zit. PFANNE, Wesen).

– Lehrbuch der Graphologie. Berlin 1961 (zit. PFANNE, Lehrbuch).

PFISTER, DIETER. Der Bauherr. Wie der Eigentümer seine Strategie im Raum erlebbar macht. Münchenstein 2017 (zit. PFISTER, Bauherr).

– Das Site Memory Tool – so wird BIM für Bauherren attraktiv. *Modular 8,* 2017, 067–071, (zit. PFISTER, Site Memory).

PIERPAOLI, ANNEMARIE. Aus der Geschichte der SGG. In: IMOBERDORF, URS (Hrsg.) 50 Jahre Schweizerische Graphologische Gesellschaft (SGG), Zürich 2000, S. 98–128.

PLOOG, HELMUT. Handschriften deuten. 6., aktualisierte und überarbeitete Aufl., Hannover 2008.

POKORNY, RICHARD. Psychologie der Handschrift. München/Basel 1968.

POPHAL, RUDOLPH. Zur Psychophysiologie der Spannungserscheinungen in der Handschrift. Rudolstadt 1940 (zit. POPHAL, Spannungserscheinungen).

– Handschrift als Gehirnschrift. Rudolstadt 1949 (zit. POPHAL, Gehirnschrift).

PORTMANN, WOLFGANG/RUDOLPH, ROGER. Kommentierung zu Art. 319–362 OR in: HONSELL, HEINRICH/VOGT, NEDIM PETER/WIEGAND, WOLFGANG (Hrsg.). Basler Kommentar zum Schweizerischen Privatrecht, Obligationenrecht I, Art. 1–529 OR. 5. Aufl., Basel 2011.

PORTMANN, WOLFGANG/STÖCKLI, JEAN-FRITZ. Schweizerisches Arbeitsrecht. 3., vollständig überarbeitete Aufl., Zürich/St. Gallen 2013.

PORTMANN, WOLFGANG/UHLMANN, FELIX. Vorwort in: PORTMANN, WOLFGANG/ UHLMANN, FELIX (Hrsg.). Stämpflis Handkommentar zum BPG. Bern 2013.

PULVER, MAX. Symbolik der Handschrift. Zürich, 1931/1981 (zit. PULVER, Symbolik).

– Trieb und Verbrechen in der Handschrift. Zürich 1934/1948 (zit. PULVER, Trieb).

RAFAELI, ANAT/DRORY, AMOS. Graphological assessments for personnel selection: concerns and suggestions for research. *Perceptual and Motor Skills.* 1988, 66, 743–759.

RASCH, WOLF-DIETRICH. Hat sich die Graphologie bewährt? Bern 1957.

REHBINDER, MANFRED/STÖCKLI, JEAN-FRITZ. Berner Kommentar zum schweizerischen Privatrecht, Bd. VI, Die einzelnen Vertragsverhältnisse, Der Arbeitsvertrag, Art. 319–362 OR, Bern 2010.

RIEMER-KAFKA, GABRIELA. Freiwilligenarbeit aus arbeitsvertraglicher- und sozialversicherungsrechtlicher Sicht. In: *ARV – Zeitschrift für Arbeitsrecht und Arbeitslosenversicherung ARV,* 2007, S. 57.

RUCKSTUHL, NIKLAUS/DITTMANN, VOLKER/ARNOLD, JÖRG. Strafprozessrecht. Zürich 2011.

RUDOLPH, ROGER. Stellenbewerbung und Datenschutz. Diss. Bern 1997. (zit.: RUDOLPH, Stellenbewerbung und Datenschutz).

RUDOLPH, ROGER. Das Recht des Arbeitnehmers auf Einsicht in sein Personaldossier. In: AJP 12/2014, S. 1672 ff. (zit.: RUDOLPH, AJP 2014).

SCHMID, NIKLAUS. Handbuch des schweizerischen Strafprozessrechts. Zürich/St. Gallen 2009.

SEIBT, ANGELIKA. Schriftpsychologie und Schriftvergleichung. *Zeitschrift für Schriftpsychologie und Schriftvergleichung,* 1992, *56,* 2/92 (zit. SEIBT, Schriftvergleichung).

– Methode schriftvergleichender Untersuchungen. *Zeitschrift für Schriftpsychologie und Schriftvergleichung,* 1997, *61,* S. 87-101 (zit. SEIBT, Methode).

– Forensische Schriftgutachten. Beck, München 1999 (zit. SEIBT, Forensik).

– Schriftvergleichende Befunderhebung: Skalen und Messtechniken. *Zeitschrift für Schriftpsychologie und Schriftvergleichung,* 2000, *64,* S. 38–53 (zit. SEIBT, Befunderhebung).

– Berührungspunkte und Unterschiede zwischen forensischer Handschriftvergleichung und Schriftpsychologie. *Zeitschrift für Schriftpsychologie und Schriftvergleichung 67,* 1/2003 (zit. SEIBT, Berührungspunkte).

– Qualitätsmerkmale forensischer Schriftgutachten. *Zeitschrift für Schriftpsychologie und Schriftvergleichung 68,* 1/2004 (zit. SEIBT, Qualitätsmerkmale).

SEILER, JOSEF. De Lavater à Michon. Essai sur l'histoire de la graphologie. Vol. I. Fribourg 1995 (zit. SEILER, Vol I).

– De Lavater à Michon. Essai sur l'histoire de la graphologie. Vol. II. Fribourg 2000 (zit. SEILER, Vol II).

– De Lavater à Michon. Essai sur l'histoire de la graphologie. Vol. III. Barcelona, in press (zit. SEILER, Vol III).

SENF, WOLFGANG. Psy-BaDo – Übergreifende Basisdokumentation zur Qualitätssicherung in der Psychotherapie. SPV-Veranstaltung zum QM in der Psychotherapie, 15.12.2001.

SRIHARI, SARGUR N./CHA SUNG-HYUK/ARORA, HINA/LEE, SANGJIK. Individuality of handwriting. *Journal of Forensic Sciences,* 47(4): 1–17, July 2002.

STAEHELIN, ADRIAN. Obligationenrecht, Der Arbeitsvertrag, Art. 319–330a OR. In: GAUCH, PETER/SCHMID, JÖRG (Hrsg.). Zürcher Kommentar zum schweizerischen Zivilrecht. Teilband. V 2c, 4. völlig neu bearbeitete Aufl., Zürich 2006.

STORCH, MAJA/KUHL, JULIUS. Die Kraft aus dem Selbst. Sieben PsychoGyms für das Unbewusste. Bern 2002.

STRATENWERTH, GÜNTER/WOHLERS, WOLFGANG. Schweizerisches Strafgesetzbuch Handkommentar. 3. Aufl., Bern 2013.

STREIFF, ULLIN/VON KAENEL, ADRIAN/RUDOLPH, ROGER. Arbeitsvertrag. Praxiskommentar zu Art. 319–362 OR. 7., vollständig überarbeitete und stark erweiterte Aufl., Zürich 2012.

TINGEN, JAMES D. Bibliography of Graphology and Related Sciences. Leipzig 2013.

TOGGWEILER, STEPHAN. Regression and variance analysis of Big Five and handwriting psychology as a valid foreign assessment of its constructs. In: CHERNOV, YURY/NAUER, MARIE ANNE (Hrsg.). Handwriting Research – Validation & Quality. S. 97–118, Berlin 2018.

VIÑALS, FRANCISCO/PUENTE, MARIA LUZ (1). Pericia caligráfica judicial. Barcelona 2001 (zit. VIÑALS/PUENTE, Pericia).

– Grafología criminal. Barcelona 2009 (zit. VIÑALS/PUENTE, Grafología).

VOLKART, RETO. Qualitätsmanagement in der Psychotherapie. *Psychoscope* 9/2001.

VOLTAIRE (FRANÇOIS-MARIE AROUET). Zadig ou la destinée. Histoire orientale. In: Candide – Zadig et autres contes. Éditions Lattès, S. 281–407, Paris 1747/1988.

WALLNER, TEUT. Reliabilitätsuntersuchungen an metrisch nicht meßbaren Handschriftvariablen. *Zeitschrift für Menschenkunde,* 1961, 25, S. 1–14 (zit. WALLNER, Nicht meßbare Handschriftvariablen).

– Experimentelle Untersuchungen über die Reliabilität direkt metrisch meßbarer Handschriftenvariablen. *Zeitschrift für Menschenkunde,* 1961, 25, S. 49–78 (zit. WALLNER, Experim. Unters.).

– Neue Ergebnisse experimenteller Untersuchungen über die Reliabilität von Handschriftenvariablen. *Zeitschrift für Menschenkunde,* 1962, 26, S. 257–269 (zit. WALLNER, Reliabilität).

– Konstruktion und Reliabilität von geeichten, numerisch-beschreibenden Skalen. *Diagnostica* 1963, 9, S. 139–155 (zit. WALLNER, Konstruktion).

– Zusammenhänge zwischen Prognosedaten, Handschriftvariablen und Ausbildungsergebnissen. *Zeitschrift für Menschenkunde* 1966, 30, S. 380–387 (zit. WALLNER, Prognosedaten).

– Zusammenhänge zwischen Variablen und Persönlichkeitsbeurteilungen; in: *Zeitschrift für Menschenkunde,* 1968, 32, S. 438–445 (zit. WALLNER, Persönlichkeitsbeurteilungen).

– Die Reliabilität schriftpsychologischer Begutachtungen; in: *Zeitschrift für Menschenkunde,* 1970, 34, S. 191–197 (zit. WALLNER, Begutachtungen).

– Die Handschriftendiagnostik in der Meta-Analyse. *Zeitschrift für Menschenkunde,* 1994, *58,* S. 158–163 (zit. WALLNER, Meta-Analyse).

– Zwischenbilanz – Schriftpsychologische Publikationen der letzten 50 Jahre. Bielefeld 2003 (zit. WALLNER, Zwischenbilanz).

WALLNER, TEUT/JOOS, RENATE/GOSEMÄRKER, ROSEMARIE. Grundlagen und Methoden der Schriftpsychologie. Norderstedt 2006.

WALLNER, TEUT/SCHULZE, EGON/GOSEMÄRKER, ROSEMARIE. Handschriftenatlas – Spannungsgrade. Arbeitsgemeinschaft für wissenschaftliche Schriftpsychologie Bielefeld 2007.

WIESER, RODA (1). Die Handschrift der Betrüger, Diebe und Einbrecher. Wien 1930 (zit. WIESER, Betrüger).

– Die Handschrift der Sexualverbrecher. Wien 1933 (zit. WIESER, Sexualverbrecher).

– Der Verbrecher und seine Handschrift. Stuttgart 1952 (zit. WIESER, Verbrecher).

– Mensch und Leistung in der Handschrift. München/Basel 1960. S. 301–349 (zit. WIESER, Mensch und Leistung).

WOLF, ELIAS. Graphologie und Rechtsordnung. Stämpfli, Sonderdruck ZBJV 86/1, 1950.

ZANGGER, EBERHARD. James Mellaart's Fantasies. To be submitted to *TALANTA – Proceedings of the Dutch Archaeological and Historical Society.* S. 1–44, 2018.

ZHANG, BIN/SRIHARI, SARGUR N. Binary vector dissimilarities for handwriting identification. In *Proceedings SPIE, Document Recognition and Retrieval IX,* pages 155–166, Santa Clara, CA, January 2003.

ZHANG, BIN/SRIHARI, SARGUR N./LEE, SANGJIK. Individuality of Handwritten Characters. *Accepted by the 7th International Conference on Document Analysis and Recognition, Edinburgh, Scotland, August 3–6, 2003.*

Materialienverzeichnis

Best Practice Manual for the Forensic Examination of Handwriting, ed. By European Network of Forensic Science Institutes. ENFSI-BPM-FHX-01. Version 02 – June 2018.

Botschaft vom 19.02.2003 zur Änderung des Bundesgesetzes über den Datenschutz, BBl 2003 S. 2101 ff. (zit.: Botschaft DSG 2003).

Botschaft vom 20. November 1996 über eine neue Bundesverfassung, BBl 1997 S. 144 ff. (zit.: Botschaft BV).

Botschaft vom 23. März 1988 zum Bundesgesetz über den Datenschutz, BBl 1988 413 ff. (zit.: Botschaft DSG 1988).

Code Déontologique ADEG – Association Déontologique Européenne de Graphologues. www.adeg-europe.eu (überprüft am 4. April 2019; A 1.2a/A 1.2b).

Datenschutzrichtlinie der SGG: ww.sgg-graphologie.ch/?page_id=28 (überprüft am 30. März 2019; A 1.4).

Ehrenkodex EGS – Internationale Standesordnung (Ehrenkodex) für Graphologen. Europäische Gesellschaft für Schriftpsychologie und Schriftexpertise e.V. (A 1.1).

Eidgenössischer Öffentlichkeits- und Datenschutzbeauftragter (EDÖB). Leitfaden für die Bearbeitung von Personendaten im Arbeitsbereich, 3.1.3. (zit.: Leitfaden für die Bearbeitung von Personendaten im Arbeitsbereich).

GAV Service der Unia: http://www.gav-service.ch (überprüft am 4. Mai 2016).

Nationalrat, Amtliches Bulletin. Herbstsession 2005, fünfzehnte Sitzung. (zit. AB 2005).

Qualitätsmanagement in der Schriftpsychologie (2003/2019): Internes Papier SGG (A 2.1).

Qualitätssicherung (2008): Ergebnisse der Umfrage bei Kunden der Schweizerischen Graphologischen Gesellschaft SGG (2006–2008). Auswertung: Marie Anne Nauer (A 2.2).

Standesordnung SGG – Schweizerische Graphologische Gesellschaft SGG/SSG (A.1.3).

Abkürzungsverzeichnis

AB	Amtliches Bulletin
Abb.	Abbildung
Abs.	Absatz
ADEG	*Association Déontologique Européenne de Graphologues*
AJP	Aktuelle Juristische Praxis
AJP	Aktuelle Juristische Praxis
Art.	Artikel
ARV	Zeitschrift für Arbeitsrecht und Arbeitslosenversicherung
Aufl.	Auflage
B	Belge / Belgien
BBl	Bundesblatt
Bd.	Band
BGB	Bielefelder Graphologische Bibliographie
BGE	Entscheidungen des Schweizerischen Bundesgerichts
BGer	Schweizerisches Bundesgericht
BKA	Bundeskriminalamt
BPDV	Verordnung über den Schutz von Personendaten des Bundespersonals vom 26. Oktober 2011 (Stand am 1. Dezember 2015) [SR 172.220.111.4]
BPG	Bundespersonalgesetz vom 24. März 2000 (Stand am 1. Januar 2016) [SR 172.220.1]
BV	Bundesverfassung der Schweizerischen Eidgenossenschaft vom 18. April 1999 (Stand am 1. Januar 2016) [SR 101]
bzw.	beziehungsweise
Can.	Canon, einzelner Rechtssatz des CIC
CEO	Chief Executive Officer
CIC	Codex iuris canonici
CAS	Certificate of Advanced Studies
CH	Confoederatio Helvetica / Schweiz
CHF	Schweizer Franken
CIGME	Centro internazionale di grafologia medica
D	Deutschland
d.h.	das heisst

Diss.	Dissertation
Dok.	Dokument
DSG	Bundesgesetz über den Datenschutz vom 19. Juni 1992 (Stand am 1. Januar 2014) [SR 235.1]
E	España / Spanien
ECTS	European Credit Transfer System
EDV	Elektronische Datenverarbeitung
EGS	Europäische Gesellschaft für Schriftpsychologie und Schriftexpertise e.V.
ENFSI	European Network of Forensic Science Institutes
ESDA	Electrostatic Detection Apparatus
Etc.	Et cetera
F	France / Frankreich
f./ff.	folgende, fortfolgende
FH	Fachhochschule
FN	Fussnote(n)
GAV	Gesamtarbeitsvertrag
GB	Great Britain / Grossbritannien
gem.	gemäss
GFG	Gesellschaft zur Förderung der Wissenschaftlichen Graphologie
GV	Generalversammlung
HAP	Hochschule für Angewandte Psychologie
HFTM	Höhere Fachschule für Technik Mittelland
HR	Human Resources
Hrsg.	Herausgeber
I	Italia / Italien
i.d.R.	in der Regel
i.S.v.	im Sinne von
i.V.m.	in Verbindung mit
IAP	Institut für Angewandte Psychologie
IDG	Interessengemeinschaft Diplomierter Graphologen
IHS	Institut für Handschriftwissenschaften
IL	Israel
IT	Informationstechnik

Jh.	Jahrhundert
Kap.	Kapitel
KMU	Kleine und mittlere Unternehmen
lit.	Littera (Buchstabe)
Kap.	Kapitel
MAS	Master of Advanced Studies
MLAW	Master of Law
MRI	Magnetic Resonance Imaging
N	Note(n)
NL	Nederlands / Niederlande
NJW	Neue Juristische Wochenschrift
Nr.	Nummer
OR	Bundesgesetz betreffend die Ergänzung des Schweizerischen Zivilgesetzbuches (Fünfter Teil: Obligationenrecht) vom 30. März 1911 (Stand am 1. Januar 2016) [SR 220]
PsyG	Psychologieberufegesetz
QM	Qualitätsmanagement
QS	Qualitätssicherung
resp.	respektive
Rz.	Randziffer
S.	Seite
SBAP	Schweizerischer Berufsverband für Angewandte Psychologie
SBB	Schweizerische Bundesbahnen
SGB	Schweizerische Graphologische/schriftpsychologische Berufsvereinigung
SGG	Schweizerische Graphologische Gesellschaft
sog.	sogenannt
SR	Systematische Sammlung des Bundesrechts
SSAP	Schweizerische Stiftung für Angewandte Psychologie
SSG	Société Suisse de Graphologie
StGB	Schweizerisches Strafgesetzbuch vom 21. Dezember 1937 (Stand am 1. Januar 2016) [SR 311.0]
StPO	Strafprozessordnung
SVGT	Schweizerischer Verband für Graphologie und Tiefenpsychologie

Tab.	Tabelle
u.a.	unter anderem
u.U.	unter Umständen
VDG	Verband Deutschsprachiger Graphologen
VDSG	Verordnung zum Bundesgesetz über den Datenschutz vom 14. Juni 1993 (Stand am 1. Dezember 2010) [SR 235.11]
vgl.	vergleiche
vol.	Volume (Band)
X^2	Chi Quadrat-Test (Statistische Methode)
z.B.	zum Beispiel
z.T.	zum Teil
ZBJV	Zeitschrift des Bernischen Juristenvereins
ZGB	Schweizerisches Zivilgesetzbuch vom 10. Dezember 1907 (Stand am 1. April 2016) [SR 210]
ZHAW	Zürcher Hochschule für Angewandte Wissenschaften
Ziff.	Ziffer
zit.	zitiert

Abbildungs- und Tabellenverzeichnis

I. Einleitung

A. Ausgangslage

Die Einstellung von Arbeitskräften und ganz besonders von Führungspersonal ist für ein Unternehmen als Arbeitgeberin[1] mit Aufwand und auch mit Risiken verbunden. So können durch die Anstellung von nicht geeigneten Bewerbern finanzielle Belastungen in der Höhe von mehreren Jahressalären entstehen. Arbeitgeber sind deshalb gut beraten, anhand zuverlässiger Auswahlkriterien und geeigneter Instrumente ihre Angestellten sorgfältig auszuwählen.

Auf der anderen Seite steht es auch im Interesse aller Bewerber, dass ihr gesamtes Potential möglichst umfassend erkannt, am richtigen Ort eingesetzt und gefördert wird; dies umso mehr in der heutigen Zeit, wo die Arbeitsumstände sehr veränderlich geworden sind.

Das graphologische Gutachten im Rahmen von Rekrutierungsprozessen ist indessen in den letzten zwei Jahrzehnten zweifellos ins Hintertreffen geraten zugunsten anderer Instrumente wie Gruppenassessments und zwar nicht nur in der Schweiz, sondern europaweit (in USA gelangte es nie zu einer vergleichbaren Bedeutung). Trotzdem scheint es gerechtfertigt, dieses psycho-diagnostische Instrument als Gegenstand wieder eingehender zu beachten, denn es ist noch immer ein sehr probates Mittel zur differenzierten Erfassung einer Persönlichkeit und bietet sich deshalb an zum Gebrauch auch in neuem Kontext oder mit neuen Vorzeichen.

Es mehren sich sowohl die Anzeichen für eine gewisse Assessment-Müdigkeit als auch für eine wieder auflebende Bedeutung der Handschrift ganz allgemein. Gerade im Zuge der globalen Digitalisierung entsteht ein neues Bedürfnis nach dem Analogen, nach dem Fassbaren, nach dem eigentlich Haptischen, nach Individualität – und damit nach einer persönlichen Handschrift, in welcher sich die persönlichen Züge unverwechselbar spiegeln.

Der Vorwurf der mangelnden Wissenschaftlichkeit ist bei genauer Betrachtung längst nicht mehr haltbar. Es stellt sich heute auch weniger die Frage ob ein graphologisches Gutachten oder ein Assessment gemacht werden soll. Ver-

---

1 Im nachfolgenden Text wird zur besseren Leserlichkeit konsequent die weibliche Form für die Arbeitgeberin verwendet, zumal es sich auch mehrheitlich um juristische Personen handelt. Umgekehrt wird vom Kandidaten oder vom Arbeitnehmer gesprochen, womit dann selbstverständlich auch die Kandidatin und die Arbeitnehmerin gemeint sind.

nünftigerweise wird sich die Chefetage für den Mehrwert aussprechen, den ein graphologisches Gutachten ***und*** ein Assessment gemeinsam erbringen können. Die beiden Verfahren erfassen Persönlichkeitsaspekte aus verschiedenen Perspektiven und auf verschiedenen Ebenen. Stimmen dann alle Aspekte gut überein, ergibt sich eine grosse Sicherheit in der Aussage; passt irgendwo etwas nicht dazu, kann nach der Ursache geforscht und wiederum Erkenntnisgewinn erlangt werden.

Das besondere Potential der graphologischen Methode kommt einer Arbeitgeberin besonders dann zugute, wenn ein graphologisches Gutachten auch als Führungsinstrument verwendet wird. Immer öfter kommt es vor, dass in solchen Fällen das Gutachten erst ***nach*** der Einstellung angefertigt wird. Damit erhält es einen neuen Stellenwert im Rahmen von Potentialanalyse und Standortbestimmung sowie als eigentliches Führungsinstrument.

Einen weiteren Aspekte der graphologischen Bearbeitung betrifft die Handschriftexpertise oder Schriftvergleichung bei Fälschungsverdacht. Da ein solcher Verdacht oder Sachverhalt auch in einem Unternehmen zur Problemstellung werden kann, soll auch dieser Frage nachgegangen werden.

Die Forschung wiederum liefert die unabdingbare Grundlage der graphologischen Praxis; sie hat im Jahr 2016 mit der Gründung des Instituts für Handschriftwissenschaften eine neue und eigene Plattform erhalten und soll in ihrer vorangegangenen historischen Entwicklung kurz beschrieben werden.

In der vorliegenden Arbeit sollen, unter dem arbeitsrechtlichen Gesichtspunkt, verschiedene rechtliche, praktische und wissenschaftliche Bereiche angesprochen und die aktuelle Situation in der Schweiz beleuchtet werden.

B. Problemstellung

1. Die Persönlichkeitsbeurteilung

Die Fremdbeurteilung einer Persönlichkeit bringt grundsätzliche Probleme mit sich, um welches Instrument es sich auch immer handelt, sei es ein einfaches Interview, ein Einzel- oder Gruppenassessment oder eben eine Handschriftanalyse.

Die graphologische Beurteilung kann im Interesse und Auftrag der abzuklärenden Person selber durchgeführt werden, wie insbesondere in einer persönlichen Potentialanalyse oder Standortbestimmung, im Rahmen einer Berufs- oder Laufbahnberatung oder in einer Coaching-Situation. Die Frage einer Persönlichkeitsverletzung stellt sich in diesem Fall von vornherein nicht. Wird die Abklärung aber von einer anderen Person in Auftrag gegeben, z.B. bei einer Bewerbung für eine bestimmte Anstellung, so liegt nur dann keine Persönlichkeitsverletzung vor, wenn die abzuklärende Person in die Analyse eingewilligt hat und zwar ungeachtet der Tatsache, dass dieser diagnostische Anspruch sowohl im Interesse der Arbeitgeberin als auch dieser Person liegt, jedenfalls dann, wenn der wichtige Grundsatz der Verhältnismässigkeit beachtet wird. Dieser Grundsatz kann allerdings in manchen Fällen zu einer heiklen Gratwanderung werden. Je wichtiger eine Position ist, sei es bezüglich struktureller oder fachlicher Verantwortung, umso wichtiger wird die Persönlichkeit eines potentiellen Kandidaten sein.

Am Beispiel einer Führungsposition wird dies sofort deutlich. Eine Führungskraft soll autonom und souverän, mit Weitblick und Sachverstand, mit Vernunft und Einsicht funktionieren können, sie soll vor allem auch psychisch belastbar sein und Konflikte angemessen handhaben können. All dies sind sehr persönliche, gleichzeitig ausschlaggebende Eigenschaften und Funktionen, während es für Fliessbandarbeiter möglicherweise reicht, wenn anhand einer Arbeitsprobe festgestellt werden kann, dass die Arbeit genau, konzentriert und ausdauernd geleistet wird.

2. Compliance, Risikoverminderung und Datenschutz

Um den Vorwurf einer Persönlichkeitsverletzung zu vermeiden, muss konsequenterweise nicht nur das Einverständnis der Kandidaten zu einem graphologischen Gutachten eingeholt, sondern auch die Frage nach dem Datenschutz geklärt werden. Dazu kommt als Pendant gegenüber der Arbeitgeberin auch die Compliance ins Spiel: Das Unternehmen wünscht sich selbstverständlich einen integren «compliant employee» zwecks Risikoverminderung[2]. So bewegt sich ein Rekrutierungsverfahren immer in diesem Spannungsfeld.

3. Die Schriftexpertise

Der reine Vergleich von zwei Handschriften, der in der Praxis durchwegs ebenfalls als «graphologisches Gutachten» bezeichnet wird, ist grundsätzlich zulässig, denn es geht hier nicht um persönliche Daten, sondern um die Feststellung der Urheberschaft eines Schriftstücks. Dies wird dann wichtig, wenn an einer bestimmten Autorschaft gezweifelt wird – die Frage, ob die Zweifel berechtigt sind, kann zwingenderweise erst durch eine Begutachtung und Vergleichung der fraglichen Schriftstücke beantwortet werden.

4. Fragen der Qualität und der Qualifizierung – Best Practice

Da bei einer Persönlichkeitsbeurteilung eine psychodiagnostische Dimension zum Tragen kommt, ist die Frage der Qualität der Beurteilung sowie der Qualifizierung der beurteilenden Fachperson von ganz besonderer und nicht zu unterschätzender Bedeutung für eine fachlich bestmögliche und ethisch korrekte Abwicklung des Auftrags.

2 HUNGER/MARSCHALL HUNGER, AJP 2007, S. 1349.

C. Begriffsdefinitionen

1. Das «Graphologische Gutachten» im praktischen Gebrauch

Das graphologische Gutachten ist ein handlicher und gängiger Begriff. Er wird denn auch praktisch durchgehend verwendet für alle Arten von Interpretationen, die von einem Experten aufgrund eines von Hand geschriebenen oder unterzeichneten Schriftstücks vorgenommen werden, sei es im privaten oder im Arbeitsumfeld oder bezüglich juristischen Belangen. So werden vor allem zwei sehr unterschiedliche Arten von Begutachtung als *graphologisches Gutachten* bezeichnet: sowohl die Erstellung eines Persönlichkeitsprofils oder Persönlichkeitsgutachtens mittels schriftpsychologischer Interpretation zu unterschiedlichen Zwecken als auch die Schriftvergleichung von Handschriften und Unterschriften im Falle eines Fälschungsverdachts. Zur Vermeidung von Unklarheiten wird indessen eine begriffliche Unterscheidung empfohlen.[3]

2. Die Handschrift

Die Handschrift als Medium der überzeitlich festgehaltenen Kommunikation ist ein ganz besonderes Kulturgut – sie ist vor ein paar tausend Jahren entstanden und begleitet uns seither noch immer täglich trotz und weitgehend mit allen neuen elektronischen Errungenschaften. Der neueste Trend geht dahin, dass auf einem elektronischen Tablett möglichst naturnah von Hand geschrieben werden kann.

Neue Forschungen weisen darauf hin, dass sich beim Handschreiben auch ganz besondere Prozesse im Gehirn abspielen: Es bilden sich nämlich sehr viele neue Verknüpfungen zwischen den Nerven.[4] Da diese Prozesse sehr individuell ablaufen, unterscheidet sich eine Handschrift von jeder anderen: Jede Handschrift ist absolut individuell und einmalig.[5] Sie hat demnach Erkennungscharakter – und die Unterschrift ist genau deshalb auch und immer noch rechtsgültig.

Das Schreiben von Hand hinterlässt eine sichtbare, gleichsam geronnene Bewegungsspur auf dem Papier: Sie entsteht durch eine ***Bewegung***, die innerhalb des (Schreib-) ***Raums*** eine ***Form*** annimmt, indem ein gewisser ***Druck*** ausgeübt wird.

---

3 Vgl. dazu Kap. C.4.

4 MULLER/OPPENHEIMER, S. 1159 ff.; MULLINS/WHITEHOUSE/ATKINSON, S. S141 ff.

5 SRIHARI/CHA/ARORA/LEE, S. 1 ff.; ZHANG/SRIHARI; ZHANG/SRIHARI/LEE, S. 155 ff.

Diese vier Grunddimensionen sowie eine fünfte, eine Art Mikrodimension des ***Strichs***, bilden die Grundlage für eine systematische Erfassung des sogenannten graphischen Tatbestandes. Die bleibende Schreibspur hat den unschätzbaren Vorteil, dass die zugrunde liegende Bewegung auch im Nachhinein, auch noch nach vielen Jahren, Jahrzehnten oder gar Jahrhunderten, wieder nachvollzogen und interpretiert werden kann.

3. Die Unterschrift

Die Unterschrift ist wie erwähnt individuell und einer je einzigen Person zuzuordnen. Deshalb ist sie rechtsverbindlich, und Verträge werden heute noch unterschriftlich testiert. Die Fälschung der Unterschrift stellt als Dokumentenfälschung ein Offizialdelikt dar.[6]

Heute stellen sich besondere Probleme der Echtheitsprüfung etwa in der leichten und qualitativ guten Kopierbarkeit, bei der elektronisch eingefügten Unterschrift, beim Unterschreiben direkt auf einem elektronischen Tablett; häufig wird sogar bei wichtigen Verträgen ohne ausreichende Prüfung der Originale mit Kopien hantiert. Wirklich rechtsgültig ist aber immer noch nur das Original. Dieses kann von geschulten Schriftexperten auch von einer sehr guten Kopie unterschieden werden – für Laien eine oft schwierige Aufgabe.

4. Die Analyse der Handschrift

Im Kontext der Handschriftanalyse gibt es sowohl einen wissenschaftlichen als auch einen praktischen Aspekt: Der Begriff ***Schriftpsychologie*** bezeichnet die theoretischen Modelle und deren wissenschaftliche Untersuchung. Ist aber von ***Graphologie*** die Rede, geht es um die Technik, mittels derer diese Modelle in der täglichen Praxis angewendet werden.

a) Die Schriftpsychologie

Der Begriff ***Schriftpsychologie*** bezeichnet die theoretischen Modelle der Handschriftanalyse und deren wissenschaftliche Untersuchung. Er zeigt an, dass diese Materie ein Gebiet der Psychologie darstellt und somit deren Richtlinien für die Forschung zu befolgen hat. Diese Modelle sind zum Teil eben so alt wie

---

6 Offizialdelikte sind solche Delikte, die dem Offizialprinzip (einer Prozessmaxime im Strafverfahren) unterliegen, also – im Gegensatz zu den Antragsdelikten – von Amts wegen (ex officio) verfolgt werden.

diejenigen der allgemeinen Psychologie und lassen sich ebenfalls bis in die Anfänge in der Renaissance verfolgen: Das erste bekannte Werk, in dem die Handschrift als, modern ausgedrückt, «psychodiagnostisches Instrument» erwähnt wird, stammt vom andalusischen Arzt Juan Huarte de San Juan. In seinem Buch *Examen de ingenios para las sciencias*[7] weist er bereits 1575 darauf hin, wie wichtig es sei für die jungen Leute, sich selbst, ihren Charakter, ihre Talente und ihre Neigungen zu erkunden, bevor sie ein bestimmtes Studium in Angriff nähmen – also eine Empfehlung zu einer Art Assessment.

Die wissenschaftliche Schriftpsychologie hat sich im Lauf der Jahrhunderte weiterentwickelt und arbeitet heute mit den in den Sozialwissenschaften gängigen Methoden.

b) Die Graphologie

Im Unterschied dazu wird praktischerweise mit dem Begriff ***Graphologie*** die Technik gemeint, welche diese theoretischen Modelle anwendet in der täglichen Praxis. Dieser Begriff ist sehr verbreitet, weshalb es sinnvoll ist, ihn beizubehalten, durchaus neben dem in neuerer Zeit etablierten der ***Handschriftanalyse***[8]. Gebräuchlich ist auch die Bezeichnung ***Schriftpsychologische Analyse***. Diese Technik der Analyse einer Handschrift dient der Beschreibung der ***funktionalen und dynamischen Struktur einer Persönlichkeit***; das konkrete individuelle Verhalten hingegen kann manchmal annähernd, manchmal ziemlich gut, manchmal aber gar nicht erfasst werden. Es geht bei der Handschriftanalyse vielmehr um die Beschreibung von Verhaltensdispositionen, der gegebenen psychischen Bedingungen, die dies oder jenes erst – mit einer gewissen Wahrscheinlichkeit – möglich machen oder eben gerade nicht.

Die Lehrbücher stammen durchwegs von erfahrenen Praktikern, Dozenten und Forschern und stützen sich auf eben diese Erfahrungswerte aus der Praxis, kombiniert mit den jeweils neuen Forschungsergebnissen. Die Beobachtungen aus der Praxis regen an und führen ihrerseits wieder zu neuen Forschungsdesigns und Untersuchungen.

---

7 Huarte, S. 124; vgl. Kap. V.A.2.

8 Dies auch im Hinblick auf die internationale Begrifflichkeit: engl. graphology / frz. graphologie / ital. grafologia / span. grafología etc.

c) Das graphologische Gutachten

Das graphologische Gutachten ist im allgemeinen Sprachgebrauch, vor allem auch unter den graphologischen Fachleuten, ein ***Persönlichkeitsgutachten***. Allerdings wird der Ausdruck nicht nur von Laien, sondern auch von Juristen inbezug auf Schriftvergleichungen verwendet, und zwar durchgehend auch in Gerichtsurteilen; ein Persönlichkeitsgutachten wird dann z.B. Schriftgutachten genannt[9].

Ein Persönlichkeitsgutachten, oder eben eine ***Handschriftanalyse***, kommt hingegen traditionell zur Anwendung bei Bewerbungen, als zusätzliches Instrument bei Assessments, bei persönlichen oder beruflichen Standortbestimmungen, bei Potentialanalysen, bei Fragen zu Berufs- und Laufbahnberatung oder in der psychologischen und psychotherapeutischen Beratung.

d) Die Handschriftexpertise oder Schriftvergleichung

Eine Vergleichung von Handschriften oder Unterschriften wird in der Schweiz normalerweise unter graphologisch tätigen Fachleuten als ***graphologische Expertise*** oder eben ***Schriftvergleichung*** bezeichnet, in Deutschland als ***Schriftsachverständigen-Gutachten***[10] oder auch forensisches Schriftgutachten. In kriminaltechnischen Institutionen finden sich kantonsbezogen unterschiedliche Benennungen wie ***Schriftvergleich, Gutachten, Handschriftuntersuchung*** und dergleichen mehr. Aus Klarheitsgründen wird deshalb im Rahmen dieser Abhandlung der Begriff der ***(graphologischen) Expertise*** verwendet.

Eine solche Expertise in Form einer sachverständigen Schriftvergleichung wird benötigt bei einem Verdacht auf Nichtübereinstimmung von Handschriften und/oder Unterschriften, was meist einem Fälschungsverdacht entspricht. Neben technischen, physikalischen und chemischen Untersuchungen in einem Labor (die in der Schweiz ein Graphologe meist nicht selber ausführt, sondern an einen spezialisierten Experten weitergibt), kommen häufig spezifische graphologische Untersuchungen zum Zug. Diese beruhen auf einem Vergleich zwischen den Schriftelementen auf den fraglichen und den zum Vergleich zur Verfügung

---

9 5P.444/2002.

10 In Deutschland werden die Schriftsachverständigen jeweils akkreditiert vom Bundesland, in welchem sie tätig sind. In der Schweiz gibt es keine solche Akkreditierung; der Auftraggeber muss sich verlassen können auf die Qualifikation des Graphologen, die sich beispielsweise durch die Zugehörigkeit zu einem Berufsverband wie die SGG ergibt.

gestellten authentifizierten Dokumenten, und zwar mittels blossem Auge, Lupe, Binokular oder, in neuerer Zeit, Scans und deren Vergrösserungen am Bildschirm.

e) Die Vergleichung von Signaturen auf Kunstwerken

Ein Spezialgebiet stellt die Vergleichung von Signaturen auf Kunstwerken zum Zwecke ihrer Authentifizierung dar. Es kommen grundsätzlich die gleichen Vergleichstechniken wie bei der Schriftanalyse auf Papier zur Anwendung; bei Zeichnungen etwa ist der Prozess der Untersuchung durchaus analog. Bei Gemälden muss zusätzlich die besondere Technik der Pinselführung mit Farbe in Betracht gezogen werden, was diesbezügliche wie auch gewisse Kenntnisse des Experten in Kunstgeschichte notwendig resp. wünschenswert macht.

Da indessen bei Beurteilungen von Kunstwerken sehr viele verschiedene Aspekte berücksichtigt werden müssen (wie provenienzanalytische, maltechnische, kunsthistorische, labor-, photo- und farbtechnische), arbeiten heute meist verschiedene spezialisierte Experten zusammen.

5. Das Assessment

Für die Beurteilung von Personen hinsichtlich ihrer Eignung für eine bestimmte Position, vor allem auch eine solche mit Führungsverantwortung, hat sich in der Fachsprache des Human Ressources Management der englische Begriff «Assessment» eingebürgert.[11] In den 1970er Jahren wurde noch deutsch von «Testbatterie» gesprochen: Dieser Begriff bezeichnet auch weitgehend den Inhalt eines solchen Verfahrens, nämlich die Durchführung verschiedener Tests, wobei sich inhaltlich grundsätzlich nicht sehr viel geändert hat. Es handelt sich nach wie vor um ein psychologisch-diagnostisches Verfahren, bei dem in einer simulierten künftigen (beruflichen) Anforderungssituation das Verhalten sowie die Leistungen in bestimmten Tests, Antworten im Interview etc. einer Person beobachtet werden, um herauszufinden, ob diese für eine Stelle geeignet sei.[12] Dabei wird zwischen Einzel- und Gruppensetting unterschieden, wobei das Einzelsettting meist von einzelnen Psychologen oder Assessoren durchgeführt wird, während im Gruppenassessment (Assessment Center) die Beobachtungen nach dem Mehr-Augen-Prinzip (unter Anwesenheit von Assessoren, Personalverantwortlichen und Vorgesetzten) gewonnen und anschliessend basierend auf psychologischen und soziologischen Theorien ausgewertet werden.

---

[11] Eck/Jöri/Vogt, S. 12.

[12] Kubinger, S. 180.

Die Beurteilungen setzen sich immer zusammen aus den Resultaten verschiedener Instrumente wie Interviews, Tests zu intellektuellen und anderen Kompetenzen, Fragebögen zum Persönlichkeitsprofil, Simulationsübungen zu spezifischen Situationen, graphologischem Gutachten und anderem mehr.

Das graphologische Gutachten stellt dabei eine sehr sinnvolle Ergänzung dar, da es gerade nicht auf der Verhaltensebene basiert, sondern eine tiefere Persönlichkeitsschicht berücksichtigt: die psychodynamische und funktionale Struktur. Die Handschrift lässt sich bewusst nicht wirklich beeinflussen und verändern, sie ist relativ zeitkonstant und stabil, und ihre Analyse weist deshalb einen hohen Objektivitätsgrad auf[13]. Dank der tiefer greifenden Erklärungsebene können häufig Unklarheiten erhellt und scheinbare Widersprüche aus den anderen Ergebnissen aufgeklärt werden.

[13] CHERNOV, Formal Validation, S. 38 ff.

II. Rechtliche Grundlagen

A. Das Auftragsverhältnis

1. Der Begriff des Gutachtens

> Ein Gutachten versteht sich als das Urteil eines Fachmannes mit besonderem Fachwissen über einen Gegenstand seines Wissens- und Erfahrungsbereiches. Gutachten sind also immer Sachverständigengutachten[14]. Es ist ferner wichtig, dass ein Gutachten eine einmalige Stellungnahme ist (...) und es gehört zu dem Begriff Gutachten, dass es in Sätzen abgegeben wird. Ein lakonisches «Geeignet» oder «Nicht geeignet» oder ein Eigenschaftsprofil wäre kein Gutachten in dem hier gemeinten Sinne, weil die Darlegung der Gründe fehlt, die zu diesen Entscheidungen geführt haben.[15]

Ein beigefügtes Eigenschaftsprofil oder Diagramm kann im Falle eines Persönlichkeitsgutachtens immerhin die verbalen Ausführungen illustrieren und verdeutlichen; bei einer Schriftexpertise können dies Tabellen oder Diagramme, Bildvergleiche und anderes mehr sein.

Bei Neueinstellungen und Beförderungen handelt es sich bei den Auftraggebern wie erwähnt meist um Unternehmen, und gerade diese erwarten häufig – wenn auch implizit – eben doch eine Stellungnahme wie «Geeignet» oder «Nicht geeignet»; eine solche Aussage wird zwar rechtlich nicht gewertet, subjektiv aber häufig so empfunden wie ein (Gerichts-)Urteil. Die Stellungnahme eines Gutachters gilt nämlich immer als Ausdruck seiner persönlichen Einschätzung und ist als solche auch nicht anfechtbar. Der Gutachter haftet also auch nicht für diese seine persönliche Beurteilung des Falles oder für sich daraus ergebende Konsequenzen.[16] Nach Ruckstuhl/Dittmann/Arnold wird es ohnehin für jede Frage ohne weiteres möglich sein, einen Gutachter für jede vertretene Meinung zu finden.[17]

2. Anwendungsbereiche

a) Das Persönlichkeitsgutachten

Ein graphologisches Persönlichkeitsgutachten wird in Auftrag gegeben bei Bewerbungen, bei persönlichen oder beruflichen Standortbestimmungen, bei Fragen zu

---

14 Zu Begriff und Bedeutung des Sachverständigen vgl. SCHMID, S. 397 ff.

15 MÜLLER/ENSKAT, S. 216.

16 Vgl. dazu die Ausführungen in den Kap. II.E. und II.F.

17 RUCKSTUHL/DITTMANN/ARNOLD, S. 173.

Berufs- und Laufbahnberatung oder in der psychologischen und psychotherapeutischen Beratung. Während noch in den 90er Jahren eindeutig die Begutachtungen bei Neueinstellungen in der Mehrzahl waren, hat sich das Bild zugunsten der Standortbestimmungen und Laufbahnberatungen verschoben. Dies zeigt eine Umfrage der SGG aus den Jahren 2006–2008[18]:

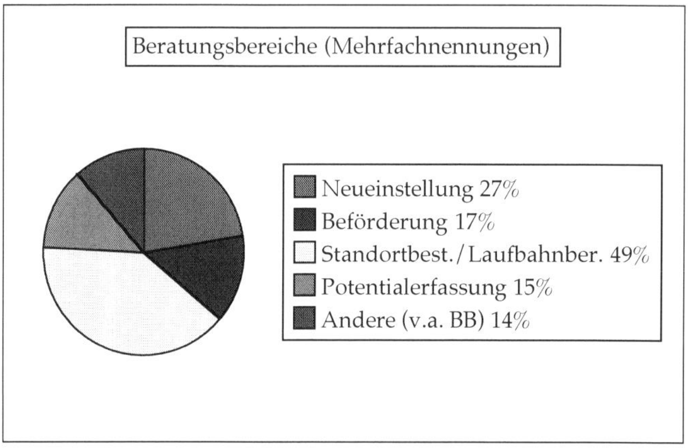

Abbildung 1: Ergebnisse einer Umfrage bei Kunden der Schweizerischen Graphologischen Gesellschaft SGG (2006–2008)

Dieser Umstand kommt imgrunde der Aussagekraft der Handschriftanalyse entgegen (vgl. dazu das Kapitel «Prinzipien der Handschrift-Interpretation», und es verschiebt auch die Instanz der Auftraggeberschaft: Während es sich bei Neueinstellungen und Beförderungen praktisch durchgehend um Unternehmen handelt, sind es bei den Standortbestimmungen oft, bei Beratungen meistens Privatpersonen. Indessen empfiehlt es sich, auch bei Coachings, die vom Unternehmen unterstützt und angeregt werden, als Einstieg und Standortbestimmung zunächst eine Handschriftanalyse durchzuführen.

b) Die Handschriftanalyse als Persönlichkeitsbeschreibung

Aus diesem Grunde wird in jüngerer Zeit eher dazu übergegangen, Ausdrücke zu verwenden wie graphologische Persönlichkeitsbeschreibung, Persönlichkeitsprofil oder eben Handschriftanalyse. Dieser Ausdruck zielt eher auf die Beschreibung der dynamischen und funktionalen Struktur der Persönlichkeit, die in einer

[18] Qualitätssicherung, SGG 2008.

graphologischen Analyse vorgenommen wird und assoziiert nicht ein Urteil, sondern viel eher eine Standortbestimmung; diese wird überdies häufig in einem nachfolgenden Gespräch erläutert und gemeinsam besprochen und kann dann auch abzielen auf eine Potentialermittlung. Eine solche wird ganz klar vor allem auch zum Vorteil der Kandidaten erstellt. Aus dieser Perspektive werden sich auch die Fragen nach Haftung und Verhältnismässigkeit für eine solche Beurteilung entschärfen.

c) Das Persönlichkeitsprofil

Der Begriff lehnt sich an das sogenannte Anforderungsprofil an, das häufig von der Seite der Unternehmens- oder Personalleitung den Gutachtern und Assessoren vorgelegt wird: Für eine bestimmte Position werden bestimmte Persönlichkeitseigenschaften in bestimmten Ausprägungsgraden verlangt, damit eben die stellenspezifischen Anforderungen vom Kandidaten erfüllt werden können. Die Aufgabe der Gutachter ist es, ein analoges Profil mit Persönlichkeitseigenschaften aufgrund der Testresultate aus Assessment oder Handschriftanalyse auszufüllen.

Aufgrund der Handschriftanalyse kann ein sehr differenziertes Persönlichkeitsprofil erstellt werden. Vor allem können fast alle wichtigen Führungseigenschaften rasch und genau beschrieben und auch visuell dargestellt werden. Ein solches Profil wird beidseits meist in Tabellenform[19] abgegeben, es hat sich jedoch als praktisch erwiesen, es als Kreisdiagramm zu fassen[20], da die einzelnen Dimensionen auch visuell dargestellt werden können:

[19] Vgl. die zugehörige Tabelle zum Persönlichkeitsprofil im Anhang (A 3.3b) sowie Kap. III.A.1.b) und die Fallbeispiele in Kap. V.B.

[20] Vgl. die zugehörige Beschreibung und die Tabelle zum Persönlichkeitsprofil im Anhang (A 3.3a / A 3.2a) im Anhang sowie die Fallbeispiele in Kap. V.B.

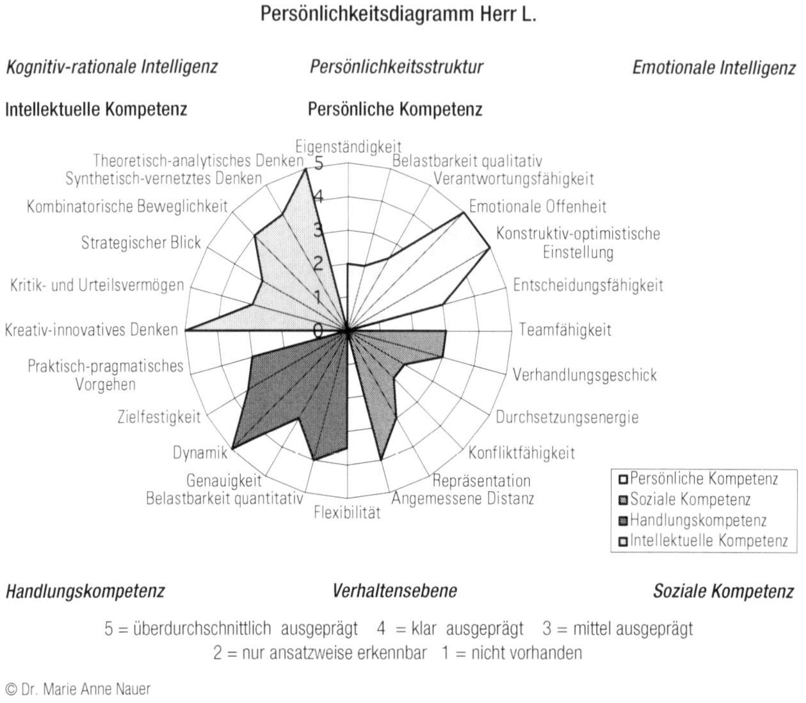

Abbildung 2: Beispiel für ein Persönlichkeitsprofil: Das Kreisdiagramm[21]

Das Profil basiert auf den im Text verwendeten Grunddimensionen: Intellektuelle Kompetenz / Persönliche Kompetenz / Handlungskompetenz / Soziale Kompetenz, die ihrerseits wieder in sechs weitere Kompetenzbereiche unterteilt sind. Diese werden einzeln gewichtet auf einer Skala von 1 bis 5, wobei zu beachten ist, dass für eine Führungskraft eine klare Ausprägung all dieser Dimensionen erwünscht ist, d.h. eine Stufung von 4 bis 5. Die mittlere Stufe 3 wird bereits als ungenügend betrachtet: Diesem Umstand trägt die Darstellung auf dem Kreisdiagramm optisch Rechnung.

Das Persönlichkeitsprofil bietet einen raschen, jedoch ziemlich abstrakten Überblick[22]; differenzierten Aufschluss über die funktionale und innerpsychische Struktur der Persönlichkeit gibt das ausformulierte Gutachten.

[21] Vgl. NAUER, Who are you, S. 87 ff.

[22] Dies gilt grundsätzlich für alle Testresultate, die in Tabellen- oder Diagrammform, in prozentualen Anteilen, Rangordnungen und dergleichen mehr dargestellt sind.

d) Die Expertise oder Schriftvergleichung

Im Manual ENFSI werden fünf Grundlagenprinzipien erwähnt, welche Vergleiche von Unterschriften und Handschriften überhaupt erst möglich machen[23]:

1. Keine zwei Personen schreiben exakt gleich.[24]
2. Niemand schreibt dasselbe zweimal auf genau die gleiche Art und Weise, und keine zwei natürlich geschriebenen Signaturen sind genau gleich (vorausgesetzt, dass keine elektronische Signatur verwendet wurde).
3. Die Bedeutung eines Merkmals als Identitätsnachweis oder Nicht-Identitätsnachweis muss bezüglich seiner Häufigkeit resp. Seltenheit, Komplexität, der relativen Geschwindigkeit und Natürlichkeit, mit der es geschrieben wurde, abgeschätzt und hinsichtlich seiner Übereinstimmung oder Nicht-Übereinstimmung mit vergleichbaren Merkmalen überprüft werden.
4. Niemand ist in der Lage, alle Merkmale der Handschrift einer anderen Person nachzuahmen und gleichzeitig mit der gleichen relativen Geschwindigkeit und Geschicklichkeit zu schreiben wie der Schriftautor, den er oder sie imitieren will.
5. In Fällen, in denen der Autor seine eigene normale Handschrift verschleiert oder die Handschrift einer anderen Person imitiert, es ist nicht immer möglich, den Autor des Dokuments zu identifizieren.

Bei einer Expertise handelt es sich tendenziell um eine abschliessende Stellungnahme, indem eine Übereinstimmung zwischen Schriften oder Unterschriften mit einem verbal ausgedrückten Wahrscheinlichkeitsgrad bestimmt wird, etwa:

> Die Unterschrift X ist mit hoher / sehr hoher /an Sicherheit grenzender Wahrscheinlichkeit vom Autor der Vergleichsunterschrift V verfasst worden.[25]

Die ausformulierte Schlussfolgerung entspricht jedoch auch und vor allem in diesem Bereich juristisch einer persönlichen Beurteilung, welche eine Haftung a priori ausschliesst, weshalb auf der SGG-Vorlage zur Expertise der explizite Hinweis vermerkt ist:

> Jede Haftung für allfällige Konsequenzen aus der Verwendung der in der vorliegenden Expertise ausgedrückten persönlichen Beurteilung ist durch das anzuwendende Recht ausdrücklich ausgeschlossen.

e) Das Assessment

Das sogenannte Assessment, sei es im Einzel- oder Gruppensetting, hat als amerikanischer Begriff die frühere «Testbatterie» abgelöst. Dies zeigt schon, dass es

---

23 Best Practice Manual ENFSI, S. 23.

24 Vgl. dazu auch SRIHARI/CHA/ARORA/LEE, S. 1ff.; ZHANG/SRIHARI; ZHANG/SRIHARI/LEE, S. 155 ff.

25 Vgl. dazu auch die Kap. III.C.2. und V.C.

praktisch ausschliesslich im Rahmen von Neueinstellungen oder Beförderungen angewendet wird. Ein Teil davon kann eine graphologische Beurteilung sein, auf jeden Fall wird auch hier, mittels teils unterschiedlicher Instrumente, ein Persönlichkeitsgutachten erstellt. Dessen Grundlage bildet fast immer ebenfalls ein Text, der durch Diagramme, Tabellen, Vergleichsskalen und dergleichen illustriert wird.

3. Auftraggeberin als juristische oder private Person

Im Falle von Neueinstellungen oder Beförderungen ist die auftraggebende dritte Person meist eine juristische, also eine Instanz, die Angestellte einstellt oder befördert, demnach entweder kleinere oder grössere Unternehmen, Gesellschaften, Verwaltungen etc. Das Auftragsverhältnis ist ein einfaches, das meist nicht einmal durch einen speziellen Vertrag besiegelt wird: Es reicht, wenn die Personalabteilung dem Graphologen die Unterlagen mit einem Begleitbrief oder nach einem Telefonat zuschickt.

In den anderen Fällen, die meist Beratungssituationen darstellen, geben Privatpersonen selbst den Auftrag, ihre Handschrift zu analysieren, dies meist nur mündlich.

Soweit die Parteien keine speziellen Abmachungen getroffen haben, gelten die Bestimmungen über den Auftrag, Art. 394–406 des Schweizerischen Obligationenrechtes.

4. Sorgfaltspflicht des Beauftragten

Nach Wolf kann von einem Graphologen genau so wenig wie von einem Arzt oder Juristen Unfehlbarkeit verlangt werden[26]:

> Danach wäre derjenige, der sich leichtfertig als Graphologe ausgibt, ohne über genügend Kenntnisse zu verfügen, im Falle von den guten Ruf eines Schrifturhebers schädigenden Irrtümern wegen übler Nachrede strafbar; der richtig geschulte Graphologe wäre es dagegen nur, wenn eine Häufung von Irrtümern oder sonstige Umstände auf Oberflächlichkeit schliessen lassen.[27]

In jedem Fall gilt also die Sorgfaltspflicht, um nicht gegen den Grundsatz von Treu und Glauben zu verstossen:

> Der Beauftragte haftet für die gleiche Sorgfalt wie der Arbeitnehmer in Arbeitsverhältnissen nach OR 321e.

---

26 Wolf, S. 27.

27 Wolf, S. 27.

Der Beauftragte ist verpflichtet, den Auftrag «vertragsgemäss»[28] auszuführen. Er schuldet also eine Tätigkeit, wobei der Auftraggeber den Beauftragten mit Instruktionen und Informationen unterstützen kann und sogar verpflichtet ist dazu. Der Beauftragte schuldet sorgfältige Erledigung der ihm anvertrauten Aufgaben, jedoch schuldet er nicht ein bestimmtes Ergebnis.

Allerdings ist die Haftung eines Beauftragten strenger als diejenige eines Arbeitnehmers. Der Arbeitnehmer profitiert von der subjektiven Sorgfaltspflicht gem. Art. 324e OR und haftet deshalb gemäss der bundesgerichtlichen Rechtsprechung bei leichter Fahrlässigkeit i.d.R. überhaupt nicht oder nur bis zu einem Monatslohn, bei mittlerer Fahrlässigkeit bis zu zwei Monatslöhnen und erst bei grober Fahrlässigkeit mit drei oder mehr Monatslöhnen.[29] Der Beauftragte haftet dagegen schon bei leichter Fahrlässigkeit voll.

Wichtig ist dabei, dass die Fachperson wenigstens durchschnittliche fachspezifische Fähigkeiten vorweisen kann. Der Beauftragte kann sich insbesondere nicht auf zu geringe Fachkenntnisse berufen. Zu fordern ist die Sorgfalt, die ein gewissenhafter Beauftragter in derselben Lage bei der Besorgung der ihm übertragenen Geschäfte anwendet[30].

Er muss also die für seine Berufsgruppe zu erwartenden durchschnittlichen Fähigkeiten besitzen. Hat er sie nicht, sollte er das so genannte Übernahmeverschulden vermeiden, indem er den Auftrag gar nicht erst annimmt.

Dabei bestimmt sich das Sorgfaltsmass, für das der Arbeitnehmer einzustehen hat, nach Art. 321e Abs. 1 f. OR. Dieses bemisst sich für jedes Arbeitsverhältnis anders; berücksichtigt werden Faktoren wie Berufsrisiko, Bildungsgrad oder Fachkenntnisse, Fähigkeiten und Eigenschaften des Arbeitnehmers, welche die Arbeitgeberin gekannt hat oder hätte kennen müssen.[31] Dies gilt *mutatis mutandis* auch für einen freischaffenden Auftragsnehmer.

Die sachverständige Person wird nach Art. 183 StPO nur ihn relativ allgemeiner Weise definiert.[32] Nach StPO 183 I kommen als Sachverständige Personen in Frage, die auf dem betreffenden Fachgebiet die erforderlichen besonderen Kenntnisse und Fähigkeiten besitzen.[33] Dabei soll die sachverständige Person mittels Einsatz von Qualitätsmanagementsystemen ein grösstmögliches Mass an Transparenz und Objektivität ihrer Arbeit garantieren.[34] Sie hat jedoch nicht für

28 Vgl. Art. 394 Abs. 1 OR und Art. 396 OR.

29 Zur Haftung des Arbeitnehmers vgl. umfassend GEISER/MÜLLER/PÄRLI, Rz. 466 ff.

30 Vgl. BGE 115 II 64 f.

31 GEISER/MÜLLER/PÄRLI, S. 468.

32 HUBER, A., S. 9.

33 SCHMID, S. 399 f.; RUCKSTUHL/DITTMANN/ARNOLD, S. 172.

34 RUCKSTUHL/DITTMANN/ARNOLD, S. 409.

den Erfolg ihrer Tätigkeit Gewähr zu leisten, sondern für das kunstgerechte Tätigwerden[35]: Sie hat ihre Arbeit *lege artis* auszuführen.

In der Praxis wird dabei als Auswahlkriterium oft auf Fachtitel abgestellt.[36] Die Mitgliedschaft in einem seriösen Berufsverband[37] gewährt höchstmögliche Garantie, dass ihre Mitglieder genügend ausgebildet sind, für Qualitätssicherung sorgen, sich an einen ethischen Code[38] halten und somit in der Lage sind, ihrer vertraglichen Verpflichtung im Sinne der ***Best Practice*** nachzukommen.

---

35 BGE 117 II 563 E. 2a.

36 Huber, A., S. 85.

37 In der Schweiz sind aktuell die Berufsverbände SGG, VDG, SGB, IDG, SVGT aktiv.

38 Die Schweizerische Graphologische Gesellschaft SGG/SSG ist Mitglied der Association Déontologique Européenne de Graphologues ADEG und hält sich an deren European Code of Deontology. Die übrigen Verbände sind Mitglieder der Europäischen Gesellschaft für Schriftpsychologie und Schriftexpertise e.V. EGS, die ebenfalls einen verbindlichen Ehrenkodex führt.

B. Die Handschrift als Urkunde

1. Merkmale einer Urkunde

Bei der Urkunde handelt es sich um eine Schrift, die bestimmt oder geeignet ist, eine Tatsache von rechtlicher Bedeutung zu beweisen[39]. Die Beweisbestimmung kann sich entweder aus dem Gesetz ergeben oder aus dessen Sinn und Natur abgeleitet werden.[40]

Das bedeutet, dass nicht jedes handschriftliche Erzeugnis automatisch Urkundencharakter besitzt, denn dieser ergibt sich erst aus dem Sinn und Zweck des Schriftstücks. Es kann also ein Bewerbungsschreiben Urkundencharakter gewinnen, indem eine Bewerbung gewisse rechtliche Implikationen mit sich bringt und das Schreiben etwa den Beweis erbringt, dass eine Person sich um eine bestimmte Stelle beworben hat. Deshalb sollte auch erkennbar sein, wer die Bewerbung erfasst hat. Aus diesem Grund wird sinnvollerweise meist auch verlangt oder erwartet, dass zu beurteilende Handschriftproben mit Datum und Unterschrift versehen werden.

Das Erfordernis der Erkennbarkeit der Autorschaft gehört zwar nicht zu den gesetzlichen Merkmalen der Urkunde, ist aber überwiegend anerkannt.[41] Die Erkennbarkeit ist dann gegeben, wenn der Anschein erweckt wird, dass sich eine bestimmte Person als Ausstellerin bekennt.[42]

Im Falle einer Schriftprobe, die im Rahmen eines Bewerbungsverfahrens erstellt wurde, sollen gewisse Eigenschaften des Bewerbers sichtbar gemacht werden, denn die Resultate des graphologischen Gutachtens können ja mitentscheidend sein dafür, ob jemand eine Stelle erhält oder nicht. Selbst wenn der Name des Verfassers auf dem Schriftstück nicht ersichtlich ist, handelt es sich um eine Urkunde.

Handelt es sich um ein Dokument, das zur Erstellung einer Expertise bei Fälschungsverdacht eingereicht wurde, geht es meistens um Unterschriften auf beliebigen Dokumenten, Testamente, Verträge und dergleichen, wo der Urkundencharakter offensichtlich ist. Die Handhabung ist hier etwas unterschiedlich: Es besteht nicht unbedingt ein Persönlichkeitsschutz seitens des Autors.

39 Art. 110 Abs. 4 StGB.

40 STRATENWERTH/WOHLERS, StGB 110 N 8 mit Hinweis auf BGE 115 IV 118; 117 IV 36; 118 IV 258; 120 IV 126; 123 IV 64.

41 STRATENWERTH/WOHLERS, StGB 110 N 9 mit Hinweis auf BGE 120 IV 181; 131 IV 130.

42 STRATENWERTH/WOHLERS, StGB 110 N 9.

Allerdings werden, jedenfalls in der Schweiz, normalerweise auch keine Persönlichkeitsbeschreibungen aus diesen Urkunden eruiert: Es geht um den reinen Abgleich zwischen Handschriften oder Unterschriften und somit um die möglichst objektive Vergleichung der im Einzelfall vergleichbaren einzelnen Schriftmerkmale.

Kommt der Experte zum Schluss, dass mit hoher Wahrscheinlichkeit keine Übereinstimmung vorliegt, kann das bedeuten, dass etwa eine Unterschrift gefälscht ist und demnach allenfalls ein strafrechtliches Delikt vorliegt. Dies zu beurteilen ist indessen Sache des Gerichts, und in diesem Fall wird sich die Frage nach weiterem Persönlichkeitsschutz neu und anders stellen. Der Gutachter steht selbstverständlich unter Schweigepflicht gegenüber Dritten.

2. Urkundenfälschung

Es stellt sich die Frage, ob es sich um eine Urkundenfälschung handelt, wenn im Falle einer Bewerbung eine dritte Person anstelle derjenigen, die sich tatsächlich bewirbt, eine Schriftprobe erstellt.

Um eine Urkundenfälschung handelt es sich, wenn jemand in der Absicht, jemanden zu schädigen oder sich oder einem anderen einen unrechtmässigen Vorteil zu verschaffen, eine Urkunde fälscht oder verfälscht, die echte Unterschrift oder das echte Handzeichen einer anderen Person zur Herstellung einer unechten Urkunde benützt oder eine rechtlich erhebliche Tatsache unrichtig beurkundet oder beurkunden lässt oder eine Urkunde dieser Art zur Täuschung gebraucht.[43]

Unter Fälschen wird das Herstellen einer unechten Urkunde verstanden.[44] Eine Urkunde ist dann unecht, wenn der daraus ersichtliche angebliche Aussteller nicht mit dem wirklichen Aussteller identisch ist.[45] Beim angeblichen Aussteller der Urkunde handelt es sich um diejenige Person, die aus ihr als Ausstellerin ersichtlich wird; dabei ist eine Unterschrift nicht zwingend erforderlich.[46] In

---

43 Art. 251 Ziff. 1 StGB.

44 STRATENWERTH/WOHLERS, StGB 251 N 3 mit Hinweis auf BGE 102 IV 193; 118 IV 259; 123 IV 19.

45 STRATENWERTH/WOHLERS, StGB 251 N 3 mit Hinweis auf BGE 103 IV 150; 116 IV 51; 118 IV 259; 125 IV 22, 277; 126 IV 67; BGE 128 IV 268; 132 IV 60; BGE 137 IV 169; BGer Pra. 2006 Nr. 71, E. 1.2.2.

46 STRATENWERTH/WOHLERS, StGB 251 N 3.

subjektiver Hinsicht ist zumindest Eventualvorsatz erforderlich, der Täter muss die Urkunde als echt verwenden wollen.[47]

Indessen muss der Täter durch den täuschenden Gebrauch der Urkunde im Rechtsverkehr entweder eine Schädigungs- oder eine Vorteilsabsicht haben[48], und zwar genügt dabei Eventualabsicht.[49] Weiter muss ein unrechtmässiger Vorteil verschafft werden. Eine Vorteilsabsicht ist dann gegeben, wenn der Täter durch die Verwendung einer Urkunde plant, einen unrechtmässigen Vorteil zu erlangen.[50] Jede Besserstellung ist ein Vorteil.[51]

Lässt eine Person einen Text von einer dritten schreiben, ist die angebliche Ausstellerin nicht mit der wirklichen Ausstellerin identisch. Indem sie das Schriftstück zur Begutachtung abgibt, handelt die Bewerberin vorsätzlich. Indem sie etwa den Text von einer Person, die eine Kaderfunktion innehat, erstellen lässt, erhofft sie sich einen Vorteil. Der Tatbestand der Urkundenfälschung ist somit erfüllt.

47 STRATENWERTH/WOHLERS, StGB 251 N 6 mit Hinweis auf BGE 135 IV 15.

48 Gem. Art. 251 Ziff. 1 Abs. 1 StGB.

49 STRATENWERTH/WOHLERS, StGB 251 N 6 mit Hinweis auf BGE 102 IV 195; 103 IV 185; 121 IV 223.

50 STRATENWERTH/WOHLERS, StGB 251 N 7.

51 STRATENWERTH/WOHLERS, StGB 251 N 7 mit Hinweis auf BGE 75 IV 169; 96 IV 152; 100 IV 178; 101 IV 58; 114 IV 27; 115 IV 58; 118 IV 259; 120 IV 364; 121 IV 92; 128 IV 270; 137 IV 172; BGer Pra. 2006 Nr. 71, E. 1.3.3.

C. Schutz von Personendaten

1. Persönlichkeitsschutz

Es ist nicht ***per se*** unzulässig, von anderen Personen Daten zu bearbeiten, doch dies hat innerhalb der vom Gesetz aufgestellten Schranken stattzufinden.[52] Grundsätzlich hat jede Person Anspruch auf den Schutz ihrer Privatsphäre[53]. Durch den Anspruch auf informelle Selbstbestimmung ist es der einzelnen gewährleistet, selber zu bestimmen, wem und wann sie persönliche Lebenssachverhalte, Gedanken, Empfindungen und Gefühle anvertrauen will.[54] Das Schriftbild ist ein schützenswertes Mittel der menschlichen Selbstdarstellung, deshalb soll es nur auf die Art und Weise verwendet werden, wie dies die Autorschaft vorgesehen hat.[55]

Die Grundrechte sollen gemäss Bundesverfassung auch unter Privaten wirksam werden[56]. Über das OR gelangen sie im privatrechtlichen Arbeitsverhältnis zur Geltung[57]: Von einem Unternehmen als Arbeitgeberin wird verlangt, dass sie die Persönlichkeit der Arbeitnehmer schützt[58]. Es handelt sich dabei um eine Konkretisierung des allgemeinen Persönlichkeitsschutzes von Art. 27 f. ZGB.[59] Zu den geschützten Persönlichkeitsgütern gehören unter anderem die Geheim- und Privatsphäre.[60] Die Arbeitgeberin muss jeden durch den Arbeitsvertrag nicht gerechtfertigten Eingriff in die Persönlichkeitsgüter des Arbeitnehmers unterlassen[61], und die Persönlichkeit des Arbeitnehmers ist bereits im Bewerbungsverfahren zu schützen.[62]

Da das OR eine Verweisung auf das DSG enthält[63], finden im Arbeitsverhältnis namentlich die dort verwendeten entsprechenden Begriffsbestimmungen

---

52 PORTMANN/RUDOLPH, OR 328*b* N 5.

53 Gem. Art. 13 BV.

54 KIENER/KÄLIN, S. 158.

55 HUBER, S. 81 f.

56 Art. 35 Abs. 3 BV.

57 PELLASCIO, OR 328 N 8.

58 Art. 328 OR.

59 PELLASCIO, OR 328 N 8.

60 BRUNNER/BÜHLER/WAEBER, OR 328 N 2.

61 PELLASCIO, OR 328 N 11.

62 PELLASCIO, OR 328 N 9. Eine andere Meinung vertritt STAEHELIN, OR 328 N 12: Die Fürsorgepflicht beginnt erst ab Stellenantritt oder u.U. mit Vertragsabschluss, davor handelt es sich beim unredlichen Verhalten um eine culpa in contrahendo.

63 Art. 328*b* Satz 2 OR.

Anwendung.[64] Der Verweis ist eigentlich überflüssig, aber leserfreundlich und deshalb durchaus begrüssenswert.[65]

Nach einer Regelung bezüglich graphologischer Gutachten wird in Gesamtarbeitsverträgen vergeblich gesucht.[66]

2. Gründe für das Datenschutzgesetz (DSG)

Der Mensch soll mitbestimmen können, welche Bilder und Kenntnisse die Umwelt über ihn hat, deshalb soll es aber auch möglich sein, Informationen zu berichtigen oder löschen zu lassen sowie Verschwiegenheit zu verlangen.[67] Wegen seiner rechtlichen und tatsächlichen Abhängigkeit von der Arbeitgeberin braucht der Arbeitnehmer einen besonderen Schutz.[68]

Da Art. 28 ZGB offen formuliert ist, fehlen Kriterien um festzustellen, ob eine Bearbeitung von Personendaten zulässig ist oder nicht. Oft ist es auch schwierig, zwischen einem Informationsvorgang und der Beeinträchtigung der Persönlichkeit eine Kausalität herzustellen, was die Prozessrisiken für die Betroffenen erheblich erhöht.[69] Deshalb werden in den Datenschutzgesetzen des Bundes und der Kantone die Voraussetzungen und das Verfahren bei der Bearbeitung von Personendaten speziell geregelt.[70]

3. Datenschutz im Bereich des Privatrechts

Durch das DSG werden die Persönlichkeit und die Grundrechte von Personen geschützt, über welche Daten bearbeitet werden[71], und es wird auch das Bearbeiten von Personendaten durch private Personen geregelt[72]; es handelt sich somit um eine Ergänzung und Konkretisierung des Persönlichkeitsrechts des ZGB.[73]

---

64 Streiff/von Kaenel/Rudolph, OR 328*b* N 3.

65 Streiff/von Kaenel/Rudolph, OR 328*b* N 3.

66 Die GAV wurden anhand der folgenden Webseite der UNIA durchsucht: http://www.gav-service.ch (überprüft am 4. Mai 2016)

67 Botschaft DSG 1988, S. 418.

68 Botschaft DSG 1988, S. 488.

69 Botschaft DSG 1988, S. 420.

70 Kiener/Kälin, S. 159.

71 Blechta, DSG 3 N 3.

72 Art. 12 bis 15 DSG.

73 Botschaft DSG 1988, S. 434.

Das DSG gibt Anhaltspunkte, in welchen Fällen die Persönlichkeit einer Person durch die Datenbearbeitung widerrechtlich verletzt sein kann.[74] Das DSG berücksichtigt dabei auch, dass im wirtschaftlichen Wettbewerb die Informationsbeschaffung und -bearbeitung von zentraler Bedeutung ist[75]: Das Interesse an Informationen kann unter gewissen Voraussetzungen derart gewichtig sein, dass die betroffene Person in Kauf nehmen muss, in ihren Persönlichkeitsrechten beeinträchtigt zu werden.[76]

Der Datenschutz ist eine besondere Art des Persönlichkeitsschutzes, doch da nicht jede Persönlichkeitsverletzung auch widerrechtlich ist, erwachsen daraus nicht zwingend Rechtsansprüche.[77] Für Klagen zum Schutz der Persönlichkeit verweist das DSG in Art. 15 auf das ZGB.

a) Daten

Unter Daten versteht das DSG alle Angaben, die sich auf eine bestimmte oder bestimmbare Person beziehen.[78] Dabei ist es irrelevant, ob es sich bei den Daten um Tatsachenfeststellungen oder Werturteile handelt, in welcher Form die Datendarstellung geschieht und auf welchen Datenträgern sie gespeichert werden.[79]

Besonders schützenswert sind Bereiche wie die Gesundheit, die Intimsphäre oder die Rassenzugehörigkeit[80]. Mit dem Begriff «Gesundheit» sind medizinische Befunde gemeint, die sich negativ für die Betroffenen auswirken können.[81] Da die Intimsphäre im Sinn der französischen *sphère intime* oder der italienischen *sfera intima* zu verstehen ist, umfasst sie die Daten, die nur wenigen Auserwählten mitgeteilt werden und die für eine Person von grosser emotionaler Bedeutung sind.[82]

Deshalb gehören auch Erkenntnisse aus psychodiagnostischen Verfahren klar zur *sphère intime* und haben ein Anrecht auf entsprechenden Schutz; das heisst, ein Persönlichkeitsprofil muss entsprechend sorgfältig gehandhabt werden.

74 Botschaft DSG 1988, S. 434.
75 Botschaft DSG 1988, S. 434.
76 Botschaft DSG 1988, S. 434.
77 PORTMANN/RUDOLPH, OR 328*b* N 5.
78 Gem. Art. 3 lit. a.
79 PELLASCIO, OR 328*b* N 5.
80 Gem. Art. 3 lit. c Ziff. 2 DSG.
81 Botschaft DSG 1988, S. 446.
82 Botschaft DSG 1988, S. 446.

b) Das Persönlichkeitsprofil

Bei einem Persönlichkeitsprofil handelt es sich um eine Zusammenstellung von Daten, die eine Beurteilung wesentlicher Aspekte der Persönlichkeit einer natürlichen Person erlaubt.[83] In einem Persönlichkeitsprofil wird eine grössere Zahl von Daten über die Persönlichkeitsstruktur, die beruflichen Fähigkeiten und Aktivitäten, aber auch über ausserberufliche Beziehungen und Tätigkeiten zusammengestellt.[84] Alle diese Daten ergeben ein Gesamtbild oder zumindest ein wesentliches Teilbild der betreffenden Person.[85]

c) Bearbeitung von Daten

Die Datenbearbeitung umfasst insbesondere das Beschaffen, Aufbewahren, Verwenden, Umarbeiten, Bekanntgeben, Archivieren oder Vernichten von Daten.[86] Der Begriff des Bearbeitens ist also umfassend.[87] Im Unterschied zu aufbewahrten Daten dienen archivierte Daten nur noch der Sicherung und der Dokumentation.[88] Dies kann indessen wichtig sein für die Forschung auf einem bestimmten Gebiet.

Weil es sich um die wahrscheinlich heikelste Bearbeitungsphase handelt, ist das Bekanntgeben als Unterbegriff des Bearbeitens[89] besonders definiert[90]: Das Bekanntgeben durch das Zugänglichmachen von Personendaten erfolgt durch Einsichtgewähren, Weitergeben oder Veröffentlichen.

d) Erlaubte Datenbearbeitung

Der Arbeitgeberin steht grundsätzlich das Recht zu, sich ein Bild über die Arbeitnehmer zu machen und zu diesem Zweck Angaben zur Person und Unterlagen über deren Fähigkeiten und Leistungen zu sammeln.[91]

Da die Abklärung der Eignung nicht nur die Vertragsanbahnung, sondern auch das laufende Arbeitsverhältnis, etwa mit Blick auf Beförderungen oder Sank-

---

83 Gem. Art. 3 lit. d DSG.
84 Botschaft DSG 1988, S. 446.
85 Botschaft DSG 1988, S. 446 f.
86 Gem. Art. 3 lit. e DSG.
87 Botschaft DSG 1988, S. 447.
88 PORTMANN/RUDOLPH, OR 328*b* N 4.
89 Art. 3 lit. f. DSG.
90 Botschaft DSG 1988, S. 447.
91 PORTMANN/RUDOLPH, OR 328*b* N 6.

tionen betrifft, sind Aufzeichnungen über Leistung und Verhalten der Arbeitnehmer zulässig.[92]

Das Personaldossier enthält alle Daten, die sich auf eine bestimmte Person und den Verlauf des Arbeitsverhältnisses beziehen.[93] Neben Unterlagen wie Personalien und Angaben über Arbeitsunfälle oder Ferien sind auch graphologische Gutachten ein Bestandteil des Personaldossiers.[94]

Das Erstellen von Geheimakten ist rechtswidrig, weil diese dem Arbeitnehmer jegliche Möglichkeit zur Selbstdarstellung rauben und ihn weitgehend zu einem fremdbestimmten Objekt machen.[95]

e) Daten für die Forschung

Daten zu sammeln und zu verarbeiten im Rahmen einer wissenschaftlichen Forschungstätigkeit muss möglich sein und ist auch erlaubt: Das DSG nennt Rechtfertigungsgründe[96] für Fälle, in denen ein überwiegendes Interesse der bearbeitenden Person geltend gemacht werden kann. Dies ist etwa dann der Fall, wenn

> Personendaten zu nicht personenbezogenen Zwecken insbesondere in der Forschung, Planung und Statistik bearbeitet und die Ergebnisse so veröffentlicht werden, dass die betroffenen Personen nicht bestimmbar sind.

Ohne diese Ausnahmebestimmung könnte tatsächlich keine Forschung betrieben werden.

---

92 Portmann/Rudolph, OR 328*b* N 8.

93 Portmann/Rudolph, OR 328*b* N 42.

94 Huber, S. 52 f.

95 Huber, S. 54.

96 DSG 2011, Art. 13*e*.

D. Persönlichkeitsverletzung

1. Allgemeines

Die Beeinträchtigung von Persönlichkeit und Grundrechten einer Person hängt nicht nur von Zweck, Umfang und Art der Bearbeitung ab, sondern auch davon, welche Qualität die Informationen haben.[97] Gewisse Daten berühren die Persönlichkeit der betroffenen Person besonders stark; dies ist vor allem der Fall, wenn die Daten aus dem Geheimbereich oder dem Privatleben stammen oder wenn durch die entsprechenden Informationen das Ansehen und die soziale Geltung der Person wesentlich beeinflusst werden können.[98]

Der Begriff der Persönlichkeitsverletzung weist auf eine grundsätzliche Widerrechtlichkeit hin, doch diese entfällt, wenn sie gerechtfertigt ist.[99] Diese Rechtfertigung kann durch eine Einwilligung des Verletzten, durch ein überwiegendes privates oder öffentliches Interesse oder durch das Gesetz geschehen.[100] Auch eine Persönlichkeitsverletzung, die auf einem Verstoss gegen eine datenschutzrechtliche Bestimmung beruht, kann gerechtfertigt sein.[101] Haas[102] erinnert daran, dass die Einwilligung zu einer Persönlichkeitsverletzung nach Art. 28 Abs. 2 ZGB in der Praxis einen weiten und vielfältigen Anwendungsbereich erfasst.

Eine Persönlichkeitsverletzung liegt einerseits vor, wenn der im Art. 328*b* OR umschriebene Gegenstand der Bearbeitung überschritten wird und andererseits, wenn die Bestimmungen des Datenschutzgesetzes missachtet werden:

> Der Arbeitgeber darf Daten über den Arbeitnehmer nur bearbeiten, soweit sie dessen Eignung für das Arbeitsverhältnis betreffen oder zur Durchführung des Arbeitsvertrages erforderlich sind.

Jede Verletzung eines datenschutzrechtlichen Bearbeitungsgrundsatzes begründet eine Persönlichkeitsverletzung.[103] Die im DSG aufgezählten Bearbeitungsgrundsätze, deren Missachtung eine Verletzung der Persönlichkeit bewirkt, sind indessen nicht abschliessend.[104]

---

97 Botschaft DSG 1988, S. 446.

98 Botschaft DSG 1988, S. 446.

99 PORTMANN/RUDOLPH, OR 328*b* N 5.

100 Art. 28 Abs. 2 ZGB.

101 PORTMANN/RUDOLPH, OR 328*b* N 5.; Art. 13 DSG als lex specialis zu Art. 28 Abs. 2 ZGB.

102 HAAS, S. 259 f., 304 f.

103 Art. 12 Abs. 1 und Abs. 2 lit. a DSG.

104 PORTMANN/RUDOLPH, OR 328*b* N 10.

Wenn die Datenbearbeitung gegen den ausdrücklich erklärten Willen der betroffenen Person erfolgt, ist sie persönlichkeitsverletzend.[105]

2. Compliance und Risikoverminderung

Dem Anliegen nach grösstmöglichem Schutz der Persönlichkeit steht das Interesse eines Unternehmens an grösstmöglicher Transparenz und Durchleuchtung der zu rekrutierenden Kandidaten diametral gegenüber: Das Unternehmen möchte Personen anstellen, welche die fraglichen Funktionen möglichst optimal ausführen können, damit dem Unternehmen fachlich und unternehmerisch am besten gedient wird und Risiken minimiert werden können.

Dieses Risk Management ist ganz besonders delikat im Falle von Finanzinstituten: Hier gilt der Mitarbeiter als *internal party* grundsätzlich als operationelles Risiko etwa inbezug auf *internal fraud*.[106] Um einen ordnungsgemässen Institutsbetrieb zu gewährleisten, braucht es eine funktionierende Gesamtheit der Kontrollstrukturen und -prozesse im Sinne einer internen Kontrolle. Integraler Bestandteil dieser internen Kontrolle ist hierbei die Compliance.[107]

Also ist ein solches Finanzinstitut beispielsweise in hohem Mass daran interessiert zu erfahren, ob ein Kandidat konsequent ehrlich und loyal ist – eine Frage, die nicht nur besonders schwierig zu beantworten ist, sondern an sich eine heikle Fragestellung bedeutet: wird sie verneint, kann sich der Begutachter u.U. der Ehrverletzung schuldig machen.

Auf Seite des Unternehmens ist es wichtig zu beachten, dass die Daten rechtmässig beschafft werden:

> Art. 4 Abs. 1 DSG besagt, dass Personendaten rechtmässig beschafft werden müssen, wobei die Beschaffung lediglich als Anwendungsfall der Datenbearbeitung (Art. 3 Bst. eDSG) zu verstehen ist, mithin *jede Bearbeitung von Personendaten* rechtmässig zu erfolgen hat.[108]

Auch muss dem Bewerber offen gelegt werden, welche Auswahlverfahren angewendet werden und was mit diesen festgestellt werden soll, damit der Kandidat den Zusammenhang mit der Bewerbung erkennen kann: «Nur so können sie [die Bewerber] frei entscheiden, ob sie sich dem Beurteilungsverfahren unter-

---

105 PORTMANN/RUDOLPH, OR 328*b* N 20.

106 HUNGER/MARSCHALL HUNGER, AJP 2007, S. 1347 f.

107 HUNGER/MARSCHALL HUNGER, AJP 2007, S. 1349.

108 HUNGER/MARSCHALL HUNGER, AJP 2007, S. 1351.

ziehen wollen und welche Informationen sie über ihre Person offen legen wollen.»[109]

So muss ein Bewerber auch unbedingt im Vorfeld darüber aufgeklärt werden, dass aufgrund seiner eingereichten oder allfällig aufgrund anderer Testmethoden zur Verfügung stehenden Handschrift ein graphologisches Gutachten angefertigt werden soll:

Es «ist die Erkennbarkeit zu verneinen, wenn handschriftliche Bewerberunterlagen ohne unmissverständliche Deklaration im Inserat für graphologische Gutachten herangezogen werden». Eine (konkludente) Einwilligung folgt also nicht aus dem Umstand, dass der Bewerber handschriftliche Unterlagen wie Lebenslauf, Bewerbungsschreiben und dergleichen einreicht.[110]

Mit genügender Transparenz bezüglich Datenerhebung und Zweckerkennung wird auch der Grundsatz der Datenbearbeitung nach Treu und Glauben erfüllt, auf die sich der Kandidat verlassen können muss.

Es lassen sich folgende Grundsätze formulieren, die einzuhalten sind:

- Transparenz (Art. 4 Abs. 4 DSG)
- Zweckbindung (Art. 4 Abs. 3 DSG),
- Prinzip von Treu und Glauben bei der Datenerhebung (Art. 4 Abs. 2 DSG).[111]

3. Ausleuchten der Persönlichkeit

a) Konkretisierung des Verhältnismässigkeitsgebotes

Art. 328*b* OR konkretisiert das Verhältnismässigkeitsgebot von Art. 4 Abs. 3 des DSG.[112] Satz 1[113] verschärft die Vorschriften des DSG zugunsten der Arbeitnehmer.[114] Er gilt als lex specialis zum DSG[115] und wirkt entgegen dem Wortlaut bereits in der Bewerbungsphase.[116]

---

109 Hunger/Marschall Hunger, AJP 2007, S. 1353.

110 Hunger/Marschall Hunger, AJP 2007, S. 1354.

111 Hugentobler, AJP 2009, S. 154.

112 BOTSCHAFT DSG 1988, S. 488.

113 «Der Arbeitgeber darf Daten über den Arbeitnehmer nur bearbeiten, soweit sie dessen Eignung für das Arbeitsverhältnis betreffen oder zur Durchführung des Arbeitsvertrages erforderlich sind.»

114 Pellascio, OR 328*b* N 2.

115 Riemer-Kafka, S. 65.

116 Streiff/von Kaenel/Rudolph, OR 328*b* N 4.

Daten über die Arbeitnehmer dürfen gem. Art. 328*b* OR also nur bearbeitet werden, wenn sie deren Eignung für die konkrete Stelle betreffen (z.B. Qualifikation, Ausbildung, Erfahrung, Sprachkenntnisse, Teamfähigkeit usw.) oder erforderlich für die Durchführung des Arbeitsvertrages sind.[117]

Vor allem bei Führungspositionen sind charakterliche Eigenschaften wie Verantwortungsbewusstsein, Führungsverhalten, Zuverlässigkeit sowie Kollegialität und Umgänglichkeit Daten, die bearbeitet werden dürfen.[118]

b) Das Spezielle bei graphologischen Gutachten

Erkenntnisse aus psychodiagnostischen Verfahren sind generell schwer messbar und nicht leicht zu formulieren. Da jede Persönlichkeit komplex ist und in gewisser Weise alles mit allem zusammenhängt, kann gerade mit einer graphologischen Analyse ein detailliertes Persönlichkeitsprofil erstellt und also die dynamische und funktionale Struktur einer Persönlichkeit beschrieben werden.

Deshalb besteht die «Gefahr», dass die gesamte Persönlichkeitsstruktur erfasst wird[119], während vordergründig oft nur bestimmte Charakterzüge und Eigenschaften wichtig sind. Im Gegensatz zu anderen psychologischen Eignungstests ist die Arbeitgeberin jedoch beim graphologischen Gutachten nicht auf die persönliche Teilnahme der Bewerber angewiesen, und diese müssen sich keiner eigentlichen Prüfungssituation stellen.[120] Deshalb kann sich die bewerbende Person auch keine Vorstellung über die Qualität und Quantität der Resultate machen.[121]

Das heisst aber nicht, dass der Eingriff in die Privatsphäre weniger schwerwiegend ist.[122] Menschen sind meist hochempfindliche Geschöpfe und legen in der Regel kaum einen grossen Wert darauf, begutachtet zu werden.[123] Die Graphologin reisst die Fassade ein, bringt die mühsam verborgen gehaltenen Fehler ans Tageslicht und greift damit in die Persönlichkeit ein.[124]

---

117 PELLASCIO, OR 328*b* N 7; STAEHELIN, OR 328*b* N 1.

118 STAEHELIN, OR 328*b* N 5.

119 RUDOLPH, Stellenbewerbung und Datenschutz, S. 139.

120 RUDOLPH, Stellenbewerbung und Datenschutz, S. 139.

121 RUDOLPH, Stellenbewerbung und Datenschutz, S. 139.

122 HEITKAMP, S. 126.

123 MÜLLER/ENSKAT, S. 219.

124 MÜLLER/ENSKAT, S. 219.

c) Erlaubte und nicht erlaubte Formulierungen

Um so wichtiger ist eine vorgängige transparente Information der Bewerber sowie nach Möglichkeit im Bericht vor allem auch das positive Potential einer Persönlichkeit darzustellen und den Kandidaten immer ein persönliches Gespräch anzubieten: aus der grundsätzlichen ethischen Haltung heraus, dass ein Kandidat von jeder Standortbestimmung einen persönlichen Gewinn haben kann und soll. Gerade deshalb kann es in vielen Fällen nicht nur erwünscht, sondern notwendig sein, die gesamte Persönlichkeitsstruktur zu erfassen, um den Ansprüchen der Best Practice zu genügen.

Abwertende Formulierungen verbieten sich demnach von selbst, ebenso Bemerkungen über Details, die im gegebenen Zusammenhang nicht wichtig sind oder falsche Schlüsse zulassen.

> Eine Bemerkung wie «Dieser Kandidat ist sein Geld nicht wert» ist keinesfalls tolerierbar und könnte heute, da die Bewerber das Recht auf Einsicht in die Begutachtung haben, sogar zu einer Klage führen, da sie als Persönlichkeitsverletzung nach Art. 28 Abs. 2 ZGB empfunden werden kann.

Da sich mittels seriöser Analyse aus einer Handschrift keine Hinweise auf das Privat- oder Intimleben, die sexuelle Orientierung, körperliche oder psychische Krankheiten und dergleichen ablesen lassen, werden sich auch keine solchen finden in einem seriösen graphologischen Persönlichkeitsgutachten.

Diagramme oder Profile in Tabellenform können, in Analogie zu den vielen Testverfahren, als praktisches illustrierendes Hilfsmittel beigefügt werden: Sie ermöglichen einen raschen Überblick über das Potential eines Kandidaten, indem sie einzelne Kompetenzbereiche auf einer Skala gewichten; sie sind jedoch für sich allein und ohne weitere textliche Erläuterungen nicht aussagekräftig genug.

Selbstverständlich untersteht der diagnostisch tätige Graphologe wie jeder Psychologe der Schweigepflicht. Er darf die gewonnenen Daten und Resultate nicht an weitere Instanzen weitergeben.

d) Wem gehört das graphologische Gutachten?

Das graphologische Gutachten ist Eigentum des Auftraggebers, bei einem Bewerbungsgutachten demnach meistens die Arbeitgeberin, bei einer privaten Handschriftanalyse die beauftragende Person, bei einer Expertise allenfalls der Anwalt oder das Gericht. Allerdings hat ein Kandidat in einem Bewerbungsverfahren das Recht auf Einsicht oder auf Wunsch auf eine Kopie des Gutachtens, und er hat auch das Recht, den Namen des Gutachters zu erfahren.

Für allfällige Konsequenzen aus der Verwendung des Gutachtens kann der Graphologe nicht haftbar gemacht werden: Wie oben erwähnt, handelt es sich lediglich um eine Äusserung seiner persönlichen Meinung und seiner Einschätzung. Dies gilt auch für vergleichende Expertisen.

e) Abhängigkeitsverhältnis

Wie bei jeder psychologischen Intervention soll in einem Begutachtungsprozess (bei Bewerbungen oder bei Expertisen) eine auf eine irgendeine Art intervenierende Fachperson so neutral und unabhängig sein wie möglich, also nach Möglichkeit in keinem bekannten oder verwandten Verhältnis zum Kandidaten stehen.

E. Einwilligung als Rechtfertigungsgrund

1. Grundsätzliches

Wenn sich die bearbeitende Person auf einen Rechtfertigungsgrund stützen kann, ist die Datenbearbeitung nicht widerrechtlich, auch wenn diese die Persönlichkeit der betroffenen Person verletzt.[125] Deshalb schliesst Art. 12 Abs. 2 lit. a DSG die Rechtfertigung der Persönlichkeitsverletzung nicht generell aus, doch diese darf nur unter grosser Zurückhaltung erfolgen.[126] Es gilt das Verhältnismässigkeitsprinzip, deshalb müssen bei besonders schützenswerten Daten inbezug auf die Klarheit und Bestimmtheit der Einwilligung hohe Anforderungen gestellt werden.[127]

Bei der charakterlichen Erforschung durch ein graphologisches Gutachten handelt es sich um einen Eingriff in den Privatbereich, deshalb ist eine ausdrückliche Einwilligung der Bewerber erforderlich.[128]

Ohne Einwilligung der Bewerber ist das Einholen und Erstellen von graphologischen Gutachten i.d.R. wegen der Verletzung des Zweckbindungsgebotes (Art. 4 Abs. 3 DSG) und wegen Heimlichkeit (Verstoss gegen Treu und Glauben gem. Art. 4 Abs. 2 DSG und gegen Art. 4 Abs. 4 DSG) unzulässig.[129]

2. Freiwilligkeit als Voraussetzung

Eine Einwilligung ist gem. Art. 4 Abs. 5 DSG erst gültig, wenn sie nach angemessener Information freiwillig erfolgt.[130] Damit eine Einwilligung freiwillig ist, muss die betroffene Person über die möglichen negativen Folgen oder Nachteile, die sich aus einer Verweigerung ergeben können, informiert sein.[131]

Die Gültigkeit der Zustimmung wird nur beeinträchtigt, wenn der Nachteil keinen Bezug zum Zweck der Bearbeitung hat oder diesem gegenüber unverhältnismässig ist, nicht jedoch durch die alleinige Tatsache eines Nachteils.[132] Wenn also jemand

---

125 PORTMANN/RUDOLPH, OR 328*b* N 23.

126 PORTMANN/RUDOLPH, OR 328*b* N 24 mit Hinweis auf BGE 136 II 508 S. 521 E. 5.2.4.

127 STAEHELIN, OR 328*b* N 9.

128 REHBINDER/STÖCKLI, OR 320 N 6. Gleiche Meinung: BRUNNER/BÜHLER/WAEBER, OR 320 N 4; HEITKAMP, S. 126.

129 PORTMANN/RUDOLPH, OR 328*b* N 38.

130 PORTMANN/RUDOLPH, OR 328*b* N 26.

131 Botschaft DSG 2003, S. 2127.

132 Botschaft DSG 2003, S. 2127.

beispielsweise eine Kreditkarte beantragt, so ist die Zustimmung zur Überprüfung der Kreditwürdigkeit freiwillig, auch wenn eine Ablehnung zur Folge hat, dass keine Kreditkarte ausgestellt wird.[133] Der Nachteil der Nichtzustimmung ist gegenüber dem Zweck der Bearbeitung verhältnismässig.[134]

3. Einwilligungserklärung

a) Zeitpunkt, Form und Inhalt der Einwilligungserklärung

Die Einwilligungserklärung muss ***vor*** der persönlichkeitsverletzenden Handlung abgegeben werden.[135] Ein Eingriff kann durch eine nachträgliche Einwilligung nicht mehr gerechtfertigt werden.[136] In einer nachträglichen Einwilligung kann jedoch ein Verzicht auf Schadenersatz und auf Folgenbeseitigung der rechtswidrigen Verarbeitung von Daten gesehen werden.[137]

Der Grundsatz der Formfreiheit für Verträge gem. Art. 11 Abs. 1 OR findet analog auf einseitige Rechtsgeschäfte Anwendung.[138] Die Einwilligungserklärung kann deshalb schriftlich oder mündlich, ausdrücklich oder stillschweigend erfolgen.[139] Der Betroffene muss jedenfalls über Art und Umfang der Datenverarbeitung Bescheid wissen, um die Konsequenzen ihrer Einwilligung abschätzen zu können.[140] Es genügt nicht anzunehmen, der Betroffene wisse über die Datenverarbeitung im allgemeinen Bescheid.[141] Abzulehnen sind auch Blankobewilligungen wie «Ich bin mit der Verarbeitung meiner personenbezogenen Daten einverstanden».[142]

b) Widerrufbarkeit

Bei der Einwilligung handelt es sich um eine einseitige rechtsgeschäftliche Erklärung der Betroffenen und nicht um einen Vertrag, deshalb ist keine Berufung auf

[133] Botschaft DSG 2003, S. 2127.
[134] Botschaft DSG 2003, S. 2127.
[135] HUBER, S. 84. Weitere Autoren, die diese Aussage bestätigen in FN 62.
[136] HUBER, S. 84.
[137] HUBER, S. 84 mit weiteren Hinweisen in FN 63.
[138] GAUCH/SCHLUEP/SCHMID/EMMENEGGER, Rz. 571; BGE 121 III 31 S. 34 E. 2c.
[139] HUBER, S. 88.
[140] HUBER, S. 87.
[141] HUBER, S. 87.
[142] HUBER, S. 87.

Art. 23 ff. OR notwendig.[143] Ob die Einwilligung jederzeit widerrufen werden kann, ist umstritten.[144] Der Widerruf darf nicht gegen Treu und Glauben verstossen.[145]

Wurden aufgrund der Einwilligung bereits Daten erhoben, sind diese vom Widerruf nicht betroffen und die Datenerhebung wird nicht zur widerrechtlichen Handlung, das Zurücknehmen der Einwilligung erfolgt also nur *ex nunc*.[146]

c) Grenzen der Einwilligung

Eine gültige Einwilligung in die Bearbeitung von Daten, die weder die Eignung für das Arbeitsverhältnis betreffen noch für die Durchführung des Arbeitsvertrages erforderlich sind, ist nicht möglich, ausser wenn dies zu Gunsten des Arbeitnehmers erfolgt (Art. 362 OR).[147] Eine Einwilligung ist zudem nur im Rahmen von Art. 27 Abs. 2 ZGB gültig.[148] Gem. Art. 27 Abs. 2 ZGB kann sich niemand seiner Freiheit entäussern oder sich in ihrem Gebrauch in einem das Recht oder die Sittlichkeit verletzenden Grade beschränken. In diesem Grundsatz findet der Umfang der Einwilligung seine Grenze.[149]

Da die zwingenden Schranken von Art. 328b Satz 1 OR eingehalten werden müssen, darf auch bei einer Einwilligung kein allgemeines Charakterrelief erstellt werden.[150] Die Einwilligung in ein persönlichkeitsausleuchtendes Gutachten ist deshalb immer unbeachtlich.[151,152]

Der Einsatz von graphologischen Gutachten für die Rekrutierung von Hilfskräften für einfache Arbeiten ist mit dem Verhältnismässigkeitsgebot von Art. 328*b* OR und Art. 4 Abs. 2 DSG nicht zu vereinbaren und deshalb unzulässig.[153]

143 HUBER, S. 85.

144 HUBER, S. 85 FN 65.

145 HUBER, S. 85.

146 HUBER, S. 85.

147 PORTMANN/RUDOLPH, OR 328*b* N 26. Eine andere Meinung vertritt HUBER, S. 82: Da es sich bei der Einwilligung um eine einseitige Willenserklärung handelt, findet Art. 362 OR keine Anwendung.

148 PORTMANN/RUDOLPH, OR 328*b* N 26.

149 HUBER, S. 87.

150 PORTMANN/RUDOLPH, OR 328*b* N 38. Ebenfalls REHBINDER/STÖCKLI, OR 320 N 6.

151 HEITKAMP, S. 127.

152 Vgl. hierzu die Ausführungen in Kap. II.D.3.

153 RUDOLPH, Stellenbewerbung und Datenschutz, S. 140.

Gerade das Verhältnismässigkeitsgebot kann jedoch diesen Grundsatz relativieren, etwa im Fall von Putzhilfen, Wachpersonal und dergleichen, die mit den Schlüsseln Zugang zu privaten oder sensiblen Bereichen erhalten und somit Vertrauensstellen bekleiden.[154]

d) Problem der freiwilligen Einwilligung

Der Grundsatz der Freiwilligkeit ist in der Praxis wegen der sozialen und wirtschaftlichen Abhängigkeit des Arbeitnehmers kaum durchsetzbar.[155] Dadurch, dass der Bewerber die Erhebung von gewissen personenbezogenen Daten verweigert, beeinträchtigt er seine Aussicht auf den Abschluss des Arbeitsvertrages.[156]

Es stimmt nicht, dass das Individuum über einen freien Willen verfügt, der von der sozialen Umwelt völlig unabhängig ist.[157] Für das Arbeitsverhältnis trifft dies speziell zu, denn der Arbeitnehmer ist unzweifelhaft in hohem Masse sozial und wirtschaftlich von der Arbeitgeberin abhängig.[158] Besonders deutlich wird diese Tatsache bei der Bewerbung[159]: Wenn ein Bewerber eine Stelle will, ist er zu weitgehenden Zugeständnissen bereit, auch wenn dadurch der Schutzbereich eines Persönlichkeitsrechtes verletzt wird.[160,161]

Eine rechtswirksame Einwilligung setzt eine freie Willensbildung und eine autonome Entschlussfassung voraus.[162] Kommt eine Einwilligung unter dem Druck einer wirtschaftlichen Zwangslage zustande, kann es sich nicht um einen selbstbestimmten freien Entschluss handeln.[163] Da es sich um einen Verzicht auf Persönlichkeitsschutz handelt, müsste die Einwilligung in diesem Fall gem. Art. 19 f. OR i.V.m. Art. 27 Abs. 2 ZGB bzw. nach Art. 328 Abs. 1 OR i.V.m. Art. 362 OR für unbeachtlich erklärt werden.[164]

---

154 Vgl. dazu auch Kap. II.D.2.
155 Huber, S. 87.
156 Huber, S. 87.
157 Mallmann, S. 53.
158 Huber, S. 82.
159 Huber, S. 82 f.
160 Huber, S. 83.
161 Hugentobler, S. 155.
162 Frei, S. 122.
163 Frei, S. 122.
164 Frei, S. 122.

Da keine wirkliche Einwilligung bestehen kann, müsste konsequenterweise die Möglichkeit einer rechtswirksamen Einwilligung verneint werden.[165] Da dies jedoch nicht praktikabel ist und auch nicht immer im Interesse des Arbeitnehmers liegt, ist die Forderung einer strikten Beachtung der Zulässigkeitsvoraussetzungen der Einwilligung realistischer.[166]

4. Konkludente Einwilligung

a) Handgeschriebenes Dokument wird unaufgefordert beigelegt

Wenn einer Bewerbung freiwillig handschriftliche Unterlagen beigelegt werden, handelt es sich nicht um eine konkludente Einwilligung.[167] Eine Ausnahme bildet die Situation, wenn das handgeschriebene Schriftstück selber eine Zustimmungserklärung enthält.[168]

Die Ansicht, dass das Einreichen einer handschriftlichen Bewerbung als Einwilligung zur Einholung eines graphologischen Gutachtens gilt, ist äusserst problematisch.[169] Es ist fragwürdig, dass der Bewerber über die Einholung eines Gutachtens Bescheid weiss.[170] Auch wenn angenommen wird, dass der Bewerber für eine Kaderposition um die Gutachtenserstellung weiss, ist es fragwürdig, diese Annahme auf alle Arbeitnehmer auszuweiten.[171]

Beim Persönlichkeitsschutz gilt der Grundsatz, dass die Gültigkeitsvoraussetzungen um so strikter beachtet werden müssen, je tiefer die Handlung in die Persönlichkeit der Betroffenen eindringt; so sind also vor allem bei Gutachten, welche die Persönlichkeit analysieren, strengste Massstäbe anzulegen.[172]

b) Handschriftenprobe wird im Inserat verlangt

Da das Einfordern eines handschriftlichen Dokumentes auch so interpretiert werden kann, dass die Arbeitgeberin Reinlichkeit, Fleiss oder Sorgfältigkeit des

---

165 Frei, S. 123.

166 Huber, S. 83.

167 Portmann/Rudolph, OR 328*b* N 38. Gleiche Meinung: Rehbinder/Stöckli, OR 320 N 6; Brunner/Bühler/Waeber, OR 320 N 4.

168 Rudolph, Stellenbewerbung und Datenschutz, S. 141.

169 Huber, S. 88.

170 Huber, S. 88.

171 Huber, S. 88.

172 Huber, S. 88.

Bewerbers testen möchte, muss das Inserat einen ausdrücklichen Hinweis auf die Begutachtung enthalten.[173] Zudem hat der Bewerber nur bei einem ausdrücklichen Hinweis im Inserat die Möglichkeit, nicht in ein graphologisches Gutachten einzuwilligen.[174]

Wenn im Inserat auf die Begutachtung hingewiesen wird, liegt mit der Zustellung eine gültige Einwilligung des Bewerbers vor.[175]

173 RUDOLPH, Stellenbewerbung und Datenschutz, S. 140. Anderer Meinung ist HEITKAMP, S. 127.

174 Leitfaden für die Bearbeitung von Personendaten im Arbeitsbereich, 3.1.3.

175 RUDOLPH, Stellenbewerbung und Datenschutz, S. 140.

F. Ansprüche

1. Informations- und Einsichtsrecht

a) Zweck

Gem. Art. 8 Abs. 1 DSG kann jede Person von dem Inhaber einer Datensammlung Auskunft darüber verlangen, ob Daten über sie bearbeitet werden. Da es der betroffenen Person überhaupt erst erlaubt, ihre datenschutzrechtlichen Ansprüche durchzusetzen, ist das Auskunftsrecht das bedeutendste Institut des Datenschutzgesetzes.[176]

Der Arbeitnehmer hat einen Anspruch auf die Auskunft über alle über ihn vorhandenen Daten, sowohl über Tatsachenfeststellungen als auch über Werturteile.[177] Es spielt dabei keine Rolle, ob es sich um Zeichen, Worte, Bilder oder Töne handelt.[178] Ein Personaldossier muss so geführt werden, dass der Arbeitnehmer grundsätzlich über alles eine Auskunft erhält.

Durch das Einsichtsrecht soll dem Arbeitnehmer ermöglicht werden, persönlichkeitsverletzende Datenverarbeitung zu unterbinden.[179] Das Einsichtsrecht wirkt sich vor allem präventiv aus, denn Arbeitgeber, die mit der Möglichkeit von Einsichtnahmen rechnen müssen, sind bei der Erhebung, Verarbeitung und Speicherung von persönlichkeitsverletzenden Daten zurückhaltender.[180]

b) Umfang

Der Inhaber der Datensammlung muss der betroffenen Person gem. Art. 8 Abs. 2 lit. a DSG alle über sie in der Datensammlung vorhandenen Daten einschliesslich der verfügbaren Angaben über deren Herkunft mitteilen. Weiter muss er gem. Art. 8 Abs. 2 lit. b DSG den Zweck und gegebenenfalls die Rechtsgrundlagen des Bearbeitens sowie die Kategorien der bearbeiteten Personendaten den an der Sammlung Beteiligten und den Datenempfängern mitteilen.

Grundsätzlich kann der Arbeitnehmer in alle Personalaktenbestandteile Einsicht nehmen, unabhängig davon, von wem und von welchem Zeitpunkt diese

---

176 Botschaft DSG 1988, S. 452.

177 BLECHTA, DSG 3 N 6.

178 BLECHTA, DSG 3 N 6.

179 HUBER, S. 147.

180 HUBER, S. 148.

stammen.[181] Vom Auskunftsanspruch sind auch sog. graue Personaldossiers erfasst.[182] Wird das Gutachten des Arbeitnehmers nicht zugänglich gemacht, verstösst dies gegen die Grundsätze des Persönlichkeitsschutzes.[183]

Es ist nicht zulässig, dem Betroffenen das Gutachten nur auszugsweise bekannt zu geben, denn der Arbeitnehmer hat einen Anspruch auf Einsicht in das Original.[184] Es ist jedoch möglich, dass der Psychologe zur zusätzlichen Erläuterung des Gutachtens herangezogen wird.[185]

c) Form

Gem. Art. 1 Abs. 1 VDSG muss die Auskunft in schriftlicher Form beantragt werden, wobei jedoch kein Interessensnachweis geschuldet ist.[186] Wenn die Identifizierung der betroffenen Person sichergestellt ist und wenn die persönlichen Daten der betroffenen Person vor dem Zugriff unberechtigter Dritter geschützt werden, kann die Auskunftserteilung gem. Art. 1 Abs. 2 VDSG auch auf elektronischem Weg erfolgen.

Im Einvernehmen mit dem Inhaber der Datensammlung oder auf dessen Vorschlag hin kann die betroffene Person gem. Art. 1 Abs. 3 VDSG ihre Daten an Ort und Stelle einsehen. Wenn die betroffene Person eingewilligt hat, kann die Auskunft gem. Art. 1 Abs. 3 VDSG auch mündlich erteilt werden.

Gem. Art. 8 Abs. 5 DSG ist die Auskunft indessen «in der Regel schriftlich, in Form eines Ausdrucks oder einer Fotokopie sowie kostenlos zu erteilen». Gem. Art. 2 Abs. 1 VDSG kann die Beteiligung an den Kosten nur ausnahmsweise verlangt werden. Die Kostenbeteiligung beträgt maximal CHF 300 (Art. 2 Abs. 2 VDSG). Auf ein Auskunftsrecht kann gem. Art. 8 Abs. 6 DSG nicht im voraus verzichtet werden.

---

181 HUBER, S. 156.

182 PORTMANN/RUDOLPH, OR 328*b* N 32.

183 HUBER, S. 172.

184 HUBER, S. 172.

185 HUBER, S. 172.

186 RUDOLPH, AJP 2014, S. 1675.

2. Einschränkung des Einsichtsrechts

a) Aussergewöhnliche Umstände

Das Auskunftsrecht kann nur unter aussergewöhnlichen Umständen eingeschränkt werden. Dies ist zum Beispiel zum Schutz von Interessen von Drittpersonen (Art. 9 Abs. 1 lit. b DSG) oder eigenen überwiegenden Interessen (Art. 9 Abs. 4 DSG) der Fall.

Wenn es seine Interessen erfordern, kann der Name des Verfassers eines graphologischen Gutachtens abgedeckt werden.[187]

b) Örtliche und zeitliche Einschränkung

Der Arbeitnehmer hat gem. Art. 321a OR die Interessen der Arbeitgeberin in guten Treuen zu wahren, deshalb sind der Ausübung des Einsichtsrechts Grenzen gesetzt.[188] Die Personalakten oder Bestandteile davon dürfen vom Arbeitnehmer nicht mitgenommen werden, da dies die Arbeitgeberin an der Ausübung ihrer Aufgaben hindern würde.[189]

Der Ort der Einsichtnahme kann durch die Arbeitgeberin bestimmt werden.[190] Wenn der Arbeitsort und der Sitz der datenverarbeitenden Stelle weit auseinander liegen, birgt dies Probleme.[191] Das Einsichtsrecht des Arbeitnehmers darf in diesem Fall nicht illusorisch gemacht werden und die Arbeitgeberin muss die nötigen Vorkehrungen treffen, damit die Einsichtnahme möglich wird.[192]

Der Zeitraum der Einsichtnahme kann durch die Arbeitgeberin bestimmt werden.[193] Nicht zulässig ist es, wenn durch die Anordnungen das Einsichtsrecht vereitelt wird oder wenn es sich auf die Pausen beschränkt, denn diese dienen der Erholung.[194]

Um das Verändern der Personalakte zu verhindern, ist die Arbeitgeberin berechtigt, die Einsichtnahme überwachen zu lassen.[195]

187 Leitfaden für die Bearbeitung von Personendaten im Arbeitsbereich, 3.2.3.
188 Huber, S. 160.
189 Huber, S. 158.
190 Huber, S. 158.
191 Huber, S. 158.
192 Huber, S. 158.
193 Huber, S. 158.
194 Huber, S. 159.
195 Huber, S. 158.

c) Einsichtnahme durch andere Personen als die Betroffenen

Um neue Persönlichkeitsverletzungen zu verhindern, kann eine Person nur über ihre eigenen Daten Auskunft verlangen.[196] Beim Einsichtsrecht handelt es sich um ein relativ höchstpersönliches Recht, deshalb können andere Personen vom Arbeitnehmer zur Einsicht bevollmächtigt werden.[197] Die Bevollmächtigung eines Rechtsanwalts ist sicherlich zulässig.[198]

Wenn es um die Einsicht in eine grössere Anzahl von Personalakten geht, ist die Zulässigkeit der Bevollmächtigung von Gewerkschaften abzulehnen.[199]

d) Beginn und Ende des Rechtes auf Akteneinsicht

Mit Abschluss des Arbeitsvertrages entsteht auch das Einsichtsrecht in die Personalakte.[200] Bei Bewerbungsunterlagen handelt es sich jedoch nicht um Personalakten, denn diese entstehen erst mit dem Abschluss des Arbeitsvertrages.[201]

Falls der Bewerber abgelehnt wird, muss er nur über die Tatsache informiert werden, dass ein Gutachten eingeholt wurde.[202] Da keine vorwirkende Fürsorgepflicht der Arbeitgeberin besteht und der Bewerber auch nicht mit dem Arbeitnehmer im Sinne von Art. 28 Abs. 1 OR gleichgesetzt werden kann, ist ein Einsichtsrecht während des Vertragsverhandlungsverhältnisses abzulehnen.[203]

Aus der nachwirkenden Fürsorgepflicht der Arbeitgeberin ergibt sich, dass das Einsichtsrecht in demselben Masse entsteht, wie sich die Arbeitgeberin entschliesst, Personalakten aufzubewahren.[204]

---

196 Botschaft DSG 1988, S. 453.

197 HUBER, S. 163.

198 HUBER, S. 164.

199 HUBER, S. 164.

200 HUBER, S. 166.

201 HUBER, S. 166. Gleiche Meinung bei HEITKAMP, S. 128 FN 410. Andere Meinung bei RUDOLPH, Stellenbewerbung und Datenschutz, S. 30: Das Auskunftsrecht nach Art. 8 DSG ist umfassend, deshalb ist es unabhängig von einem eventuellen Vertragsschluss.

202 HEITKAMP, S. 128 FN 410.

203 HUBER, S. 166.

204 HUBER, S. 166.

3. Beseitigungsansprüche

a) Berichtigung

aa) Voraussetzungen

Gegen die Aufbewahrung und Verarbeitung ist etwas einzuwenden, wenn die Daten zwar in zulässiger Weise erhoben wurden, die Information aber objektiv unrichtig ist.[205] Dabei ist es für die Geltendmachung des Anspruchs unerheblich, ob dies unabsichtlich oder absichtlich geschah.[206]

Wenn ein Arbeitnehmer feststellt, dass im Bewerbungsverfahren zum Beispiel in einem Gutachten unrichtige Daten über ihn bearbeitet worden sind, kann er diese gem. Art. 5 Abs. 2 DSG berichtigen lassen.[207] Wenn weder die Richtigkeit noch die Unrichtigkeit von Personendaten festgestellt werden kann, so kann der Arbeitnehmer gem. Art. 15 Abs. 2 DSG verlangen, dass im Personaldossier ein Bestreitungsvermerk angebracht wird.

ab) Anwendungsfälle

Ob Daten richtig oder falsch sind, lässt sich nicht immer leicht beantworten.[208] Es ist sinnvoll, zwischen unrichtigen Tatsachenangaben und unrichtigen Werturteilen zu unterscheiden.[209] Eine falsche Tatsachenangabe ist zum Beispiel ein falsches Geburtsdatum.[210] Kein Anwendungsfall ist indessen das graphologische Gutachten: Es handelt sich dabei um ein Werturteil.

Informationen werden oft für einen bestimmten Zweck erhoben, deshalb können Missverständnisse entstehen, wenn sie in einem anderen Zusammenhang verwendet werden.[211] Wenn etwa bei einem Bewerber in einem graphologischen Gutachten nur bestimmte Persönlichkeitsmerkmale begutachtet wurden, kann der Eindruck entstehen, diese Merkmale seien besonders wichtig. Dabei waren es vielleicht nur Punkte, bei denen aufgrund des Vorstellungsgesprächs Unsicherheiten bestanden.

---

205 HUBER, S. 173.

206 HUBER, S. 174.

207 RUDOLPH, Stellenbewerbung und Datenschutz, S. 30.

208 HUBER, S. 174.

209 HUBER, S. 174.

210 HUBER, S. 175.

211 MALLMANN, S. 78. Gleiche Meinung bei HUBER, S. 175.

ac) Beweislast

Wenn die Beweislast ausschliesslich der Arbeitgeberin auferlegt wird, schafft dies die Gefahr des Missbrauchs durch den Arbeitnehmer.[212] Die Datenverarbeitung könnte durch das blosse Bestreiten der Richtigkeit von einzelnen Daten erschwert oder gar verunmöglicht werden.[213] Andererseits würde der Persönlichkeitsschutz in Frage gestellt, wenn die Beweislast dem Arbeitnehmer auferlegt werden würde.[214]

Die Beweislastverteilung muss deshalb differenziert betrachtet werden.[215] Während der Arbeitnehmer die Beweislast für die von ihm eingebrachten Daten wie Lebenslauf und Zeugnisse trägt, liegt die Verantwortung für die von der Arbeitgeberin erhobenen Daten in dessen Verantwortung.[216] Dies gilt für jede, auch für die graphologische Begutachtung.

b) Anspruch auf Vernichtung bzw. Löschung

ba) Voraussetzungen

Der Vernichtungs- bzw. Löschungsanspruch kommt zum Zuge, wenn die Daten unzulässigerweise erhoben wurden oder wenn an ihrer Aufbewahrung rechtlich etwas auszusetzen ist.[217] Werden unzulässigerweise Daten aufbewahrt oder verarbeitet, stellt dies eine Persönlichkeitsverletzung i.S.v. Art. 28 ZGB dar.[218]

Der Vernichtungsanspruch kann auch bei richtigen Daten bestehen, nämlich dann, wenn diese von der Arbeitgeberin unberechtigterweise erhoben und/ oder aufbewahrt werden.[219]

Werturteile, die offensichtlich falsch sind, müssen unverzüglich gelöscht werden.[220] Alle anderen Werturteile müssen aufbewahrt werden, bis die zur Beanstandung Anlass gegebene Unterlage vernichtet wird.[221]

---

212 HUBER, S. 177.
213 HUBER, S. 177.
214 HUBER, S. 177.
215 HUBER, S. 177.
216 HUBER, S. 178.
217 HUBER, S. 173.
218 HUBER, S. 182.
219 HUBER, S. 181.
220 HUBER, S. 180.
221 HUBER, S. 180.

Aufgrund von Art. 328 Abs. 1 OR muss die Arbeitgeberin die Korrektur auch ohne Antrag des Arbeitnehmers durchführen, sofern er sich der Rechtwidrigkeit der Aufbewahrung und/oder Verarbeitung bewusst ist.[222] Ein blosser Ungültigkeitsvermerk genügt nicht als Vernichtung.[223]

bb) Anwendungsfälle

Was nicht erhoben werden durfte, darf nicht aufbewahrt werden.[224] Dies trifft auch auf ein graphologisches Gutachten zu, das ohne Einwilligung der Betroffenen eingeholt wurde.[225] Ein solches Gutachten unterliegt folglich dem Anspruch auf Vernichtung.

Wenn der Speicherzweck wegfällt, ist die Aufbewahrung von Daten widerrechtlich.[226] Die Vorratsspeicherung von Daten von abgewiesenen Bewerbern ist deshalb nicht zulässig.[227]

4. Recht auf Gegendarstellung

Wenn der Arbeitnehmer nach der Einsicht in seine Personalakte mit einer Tatsachenangabe oder einem Werturteil nicht einverstanden ist, hat er das Recht auf eine Gegendarstellung.[228] Da es sich beim Recht auf Gegendarstellung um einen selbständigen Anspruch handelt, steht es dem Betroffenen auch neben dem Berichtigungsanspruch zur Verfügung.[229]

In dem Moment, in dem der Betroffene Kenntnis vom Sachverhalt erlangt, entsteht der Anspruch.[230] Der Betroffene erhält das Recht, eine Zusatzerklärung zum beanstandeten Dokument abzugeben.[231] Wenn der Arbeitnehmer den Anspruch geltend macht, hat die Arbeitgeberin unverzüglich die Pflicht, die Gegendarstellung dem beanstandeten Dokument anzufügen.[232]

---

222 HUBER, S. 182.
223 HUBER, S. 182.
224 HUBER, S. 183.
225 HUBER, S. 183.
226 HUBER, S. 183.
227 HUBER, S. 183.
228 HUBER, S. 179.
229 HUBER, S. 179 f.
230 HUBER, S. 179.
231 HUBER, S. 179.
232 HUBER, S. 179.

Das Recht auf Gegendarstellung ergibt sich aus dem Zweck von Art. 28 ZGB, denn dadurch kann die Gefahr der Weiterverbreitung von persönlichkeitsverletzenden Störungen zumindest vermindert werden.[233]

Die Abgabe von Zusatzerklärungen ist nur im Zusammenhang mit bereits bestehenden Unterlagen der Personalakte möglich.[234] Die Zusatzerklärung teilt das Schicksal der Unterlage, deretwegen sie abgegeben wurde.[235]

5. Weitere Rechte des Arbeitnehmers

a) Rechtsfolgen einer Verletzung von Art. 328 OR

Wenn die Arbeitgeberin eine Persönlichkeitsverletzung begeht, verstösst sie gegen Art. 328 Abs. 1 OR, weil sie die Fürsorgepflicht verletzt und somit den Arbeitsvertrag schlecht erfüllt.[236] Die Verletzung der Fürsorgepflicht ist eine Vertragsverletzung, die gem. Art. 97 OR einen Anspruch auf Schadenersatz begründen kann.[237]

Ein Verstoss gegen Art. 328 OR kann sämtliche Klagen gem. Art. 28a ZGB rechtfertigen, da es sich um eine Persönlichkeitsverletzung handelt.[238]

b) Schadenersatz- und Genugtuungsanspruch

Aufgrund der Beweislastumkehr wird sich der Arbeitnehmer in der Regel auf Art. 97 OR berufen.[239] Wenn der Arbeitnehmer durch die rechtswidrigen Handlungen einen Schaden erlitten hat, muss dieser ersetzt werden.[240] Art, Umfang und Haftungsmassstab richten sich nach den allgemeinen Grundsätzen von Art. 97 ff. und Art. 41 ff. OR.[241]

Damit ein Schadenersatzanspruch geltend gemacht werden kann, muss eine Vermögensverminderung entstanden sein.[242] Weiter braucht es zwischen der

---

233 Huber, S. 179.
234 Huber, S. 180.
235 Huber, S. 180.
236 Huber, S. 185.
237 Pellascio, OR 328 N 23.
238 Pellascio, OR 328 N 24.
239 Huber, S. 185.
240 Huber, S. 186.
241 Huber, S. 186.
242 Huber, S. 186.

Persönlichkeitsverletzung und dem eingetretenen Schaden einen adäquaten Kausalzusammenhang.[243] Schliesslich darf die gesetzliche Vermutung, dass die Arbeitgeberin ein Verschulden treffe (Art. 97 Abs. 1 OR) von dieser nicht widerlegt werden.[244]

Unter den Voraussetzungen von Art. 49 OR erlaubt die Verletzung von Art. 328 OR die Geltendmachung einer Genugtuung.[245]

c) Kündigung

Da bei einer Verletzung der Vorschriften über den Datenschutz immer auch ein Verstoss gegen die Fürsorgepflicht der Arbeitgeberin vorliegt, kann der Arbeitnehmer auch auf die arbeitsrechtlichen Rechtsbehelfe zurückgreifen.[246] Wegen einer schweren Persönlichkeitsverletzung kann eine fristlose Kündigung seitens des verletzten Arbeitnehmers gerechtfertigt sein.[247]

---

243 HUBER, S. 186.

244 HUBER, S. 186.

245 PELLASCIO, OR 328 N 25.

246 PORTMANN/RUDOLPH, OR 328*b* N 30.

247 PELLASCIO, OR 328 N 26.

G. Öffentlich-rechtliche Arbeitsverhältnisse

1. Einführung

a) Organisation

Beim öffentlich-rechtlichen Dienstverhältnis handelt es sich um ein Arbeitsverhältnis zwischen einer öffentlich-rechtlichen Körperschaft oder Anstalt und einer Privatperson, das durch das öffentliche Recht geregelt wird.[248] Eine der Parteien ist zwingend der Staat[249] oder eine Organisation, die diesem zugerechnet wird.[250] Dabei können sowohl hoheitliche als auch nichthoheitliche Tätigkeiten betroffen sein.[251]

Die Regelung des öffentlich-rechtlichen Arbeitsverhältnisses ist im Gegensatz zum privatrechtlichen Arbeitsverhältnis nicht einheitlich.[252] Gem. Art. 342 Abs. 1 lit. a OR gelten je nach Dienstverhältnis die Vorschriften von Bund, Kanton oder Gemeinde. Folglich gibt es sehr viele unterschiedliche kantonale Regelungen sowie eine für die Betriebe, welche dem Bundespersonalgesetz unterstellt sind.[253]

Aufgrund der verfassungsrechtlich garantierten Organisationsautonomie sind die Kantone im ihrem öffentlichen Bereich selber für den Datenschutz zuständig.[254] Wie weit die kantonale Datenschutzordnung auch für die kommunalen Verwaltungen gelten soll, entscheidet sich nach kantonalem Verfassungs- und Gesetzesrecht.[255]

b) Unterschiede zum privatrechtlichen Arbeitsverhältnis

Im Gegensatz zum privatrechtlichen Arbeitsverhältnis handelt beim öffentlich-rechtlichen Arbeitsverhältnis eine der Parteien hoheitlich.[256] Der Staat ist auch

248 PORTMANN/STÖCKLI, N 34.
249 GEISER/MÜLLER, N 201.
250 GEISER/MÜLLER, N 201, FN 231.
251 PORTMANN/STÖCKLI, N 34.
252 GEISER/MÜLLER, N 199.
253 GEISER/MÜLLER, N 199.
254 Botschaft DSG 1988, S. 425.
255 Botschaft DSG 1988, S. 426.
256 GEISER/MÜLLER, N 201.

als Arbeitgeber zum einen immer an das Legalitätsprinzip gebunden, hat aber andererseits auch hoheitliche Befugnisse.[257]

Bei Begründung, Inhalt und Auflösung der Dienstverhältnisse weicht das öffentliche Dienstverhältnis z.T. erheblich vom privaten Arbeitsvertragsrecht ab.[258] Die Arbeitsbedingungen sind zwar oft günstiger, doch selbst das kantonale öffentliche Personalrecht kann die Minimalgarantien des OR unterschreiten.[259] Während Streitigkeiten aus privatrechtlichen Arbeitsverhältnissen vor Zivilgerichten ausgetragen werden, besteht für das öffentliche Dienstrecht ein öffentlich-rechtlicher Rechtsschutz durch verwaltungsinterne Instanzen und Verwaltungsgerichte.[260]

Mit Ausnahme von Art. 8 Abs. 3 BV sind privatrechtliche Arbeitgeberinnen nicht an die Grundrechte gebunden[261] und die Arbeitsverträge unterliegen nur punktuellen Einschränkungen.[262] Dem gegenüber ist der Staat als Arbeitgeber an das Rechtsstaatsprinzip gem. Art. 5 BV gebunden.[263] Das bedeutet, dass die Arbeitnehmer nicht willkürlich behandelt werden dürfen, dass die Handlungen stets verhältnismässig sein müssen und dem Rechtsgleichheitsgebot entsprechen müssen.[264]

2. Datenschutz im öffentlich-rechtlichen Bereich auf Bundesebene

a) Datenschutzgesetz

Das DSG regelt gem. Art. 16 die Datenbearbeitung in der gesamten Bundesverwaltung sowie bei Personen, die mit öffentlichen Aufgaben des Bundes betraut sind.[265]

Da die Verwaltung bei der Bearbeitung von Personendaten grundsätzlich die Grundrechte der betroffenen Personen beeinträchtigen kann, stellt das DSG sicher, dass das Gesetzmässigkeits- und Verhältnismässigkeitsprinzip beachtet

257 GEISER/MÜLLER, N 201.

258 PORTMANN/STÖCKLI, N 37.

259 PORTMANN/STÖCKLI, N 37 mit Hinweis auf BGE 138 I 240 f. E. 7.2.

260 PORTMANN/STÖCKLI, N 37.

261 GEISER/MÜLLER, N 201 FN 229.

262 GEISER/MÜLLER, N 201.

263 GEISER/MÜLLER, N 206.

264 GEISER/MÜLLER, N 206.

265 Botschaft DSG 1988, S. 434.

werden.[266] Personendaten dürfen von Organen des Bundes nur bearbeitet werden, wenn dafür eine Rechtsgrundlage besteht (Art. 17 Abs. 1 DSG). Besonders schützenswerte Personendaten und Persönlichkeitsprofile dürfen nur unter bestimmten Voraussetzungen oder wenn die betroffene Person einwilligt, bearbeitet werden (Art. 17 Abs. 2 DSG).

b) Bundespersonalgesetz

ba) Allgemeines

Das auf Bundesebene massgebende Bundespersonalgesetz wurde mit der Revision im Jahr 2012 noch stärker dem OR angenähert.[267] Als Rahmengesetz legt das BPG die Grundsätze und Mindeststandards für die Arbeitsverhältnisse des Bundespersonals fest.[268] Das Ziel des BPG ist es einerseits, ein gesetzliches Dach für das gesamte Bundespersonal zu schaffen und andererseits vorzubeugen, dass sich das Recht im öffentlichen Dienst aufsplittert.[269]

Dem BPG unterstellt ist gem. Art. 2 BPG das Personal der Bundesverwaltung, der Parlamentsdienste, der Post, der SBB, der dezentralisierten Verwaltungseinheiten und grundsätzlich des Bundesverwaltungs-, Bundesstrafgerichtes und des Bundesgerichtes.

Wenn es das anwendbare öffentliche Recht zulässt, können öffentlich-rechtliche Körperschaften und Anstalten mit ihrem Personal gem. Art. 6 Abs. 5 bis 7 BPG auch privatrechtliche Arbeitsverhältnisse begründen und die Art. 39 ff. OR finden unmittelbare Anwendung.[270] Wenn zwar ein öffentlichrechtliches Dienstverhältnis vorliegt, das entsprechende öffentliche Recht jedoch auf das OR verweist oder wenn Lücken ergänzt werden müssen, gelangen die Vorschriften des OR mittelbar zur Anwendung (Art. 6 Abs. 2 BPG).[271]

bb) Verhältnis von BPG und OR

Die allgemeinen Bestimmungen des BPG (Art. 1–7 BPG) gelten für alle Arbeitsverhältnisse beim Bund, auch für solche, die dem OR unterstehen.[272] Auch wenn

[266] Botschaft DSG 1988, S. 434.
[267] PORTMANN/STÖCKLI, N 34.
[268] PORTMANN/UHLMANN, Vorwort S. V.
[269] PORTMANN/UHLMANN, Vorwort S. V.
[270] PORTMANN/STÖCKLI, N 35.
[271] PORTMANN/STÖCKLI, N 35.
[272] HELBLING, BPG 4 N 8.

es den Regeln des OR untersteht, bleibt das Arbeitsverhältnis beim Bund ein öffentlich-rechtliches.[273] Die verfassungsrechtlichen Ansprüche können folglich auch durchgesetzt werden, wenn das Arbeitsverhältnis dem OR untersteht.[274]

Das BPG führt zu einer erhöhten Sozialbindung der Arbeitgeber, denn die in Art. 4 Abs. 2 und 3 BPG enthaltenen Bestimmungen ermahnen die Arbeitgeber zu willkürfreiem und nichtdiskriminierendem Verhalten.[275]

bc) Datenbearbeitung

Die Daten der nach dem Bewerbungsverfahren angestellten Bewerber werden gem. Art. 27*b* Abs. 6 BPG in das Personalinformationssystem nach Art. 27*a* BPG übertragen.

Gem. Art. 27*b* Abs. 7 BPG muss den abgewiesenen Bewerbern das papierene Bewerbungsdossier zurückgesendet werden. Mit Ausnahme des Bewerbungsschreibens müssen die übrigen Daten grundsätzlich innerhalb von drei Monaten vernichtet werden. Dies gilt auch für das graphologische Gutachten. Es ist aber auch möglich, dass der Bewerber mit der Arbeitgeberin etwas anderes vereinbart.[276]

Da die Erstellung eines graphologischen Gutachtens zwangsläufig mit der Weitergabe von Personendaten an Dritte einhergeht, ist gem. Art. 27*b* Abs. 3 BPG das ausdrückliche Einverständnis der Bewerber notwendig.[277] Dieses muss jedoch nicht in Schriftform vorliegen.[278] Gem. Art. 18 BPDV müssen die Bewerber vor der Durchführung von Persönlichkeitstests über den Zweck des Tests, die Verwendung der Testergebnisse und den über den Test informierten Personenkreis informiert werden.

Das Bewerbungsdossier wird nur Bestandteil des Personaldossiers, wenn der Bewerber angestellt wird (Art. 27*b* Abs. 6 i.V.m. Art. 27*c* Abs. 1 lit. a BPG). Für Bundespersonal gehört das graphologische Gutachten gem. Art. 27*c* Abs. 1 lit. a i.V.m. Art. 27*b* Abs. 3 lit. c BPG ins Personaldossier.

273 HELBLING, BPG 1 N 21.
274 HELBLING, BPG 1 N 20.
275 HÄSLER, S. 124.
276 NÖTZLI, BPG 27*b* N 7.
277 NÖTZLI, BPG 27*b* N 3.
278 NÖTZLI, BPG 27*b* N 3.

Gem. Art. 28 Abs. 2 BPDV werden Persönlichkeitstests und Potentialbeurteilungen während fünf Jahren aufbewahrt und anschliessend vernichtet. Diese Frist gilt auch im Falle der Auflösung des Arbeitsverhältnisses.

3. Objektiv-rechtliche Grundrechtsbindung der Kantone und Gemeinden

a) Keine Anwendung des Datenschutzgesetzes

Der Anwendungsbereich von Art. 328*b* OR umfasst alle privatrechtlichen Arbeitsverhältnisse und somit auch privatrechtliche Anstellungen bei öffentlichen Arbeitgeberinnen.[279] Problematisch ist, dass Art. 328*b* OR auf das Datenschutzgesetz verweist und dass dieses gem. Art. 2 Abs. 1 nur auf Privatpersonen und Bundesorgane anwendbar ist.[280] Durch die Verweisung in Art. 328b wird sein Anwendungsbereich jedoch auf die Arbeitsverhältnisse bei kantonalen und kommunalen Arbeitgeberinnen erweitert.[281]

Da dem Bund die verfassungsrechtliche Kompetenz fehlt, ist das DSG jedoch grundsätzlich nicht auf die kantonalen und kommunalen Dienstverhältnisse anwendbar.[282] Während die öffentlich-rechtlichen Dienstverhältnisse des Bundes gem. Art. 2 Abs. 1 DSG dem Datenschutzgesetz unterstehen, gelten in den Kantonen und Gemeinden die kantonalen und kommunalen Bestimmungen.[283]

b) Grundrechtsbindung

Das DSG findet gem. Art. 2 Abs. 1 DSG bei kantonalen und kommunalen Organen keine Anwendung. Doch wer staatliche Aufgaben wahrnimmt, ist gem. Art. 35 Abs. 2 BV an die Grundrechte gebunden und verpflichtet, zu ihrer Verwirklichung beizutragen. So darf gem. Art. 8 Abs. 2 BV niemand diskriminiert werden. Gem. Art. 13 BV hat jede Person Anspruch auf den Schutz ihrer Privatsphäre und Anspruch auf den Schutz ihrer persönlichen Daten (Abs. 2).

Für die Auslegung und Anwendung der einfachgesetzlichen Rechtsnormen gewinnen die Verwaltungsbehörden Interpretationsrichtlinien aus den Grund-

---

279 STREIFF/VON KAENEL/RUDOLPH, OR 328*b* N 4.

280 STREIFF/VON KAENEL/RUDOLPH, OR 328*b* N 4.

281 STREIFF/VON KAENEL/RUDOLPH, OR 328*b* N 4.

282 STREIFF/VON KAENEL/RUDOLPH, OR 328*b* N 4.

283 STREIFF/VON KAENEL/RUDOLPH, OR 328*b* N 4.

rechten.[284] Angefochtene Hoheitsakte müssen von den Rechtsmittelbehörden auch am Massstab der Grundrechte geprüft werden.[285]

c) Der Begriff staatliche Aufgabe

Das ausschlaggebende Kriterium für die Bestimmung der Adressaten der Grundrechte ist der Begriff «staatliche Aufgabe».[286] Eine staatliche Aufgabe liegt dann vor, wenn der Staat die Verantwortung dafür trägt, dass diese auch tatsächlich erfüllt und wahrgenommen wird.[287]

Ob eine Bindung an die Grundrechte besteht, ist von der Aufgabenerfüllung und nicht von der Art der Behörde oder des Organs abhängig.[288] Die Grundrechte im Innenverhältnis eines öffentlichen Unternehmens binden nur, wenn das Innenverhältnis einen Teil der staatlichen Aufgaben darstellt.[289] In diesem Fall ist das öffentliche Unternehmen an die Grundrechte gebunden.[290] Wenn das Innenverhältnis kein Teil der staatlichen Aufgabe ist, dann sind die Grundrechte nur in ihrem objektivrechtlichen Sinn – nämlich über die Bestimmung des OR zum Schutz des Arbeitnehmers – bindend.[291]

Gelegentlich zeigt sich die Tendenz, dass sich der Staat der organisatorischen Formen des Privatrechts bedient, um eine flexible und speditive Betriebsführung zu erlangen.[292] Es wird dabei auch von einer «Flucht des Gemeinwesens ins Privatrecht» gesprochen.[293]

d) Grundrechtsprüfung

da) Rechtsgleichheit/Gleichbehandlung (Art. 8 BV)

Dass Menschen gleich behandelt werden, ist ein zentraler Aspekt einer gerechten staatlichen Ordnung.[294] Der Gleichheitssatz enthält zwei Aspekte. Die

284 Kiener/Kälin, S. 38.
285 Kiener/Kälin, S. 38.
286 Kiener/Kälin, S. 40.
287 Häner, S. 1149.
288 Kiener/Kälin, S. 40.
289 Häsler, S. 125.
290 Häsler, S. 125.
291 Häsler, S. 125.
292 Häfelin/Müller, N 220.
293 Häfelin/Müller, N 220.
294 Kiener/Kälin, S. 346.

Behörden müssen Gleiches nach Massgabe seiner Gleichheit gleich behandeln und Ungleiches nach Massgabe seiner Ungleichheit ungleich.[295] Zuerst muss gefragt werden, ob sich die betroffenen Personen in einer vergleichbaren Situation befinden.[296] Anschliessend wird gefragt, ob sie ungleich behandelt werden und schliesslich, ob für die Differenzierung sachliche Gründe vorliegen.[297]

Eine unterschiedliche Regelung in Kantonen und Gemeinden ist im Rahmen ihrer Zuständigkeit möglich.[298] Das Diskriminierungsverbot (Art. 8 Abs. 2 BV) bildet jedoch die absolute Schranke.[299]

db) Willkürverbot (Art. 9 BV)

Durch das Willkürverbot wird der einzelnen Person im Umgang mit den Behörden ein Mindestmass an Gerechtigkeit zugesichert.[300] Willkür liegt nicht schon dann vor, wenn eine andere Auslegung ebenfalls vertretbar oder sogar zutreffender erscheint, sondern erst bei einem offensichtlich unhaltbaren Entscheid.[301] Ein Entscheid ist dann willkürlich, wenn er in klarem Widerspruch mit der tatsächlichen Situation steht, er eine Norm oder einen unumstrittenen Rechtsgrundsatz krass verletzt, oder wenn er in stossender Weise dem Gerechtigkeitsgedanken zuwiderläuft.[302]

Massgeblich ist immer der objektive Tatbestand der Gesetzesverletzung und nicht das subjektive Motiv der rechtsanwendenden Behörde, was bedeutet, dass es nicht auf deren Böswilligkeit oder schlechte Absichten ankommt.[303]

Anders als beim Gebot der rechtsgleichen Behandlung wird beim Willkürverbot nur das Verhältnis zwischen dem angewandten Rechtssatz und dem betreffenden Anwendungsakt untersucht, nicht jedoch die verschiedenen Rechtsanwendungsakte miteinander verglichen.[304]

Ein willkürlicher Entscheid verstösst nicht zwingend gegen den Grundsatz der Gleichbehandlung, denn wenn alle Betroffenen gleich unrichtig behandelt

---

295 KIENER/KÄLIN, S. 347.
296 KIENER/KÄLIN, S. 349.
297 KIENER/KÄLIN, S. 349.
298 KIENER/KÄLIN, S. 347.
299 KIENER/KÄLIN, S. 347.
300 Botschaft BV, S. 144.
301 HÄFELIN/MÜLLER, N 426.
302 HÄFELIN/MÜLLER, N 426 mit Hinweis auf BGE 122 I 61 f.; 121 I 113 f.
303 HÄFELIN/MÜLLER, N 428.
304 HÄFELIN/MÜLLER, N 429.

werden, ist dies zwar willkürlich, verstösst jedoch nicht gegen den Grundsatz der Gleichbehandlung.[305]

dc) Schutz der Privatsphäre (Art. 13 BV)

Durch die Verfassung wird jeder Person ein Mindestmass an Privatheit gewährt, und es wird gewährleistet, dass sie sich in ihrer Persönlichkeit frei entwickeln und entfalten kann.[306] Während Art. 10 Abs. 2 BV die Integrität von Körper und Psyche schützt, dient Art. 13 BV dem Schutz des Menschen als sozialem Wesen.[307] Die beiden Sphären überschneiden sich teilweise.[308]

Geschützt wird die Entwicklung und Entfaltung der individuellen Persönlichkeit.[309] Ein Teilgehalt des Privatlebens ist die Geheim- und Intimsphäre.[310] Jeder Mensch kann selber entscheiden, wem und wann er persönliche Lebenssachverhalte offenbaren will.[311] Einschränkungen haben die Anforderung von Art. 36 BV zu erfüllen.[312]

dd) Konsequenzen für das graphologische Gutachten

Die Erstellung eines graphologischen Gutachtens tangiert den Schutzbereich der Rechtsgleichheit, des Willkürverbots und des Schutzes der Privatsphäre. Damit der Eingriff durch ein graphologisches Gutachten rechtmässig ist, müssen alle Bewerber gleich behandelt werden. Alle Bewerber müssen nach den gleichen Kriterien behandelt und müssten, streng genommen, von dem gleichen Graphologen begutachtet werden. Dies ist indessen in der Praxis kaum durchführbar und auch nicht notwendig, da gut geschulte Graphologen in ihrer Beurteilung übereinstimmen.[313]

Ist diese Voraussetzung erfüllt, dann ist der Eingriff gerechtfertigt, da eine Eignungsabklärung bei der Besetzung von öffentlich-rechtlichen Stellen im öffentlichen Interesse liegt und die Erstellung eines graphologischen Gutachtens verhältnismässig scheint.

---

305 Häfelin/Müller, N 429.
306 Kiener/Kälin, S. 146.
307 Kiener/Kälin, S. 147.
308 Kiener/Kälin, S. 147.
309 Kiener/Kälin, S. 147.
310 Kiener/Kälin, S. 148.
311 Kiener/Kälin, S. 148.
312 Kiener/Kälin, S. 149.
313 Nauer/Chernov/Peterka, S. 19–27.

4. Rechtliches Gehör (Art. 29 Abs. 2 BV)

Der Anspruch auf Auskunft richtet sich nach den kantonalen Datenschutzgesetzen und oft auch nach kantonalen oder kommunalen Personalrechten.[314] Zwar sind diese oft den bundesrechtlichen Bestimmungen nachgebildet, doch längst nicht immer deckungsgleich mit diesen.[315]

Beim Anspruch auf rechtliches Gehör handelt es sich um das Recht einer Privatperson, in einem von einer Verwaltungs- oder Justizbehörde geführten Verfahren angehört zu werden, Akteneinsicht zu erhalten und zu wesentlichen Punkten Stellung nehmen zu können.[316] Am Sitz der aktenführenden Behörde darf Einsicht genommen werden und es dürfen Fotokopien erstellt werden.[317]

Grundsätzlich hängt der Umfang des Anspruchs auf das rechtliche Gehör davon ab, wie stark die Person durch die Verfügung betroffen ist.[318] Das rechtliche Gehör ist um so umfassender zu gewähren, je grösser die Gefahr ist, dass schutzwürdige Interessen beeinträchtigt werden.[319]

Durch ein graphologisches Gutachten werden Persönlichkeitsschichten aufgedeckt, die dem Gegenüber normalerweise verborgen bleiben.[320] Der Begutachtete wird durch das Eindringen in seine verborgenen Individualbereiche für den Gutachter und seine Auftraggeberin weitgehend kalkulierbar und beherrschbar.[321] Ein schutzwürdiges Interesse ist deshalb zu bejahen und die Akteneinsicht zu gewähren.

---

314 Rudolph, AJP 2014, S. 1673.
315 Rudolph, AJP 2014, S. 1673.
316 Häfelin/Müller, N 1306.
317 Häfelin/Müller, N 1321a.
318 Häfelin/Müller, N 1310.
319 Häfelin/Müller, N 1310.
320 Bepler, S. 1872.
321 Bepler, S. 1872.

III. Graphologie in der Praxis

A. Die graphologische Beurteilung

1. Aussagekraft

Für eine sinnvolle Anwendung einer graphologischen Beurteilung ist es notwendig zu wissen, welche Aussagekraft sie besitzt, also: was die Graphologie als Methode und Technik leisten kann und was nicht.

Die Graphologie stützt sich als Instrument auf die Theorien der Schriftpsychologie; sie ist ein eigentliches psychologisches ***Breitbanddiagnostikum*** und als solches ein stark differenzierendes ***psychodiagnostisches Instrument***. Anhand einer Analyse der persönlichen Handschrift kann der Graphologe zu Aussagen gelangen, die vor allem auch für Führungskräfte sehr wichtig sind.

a) Das Potential der Handschriftanalyse

Mithilfe einer Handschriftanalyse können sehr verschiedene Persönlichkeitsbereiche erfasst und beschrieben werden:

Intellektuelle Kompetenz*: Art des Denkens, der Problemlösung, der geistigen Beweglichkeit, der Realitätsbezogenheit etc.*

Handlungskompetenz*: Art der Arbeits- und Vorgehensweise, Speditivität, Zielorientiertheit, Dynamik, Flexibilität, Genauigkeit, Stabilität, quantitative Belastbarkeit etc.*

Persönliche Kompetenz*: Einfühlungsvermögen, emotionale Offenheit, Motivation, Verantwortungsbewusstsein, Distanz zu sich und anderen, innere Unabhängigkeit, Entscheidungsvermögen, Stresstoleranz, psychische Belastbarkeit etc.*

Soziale Kompetenz*: Anpassungsfähigkeit, Teamorientierung, Kommunikationsvermögen, allgemeine Umgangsart, Konfliktfähigkeit etc.*

Führungskompetenz*: Strategische Weitsicht, Autonomie, allgemeine Belastbarkeit, Durchsetzungsvermögen, Verhandlungsgeschick, Frustrationstoleranz etc.*

Allgemeines Potential*: Wo kann noch vermehrt Potential aktiviert werden und auf welche Weise?*

***Spezielle Psychodynamik**: Allgemeine funktionale und dynamische Struktur der Persönlichkeit. Besondere Schwierigkeiten aufgrund innerpsychischer Konstellationen und Möglichkeiten zu deren Bewältigung.*

Gerade in den letzten Punkten liegt ein ganz besonderes Potential der Schriftpsychologie: Durch eine sorgfältige Diagnostik können funktionale und innerpsychische Strukturen erhellt oder aufgedeckt, also bewusst gemacht werden. Dies kann zur Standortbestimmung in eher beruflichen Belangen nützlich sein, in persönlichen Angelegenheiten aber auch als erste Stufe eines Prozesses betrachtet werden, der dann, je nach Situation, fortgesetzt werden kann. Häufig wird dadurch ein wichtiger Anstoss in der persönlichen Entwicklung gegeben.

Im Unterschied zum rein psychologischen oder psychodiagnostischen Interview kann mittels einer zusätzlichen graphologischen Analyse sehr rasch und sehr gezielt diagnostiziert werden, und die Befunde können im nachfolgenden ***Gespräch*** auch in einer der Person angemessenen und verständlichen Form übermittelt werden.

Gerade deshalb kann eine Handschriftanalyse auch ein hervorragendes Führungsinstrument darstellen.

b) Das Persönlichkeitsprofil

Der Begriff lehnt sich an das sogenannte Anforderungsprofil an, das häufig von Unternehmen den Gutachtern und Assessoren vorgelegt wird: Für eine bestimmte Position werden bestimmte Persönlichkeitseigenschaften in bestimmten Ausprägungsgraden verlangt, damit eben die stellenspezifischen Anforderungen vom Kandidaten erfüllt werden können. Die Aufgabe des Gutachters ist es, ein analoges Profil mit Persönlichkeitseigenschaften aufgrund der Testresultate aus Assessment oder Handschriftanalyse zu erstellen.

Aufgrund einer Handschriftanalyse kann ein sehr differenziertes Persönlichkeitsprofil kreiert werden. Vor allem können fast alle wichtigen Führungseigenschaften rasch und genau beschrieben und auch visuell dargestellt werden. Ein solches Profil wird beidseits meist in Tabellenform[322] abgegeben, es hat sich jedoch als praktisch erwiesen, es als Kreisdiagramm zu fassen[323], da die einzelnen Dimensionen auch visuell dargestellt werden können:

---

322 Vgl. die zugehörige Tabelle im Anhang (A 3.2a /A 3.2b) sowie die Fallbeispiel in Kap. V.B.

323 Vgl. die zugehörige Beschreibung im Anhang sowie die Fallbeispiele in Kap. V.B.

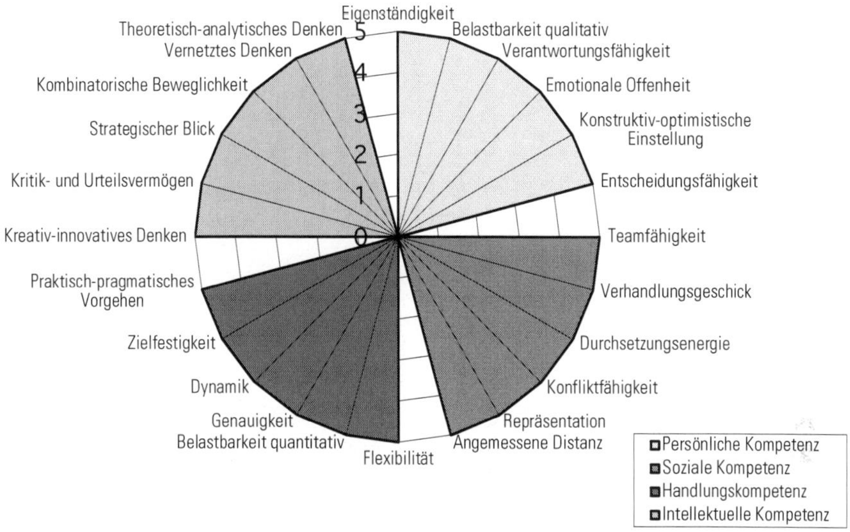

Abbildung 3: Das «ideale» Kreisdiagramm[324] *mit maximalen Werten in allen Dimensionen*

Dabei wird eine Skala von 1 bis 5 verwendet, wobei zu beachten ist, dass für eine Führungskraft eine klare Ausprägung all dieser Dimensionen erwünscht ist, das heisst eine Stufung von 4 bis 5. Die mittlere Stufe 3 wird bereits als ungenügend betrachtet: Diesem Umstand trägt die Darstellung auf dem Kreisdiagramm optisch Rechnung, indem kleinere Werte als einbrechende Sektoren dargestellt werden (vgl. dazu auch Abb. 2, Kap. II.A.2.c sowie Fallbeispiele in Kap. V.B.).

Durch die unterschiedliche Einfärbung der vier Kompetenzbereiche können auf den ersten Blick bereits wichtige Tendenzen festgestellt werden:

- Handelt es sich um ein ausgeglichenes Profil?
- Welcher Sektor nimmt auffallend viel/auffallend wenig Raum ein?
- Wo liegen die grössten «Einbrüche» und also die Problembereiche?

Differenzierten Aufschluss über die funktionale und innerpsychische Struktur der Persönlichkeit gibt das ausformulierte Gutachten.

---

324 Das Kreisdiagramm wurde in dieser Form von der Co-Autorin entwickelt (A 3.3a).

2. Die schriftpsychologische Analyse in der Potentialbeurteilung

Eine sorgfältige Potentialeinschätzung bei zukünftigen Führungskräften ist heute notwendiger denn je. Die graphologische Methode birgt dazu ein grosses Potential, das immer noch zu wenig genutzt wird. In der Potentialbeurteilung und -entwicklung lassen sich die erfragten Persönlichkeitsaspekte mit Hilfe der Schriftpsychologie zu einem grossen Teil sehr gut und differenziert beleuchten.

Aufgrund einer allgemeinen Beurteilung kann häufig eine recht präzise Empfehlung formuliert werden, idealerweise in Ergänzung zu anderen Beurteilungsgrundlagen (wie etwa Einzel- oder Gruppenassessment und Qualifikation durch den Vorgesetzten).

Dabei ist es wichtig, den Schriftpsychologen möglichst weitgehend in das Gespräch einzubeziehen: je besser er die Situation und die Umstände kennt, umso besser kann er beraten und umso konkretere, auf die aktuelle Realität bezogene Empfehlungen kann er abgeben.

Dabei ist eine seiner wichtigsten Aufgaben, zu warnen, den Finger auf bestimmte Punkte zu legen, mögliche Gefahren zu sehen, aber auch verborgene Potentiale zu entdecken. Er ist ein gut geschulter Psychologe und kennt sich aus in psychodynamischen Zusammenhängen; diese können sehr gut im gemeinsamen Gespräch offengelegt und in der Folge in Entwicklungsmassnahmen mit einbezogen werden. Oft können Widersprüche aus anderen Verfahren erklärt und in ihrem Zusammenhang sinnvoll begründet werden.

Hinter allem steht schliesslich der Grundsatz: Die richtige Person an der richtigen Position – es ist weder der Arbeitgeberin noch dem Bewerber gedient, wenn jemand nicht an eine bestimmte Stelle passt. Fehlbesetzungen können auf Geschäftsseite mehrere Jahressaläre kosten, auf der persönlichen Seite Stress, Enttäuschung, unter Umständen Beeinträchtigung des Selbstwertempfindens.

3. Was die Graphologie nicht kann

Aus der individuellen Handschrift können keine direkten Schlüsse gezogen werden zu folgenden Bereichen:

- spezielle Fertigkeiten, konkrete Fähigkeiten
- besondere berufliche oder persönliche Neigungen
- Geschlecht
- Alter

- Schulbildung
- sexuelle Präferenzen
- konkrete Probleme
- konkrete Verhaltensweisen in bestimmten Situationen
- körperliche oder psychische Krankheiten.

Mit einer Handschriftanalyse ist es entgegen mancher Erwartungen weder möglich, Details zum Verhalten zu prognostizieren noch kann über spezielle konkrete Fähigkeiten, Neigungen oder Interessen etwas ausgesagt werden[325].

Körperliche Eigenheiten wie Grösse, Gewicht, Haar- und Augenfarbe und Krankheiten, Faktisches wie Alter, Geschlecht, Erlebnisse, finanzieller Status und Schicksal sowie Inhaltliches wie Beruf, besondere Kenntnisse und Fertigkeiten in einem bestimmten Bereich sowie Genialität und Kreativität sind nicht aus der Schrift erkennbar.[326]

Von der Handschrift her können auch keine Rückschlüsse auf körperliche oder psychische Krankheiten gemacht werden[327]; Krankheitsdispositionen können eventuell vermutet werden, dürfen und können aber nicht wirklich diagnostiziert werden. Ein Graphologe darf keine medizinischen Diagnosen stellen, diese sind medizinischen Fachpersonen vorbehalten. Der Graphologe kann bei auffälligem Schriftbild allenfalls eine Empfehlung zu weiteren Abklärungen abgeben. Auch soziale Auffälligkeiten wie zum Beispiel kriminelle Neigungen können nicht aus der Handschrift abgeleitet werden.[328]

Der Graphologe muss wissen, ob es sich bei der schreibenden Person um einen Mann oder eine Frau handelt und wie alt sie ist.[329] Bevor eine Handschrift analysiert werden kann, muss er wissen, mit welcher Hand jemand schreibt, und wenn möglich sollten auch der Beruf und die ungefähre Ausbildung bekannt sein.[330] Idealerweise erhält der Graphologe im Falle einer Bewerbung ein knappes CV des Bewerbers, im Falle eines privaten Gutachtens Schriften und Angaben aus verschiedenen Lebensphasen.

> Trotzdem wird vom Graphologen immer wieder erwartet, dass er Umstände wie Alter, Geschlecht, Beruf und Händigkeit einer Person aus der Schrift «erraten»

325 ECK/JÖRI/VOGT, S. 151.

326 PLOOG, S. 8.

327 BEER, S. 42.

328 BEER, S. 43.

329 POKORNY, S. 23.

330 BERNHARD, S. 287.

könne; Hugentobler[331] bemerkt bezüglich eines Falles, wo «einer der besten Graphologen der Schweiz» zugezogen worden sei: «Im untersuchten Fall konnte der Graphologe am Ende nicht einmal sagen, ob das Gelesene mit der linken oder der rechten Hand geschrieben worden war.» Dies bedeutet, dass dem Graphologen offenbar unterstellt worden war, er habe implizit oder explizit behauptet, die Händigkeit aus der Schrift herleiten zu können, was manchmal zwar vermutet werden kann, jedoch nicht mit Sicherheit möglich ist.[332] Gegebenheiten wie Alter, Geschlecht, Beruf und Händigkeit einer Person sind vor allem viel leichter festzustellen durch simple Beobachtung oder Befragung der betreffenden Person – dazu braucht es keinen Graphologen.

Etwas anders stellt sich indessen die Situation bei einer Schriftexpertise dar: Hier wäre es oft wünschenswert, etwa im Falle eines strittigen Schreibens, wenn Daten solcher Art eruiert werden könnten; leider ist es aber auch hier nicht möglich.

Die einmal gelernten Schriftzüge sind festgelegt im Gehirn – Handschrift ist Gehirnschrift[333] – und sie haben immer einen Einfluss, ungeachtet des späteren Lebenslaufs eines Menschen.[334] Deshalb muss der Graphologe wissen, in welchem Land ein Schreiber schreiben lernte: Die jeweilige Schulschrift ist die Vorlage, an der sich das Kind ursprünglich orientiert.

Die Handschrift verändert sich natürlicherweise im Laufe des Lebens, da sich ja auch die Persönlichkeit entwickelt; doch dies geschieht, ebenfalls naturgemäss, individuell sehr unterschiedlich. Es gibt Menschen, die mit 18 Jahren bereits «alt» sind und solche, die bis ins hohe Alter jugendlich bleiben, denn kalendarisches, biologisches und psychisches Lebensalter stimmen nicht immer überein.[335] Gerade bei Jugendlichen ist die Altersangabe wichtig, weil die Reifung beschleunigt oder verlangsamt ablaufen kann.[336]

Die Deutung von Handschriften, die bei verändertem Bewusstsein verfasst wurden, ist nur bedingt möglich.[337] Deshalb sollte der Gutachter informiert sein über die Entstehungsbedingungen einer Schriftprobe. Eine extreme Schreibsituation wie eine Depression ist im Schriftbild zwar meist kaum übersehbar[338], doch kann und darf sie wie erwähnt nicht diagnostiziert werden. Auch der Einfluss von Alkohol oder Medikamenten kann bestimmte Spuren hinterlassen, und eine ältere

331 Hugentobler, S. 155.
332 Pfanne (2), S. 151; Müller/Enskat, S. 25.
333 Pophal, Gehirnschrift, S. 15ff.
334 Bernhard, S. 287.
335 Pokorny, S. 23.
336 Pokorny, S. 23.
337 Beer, S. 39.
338 Beer, S. 39.

Person kann unter einem Alterstremor, unter Parkinson oder unter Demenz leiden – Einflüsse, die je spezifische Spuren zeichnen, deren Ursprung aber nur mit medizinischer Diagnostik eindeutig festgestellt werden kann.

4. Anforderungen an das graphologische Gutachten

Ob ein graphologisches Gutachten rechtmässig oder rechtswidrig ist, hängt vom Gutachtensziel der Auftraggeberin ab.[339] Eine ganzheitliche Erfassung der Persönlichkeitsstruktur ist nach Heitkamp unzulässig, deshalb muss sich ein Gutachten auf rein arbeitsplatzbezogene Fähigkeiten beschränken.[340] Deren Definition ist allerdings nicht so klar und eindeutig zu fassen, den die menschliche Psyche ist ein komplexes und dynamisches Gebilde und nicht einfach eine Summe verschiedener Eigenschaften.

Wenn ein Gutachten erstellt wird, muss auf die folgenden fünf Punkte Rücksicht genommen werden: Verwendungszweck, Auffassungsvermögen der Auftraggeberin, Beschaffenheit der zu Begutachtenden als Individuum, Beschaffenheit der zu Begutachtenden als Mitmenschen und die Sprache.[341]

Nur Daten, die für einen bestimmten Zweck geeignet sind und die auch tatsächlich benötigt werden, dürfen erhoben und bearbeitet werden.[342] So werden Selbständigkeit, Überlegenheit, Durchsetzung und Verantwortungsbewusstsein um so interessanter, je gehobener eine Tätigkeit ist.[343] Für eine Führungsperson ist aber auch etwa emotionale Belastbarkeit ein wichtiges Kriterium, sie muss mit Konflikten umgehen können und manches mehr.

Im Gutachten dürfen also nur Bemerkungen gemacht werden, die einen Zusammenhang mit der Arbeitsstelle haben. Das bedeutet, dass die Arbeitgeberin dem Graphologen einen genauen Auftrag geben muss. Dies ist z.B. mit einem genauen Stellenbeschrieb möglich. Auch wenn viel mehr möglich ist, muss sich der Graphologe auf genau diese relevanten Punkte beschränken.

In der Praxis ist dies wie oben beschrieben jedoch meist nicht klar zu trennen; die Frage ist auch, was hier unter ganzheitlich gemeint ist. Wie oben erwähnt, ist eine Persönlichkeitsstruktur an sich etwas Gesamthaftes, deren einzelne Komponenten und wiederum deren Auswirkungen auf die Gesamtpersönlichkeit nur

339 Heitkamp, S. 126.
340 Heitkamp, S. 126.
341 Müller/Enskat, S. 217.
342 Botschaft DSG 1988, S. 450.
343 Müller/Enskat, S. 217.

schwer voneinander zu trennen sind: eine Persönlichkeit ist eben nicht ein Gebilde, das sich aus verschiedenen Eigenschaften zusammensetzt – wie vielleicht manche der gebräuchlichen Tests suggerieren – sondern eine lebendige, dynamische Struktur.

> Ein Kandidat etwa, der perfektionistisch eingestellt ist, bringt von daher bestimmt gute Qualitäten mit, die für manche Anforderungsprofile passen können. Falls sein Perfektionismus aber so weit geht, dass er allgemein Mühe hat, mit einer Aufgabe überhaupt zu Ende zu kommen, wird dies nicht nur die Leistungsfähigkeit, sondern auch sein Selbstwertempfinden beeinträchtigen und in der Folge auch noch den Umgang mit allfälligen Untergebenen, an denen er dann vielleicht übermässig pingelig herumnörgelt. Auf diese Weise kann die Stimmung und die Leistungsfähigkeit einer ganzen Abteilung gestört werden. So kann eine «einzelne Charaktereigenschaft» erstens aus der grundlegenden Dynamik der Persönlichkeit heraus resultieren (die in diesem Fall dann erwähnenswert wird) und sich zweitens auf das gesamte Leistungspotential und den Umgang im Umfeld auswirken.

Oft kann es auch in der ethischen Verantwortung des Gutachters liegen, auf gewisse Gefahren wie drohendes Burnout aufmerksam zu machen – allenfalls ausserhalb des eigentlichen Gutachtens – und Empfehlungen auszusprechen für zu treffende Massnahmen: dies durchaus zum Wohle des Kandidaten. In jedem Fall gilt also das Prinzip der Verhältnismässigkeit. Dazu mehr im nächsten Kapitel zum Datenschutz.

5. Einhalten der Grundsätze des Datenschutzgesetzes

a) Übersicht

Der Grundsatzartikel 4 DSG hält fest, dass Personendaten nur rechtmässig bearbeitet werden dürfen und dass die Bearbeitung nach Treu und Glauben erfolgen sowie verhältnismässig sein muss. Die Beschaffung von Personendaten und der Zweck ihrer Bearbeitung müssen erkennbar sein. Wenn die betroffene Person in die Bearbeitung einwilligt, so muss dies freiwillig geschehen. Eine ausdrückliche Einwilligung ist bei der Bearbeitung von besonders schützenswerten Personendaten oder Persönlichkeitsprofilen notwendig.

Das im öffentlich-rechtlichen Bereich geltende Verhältnismässigkeitsgebot wird für den privaten Bereich als anwendbar erklärt.[344] Zwischen Bearbeitungszweck und Persönlichkeitsbeeinträchtigung muss ein vernünftiges Verhältnis bestehen.[345]

---

344 Botschaft DSG 1988, S. 450.

345 Botschaft DSG 1988, S. 450.

b) Verstoss gegen einen Grundsatz des Datenschutzgesetzes

Gegen die Rechtmässigkeit der Datenbeschaffung verstösst z.B. eine Datenbeschaffung durch eine strafbare Handlung, absichtliche Täuschung oder Drohung.[346] Eine absichtliche Täuschung (Art. 28 OR) liegt vor, wenn die betroffene Person falsch informiert wird.[347]

Eine Erhebung von Daten in einer Art, mit der die betroffene Person nicht rechnen muss oder mit der sie nicht einverstanden gewesen wäre, verstösst gegen den Grundsatz von Treu und Glauben.[348] Es darf keine heimliche Datenbearbeitung stattfinden.[349] Auch das Beobachten der betroffenen Person gehört zur heimlichen Datenbeschaffung.[350]

Aufgrund des Grundsatzes von Treu und Glauben haben die betroffenen Personen einen Anspruch darauf zu wissen, wozu ihre Daten bearbeitet werden.[351] Die Personendaten dürfen nur zum bei der Beschaffung angegebenen Zweck bearbeitet werden und die Beschaffung und der Bearbeitungszweck müssen erkennbar sein.[352]

Gem. Art. 14 Abs. 2 DSG sind der betroffenen Person mindestens die Inhaberin der Datensammlung, der Zweck des Bearbeitens und bei einer Datenbekanntgabe die Kategorie der Datenempfänger mitzuteilen. Damit wird der allgemeine Grundsatz der Erkennbarkeit der Datenbeschaffung (Art. 4 Abs. 4 DSG) für einen besonders sensiblen Bereich verstärkt.[353]

c) Folgen für das graphologische Gutachten

Graphologische Gutachten sind wie auch psychologische Eignungstests grundsätzlich unzulässig, wenn sie heimlich erfolgen.[354] Heimliche Gutachten verstossen gegen das Gebot von Treu und Glauben und gegen den Grundsatz, der

---

346 PORTMANN/RUDOLPH, OR 328*b* N 11.

347 Botschaft DSG 1988, S. 449.

348 Botschaft DSG 1988, S. 449.

349 PORTMANN/RUDOLPH, Art. 328*b* N 12.

350 Botschaft DSG 1988, S. 449.

351 Botschaft DSG 1988, S. 450.

352 Art. 4 Abs. 3 und 4 DSG.

353 PORTMANN/RUDOLPH, OR 328*b* N 31.

354 PORTMANN/STÖCKLI, N 69.

besagt, dass die Beschaffung von Personendaten und der Zweck der Bearbeitung sichtbar sein müssen.[355]

Wie auch bei psychologischen Eignungstest ist zu gewährleisten, dass nur Fachpersonen ein graphologisches Gutachten erstellen.[356] Wird ein graphologisches Gutachten nicht autorisiert eingeholt und erstellt, stellt dies eine Verletzung des Zweckbindungsgebotes gem. Art. 4 Abs. 3 DSG dar.[357] Es handelt sich um eine Zweckentfremdung von handschriftlichen Unterlagen.[358]

Dabei genügt es entgegen der früher weitverbreiteten und auch von Heitkamp und Rehbinder noch vertretenen Auffassung[359] nicht, bei einer Bewerbung eine Handschriftprobe zu verlangen und anzunehmen, dass damit auch eine Einwilligung zur Begutachtung verbunden sei: Diese muss explizit eingeholt werden.[360]

Die Wiederverwendung eines graphologischen Gutachtens bei einer in Frage kommenden Beförderung ist heikel, denn das Gutachten wurde für einen anderen Zweck erstellt und die ursprüngliche Fragestellung lautete anders; auch muss von einer – allerdings nicht näher bestimmbaren – «Halbwertszeit» eines solchen Gutachtens ausgegangen werden, da sich eine Persönlichkeit unterschiedlich rasch verändern kann.

Wie bei den psychologischen Eignungstests wird die materielle Zulässigkeit nach dem Massstab von Art. 328*b* OR beurteilt.[361]

6. Datenrichtigkeit

a) Vergewisserung über Datenrichtigkeit

Bereits geringfügige Fehler können bedeutsame Auswirkungen für die betroffene Person haben.[362] Dass die Persönlichkeit eines Arbeitnehmers verletzt wird, wenn er aufgrund eines veralteten Arztzeugnisses versetzt oder entlassen wird, liegt z.B. auf der Hand.[363] Wer Personendaten bearbeitet, hat sich deshalb gemäss DSG[364]

355 PORTMANN/STÖCKLI, N 69.
356 RUDOLPH, Stellenbewerbung und Datenschutz, S. 140.
357 PORTMANN/STÖCKLI, N 72.
358 PORTMANN/STÖCKLI, N 72.
359 Zit. nach RUDOLPH, Stellenbewerbung und Datenschutz, S. 140.
360 RUDOLPH, Stellenbewerbung und Datenschutz, S. 140.
361 RUDOLPH, Stellenbewerbung und Datenschutz, S. 139.
362 Botschaft DSG 1988, S. 450.
363 Botschaft DSG 1988, S. 450.
364 Art. 5 Abs. 1 Satz 1.

über deren Richtigkeit zu vergewissern. Die Frage, ob ein Datum richtig ist oder nicht, kann nur im konkreten Anwendungsfall beantwortet werden.[365]

Richtigkeit bedeutet nicht nur, dass die Daten keine Falschaussagen enthalten dürfen, sondern auch, dass sie nachgeführt werden und vollständig sein müssen.[366]

b) Überprüfung und Nachführung

Durch veraltete Daten kann ein unzeitgemässes und unter Umständen ein falsches Bild von der betroffenen Person entstehen.[367] Daten, die nicht mehr benötigt werden, müssen deshalb gemäss dem Grundsatz der Verhältnismässigkeit[368] vernichtet werden.[369] In Art. 5 Abs. 1 Satz 2 DSG wird die Überprüfungs- und Nachführungspflicht explizit zum Ausdruck gebracht[370]: Es sind alle geeigneten Massnahmen zu treffen, damit die im Hinblick auf den Zweck ihrer Beschaffung oder Bearbeitung unrichtigen oder unvollständigen Daten berichtigt oder vernichtet werden. Die Formulierung lässt erkennen, dass die Anforderungen situationsabhängig sind.[371]

Ob eine Nachführung notwendig ist, hängt ab von der Sensibilität der Daten beziehungsweise vom durch die Datenbearbeitung entstehenden Risiko für die betroffene Person.[372] Die Pflicht zur Nachführung besteht dort, wo die Nachführung notwendig ist.[373]

Da Unterlagen einen Beweiswert haben oder für die Beurteilung notwendig sein können, kann nicht verlangt werden, dass veraltete Unterlagen schlechthin vernichtet werden müssen.[374] An die Arbeitgeberin ist jedoch die Forderung zu stellen, regelmässig eine Überprüfung aller personenbezogenen Daten im Hinblick auf ihre erforderliche Aufbewahrung vorzunehmen und Daten, die vernünftigerweise keine rechtliche Wirkungen mehr erzeugen können, zu vernichten.[375]

---

365 Botschaft DSG 1988, S. 450.
366 Botschaft DSG 1988, S. 450.
367 Huber, S. 109.
368 Art. 4 Abs. 2 DSG.
369 Portmann/Rudolph, OR 328*b* N 42.
370 Portmann/Rudolph, OR 328*b* N 16.
371 Portmann/Rudolph, OR 328*b* N 16.
372 AB 2005 N 1441.
373 AB 2005 N 1441.
374 Huber, S. 109.
375 Huber, S. 109.

Eine Bearbeitung der Daten des Personaldossiers darf nur durch den Personaldienst erfolgen.[376] Die Daten des Personaldossiers dürfen nur an diejenigen Stellen gelangen, die ein berechtigtes und auf den Arbeitsplatz bezogenes Interesse daran haben.[377]

7. Überlegungen zum graphologisches Gutachten

a) Richtigkeit des Gutachtens

Ob die Ergebnisse der Begutachtung richtig oder falsch sind, spielt letztlich keine Rolle, denn diejenige Person, welche das Gutachten erstellen liess, glaubt in der Regel an dessen Richtigkeit.[378]

Die einen Menschen legen viel Persönlichkeit in ihre Schrift, und diese wird somit ausdruckshaltig.[379] Andere Schriften sind ausdrucksarm, was ihre Deutungsmöglichkeit erheblich einschränkt.[380] Die schriftpsychologische Auswertung wird durch mangelnde Schreibübung oder Schreibhemmung sowie bei sogenannten Zucht- oder Fassadenschriften ohne individuellen Ausdruck erschwert.[381] Es gibt aber auch Schriften, zu denen der Graphologe kaum Zugang findet.[382] Dies ist vergleichbar mit einem Interview: Auch hier im direkten persönlichen Kontakt kann es vorkommen, dass sich dem Interviewer der Zugang zu einer bestimmten Persönlichkeit nicht oder nur schwer eröffnet.

b) Veränderung der Schrift

Da die Schrift das Ergebnis von Bewegung ist, stellt sich die Frage, inwieweit die Befindlichkeit des Schreibers, der Zeitpunkt des Schreibvorganges und die Schreibbedingungen eine Rolle spielen.[383] Diese sollten, wie oben erwähnt, dem Gutachter nach Möglichkeit bekannt sein, vor allem, wenn es sich um einigermassen aussergewöhnliche handelt.

---

376 Leitfaden für die Bearbeitung von Personendaten im Arbeitsbereich, 3.2.1.

377 Leitfaden für die Bearbeitung von Personendaten im Arbeitsbereich, 3.2.1.

378 BEPLER, S. 1872.

379 BEER, S. 43.

380 BEER, S. 43.

381 PLOOG, S. 11.

382 BEER, S. 44.

383 FRANZ, S. 143.

Es kommt sowohl auf das Schreibgerät wie auch auf den Ort und die Unterlage an, wo geschrieben wird.[384] Es kann auch von Bedeutung sein, in welcher Stimmung jemand schreibt, doch darüber besteht meist keine Kenntnis.[385] Die Schrift kann sich im Laufe des Tages verändern, etwa infolge Müdigkeit, und auch Krankheit oder das zunehmende Alter führen zu Veränderungen.[386] Doch schlägt es sich nicht unmittelbar in der Schrift nieder, wenn Menschen ihr Verhalten oder ihre Einsichten ändern.[387] Diese Unterschiede werden jedoch von Laien gerade an der eigenen Schrift meist sehr überschätzt.[388] Insgesamt ist die Handschrift nämlich sehr konstant und im Vergleich zu anderen Verfahren relativ situationsunabhängig[389].

Der Graphologe findet die Unterschiede zwischen verschiedenen Proben meist nicht erheblich und tiefgreifend.[390] Sind die Unterschiede zwischen verschiedenen Schriftproben auffallend gross, dann heisst das möglicherweise, dass die Schrift so aussieht, weil diese Person wirklich veränderlich, labil, feinfühlig oder angepasst ist.[391] Eine spontane Schrift auf einem Notizblatt wird meist weniger stark kontrolliert, also etwa weniger regelmässig ausfallen als eine Bewerbungsschrift; die wichtigen Merkmale wie Eigenheiten der Strichführung bleiben aber normalerweise konstant erhalten.

c) Analyse der Unterschrift

Eine Unterschrift stellt eine Besonderheit der menschlichen Handschrift dar: Sie ist so etwas wie ein «Label» der Persönlichkeit und vereint deshalb Merkmale des Wesens und des Ausdrucks wie die übrige Handschrift, in besonderem Masse häufig aber auch solche der mehr oder weniger bewussten Darstellung.

Eine eigentliche und richtige Deutung ist zwar auch aus einem einzigen Wort, einer Unterschrift oder sogar einem Strich möglich, doch da eine zufällige aktuelle Einwirkung auf den Schreiber nicht mit genügender Sicherheit ausgeschlossen werden kann, sollte dies nicht gemacht werden.[392] Vor allem können auf

384 POKORNY, S. 16; FRANZ, S. 143.
385 FRANZ, S. 143.
386 POKORNY, S. 16.
387 FRANZ, S. 143.
388 POKORNY, S. 16.
389 CHERNOV, Formal Validation, S. 38ff.
390 POKORNY, S. 16.
391 POKORNY, S. 16.
392 POKORNY, S. 18.

diese Weise gewonnene Befunde nicht an vergleichbaren Textstellen überprüft werden; auch wenn sich meist alle bestimmenden Elemente auch in der Unterschrift zeigen, ist eine abschliessende Beurteilung niemals möglich.[393]

Selbst wenn die Erfahrung gross ist, übernimmt der Graphologe eine schwer tragbare Verantwortung, wenn er eine Beurteilung aufgrund von ungenügendem Material abgibt.[394] Pokorny vergleicht dies mit dem gewissenhaften Arzt, der es ablehnt, eine Diagnose nur aufgrund des erfühlten Pulses zu stellen, auch wenn diese vermutlich richtig wäre.[395]

d) Datensicherheit

Personendaten müssen gem. DSG[396] durch angemessene technische und organisatorische Massnahmen gegen unbefugtes Bearbeiten geschützt werden. Die Datensicherheit muss sowohl bei der elektronischen Datenverarbeitung als auch bei der manuellen Bearbeitung mit Ordnern und Registraturen gewährleistet sein.[397]

Die im Eigentum der Arbeitgeberin stehenden Personalunterlagen müssen zusammen mit den vom Arbeitnehmer übersandten Unterlagen verschlossen aufbewahrt werden, damit sie nicht in unbefugte Hände geraten.[398]

Wenn die Bewerbung scheitert, müssen die Unterlagen des Bewerbers zurückgegeben werden und die übrigen Unterlagen wie Anstellungsfragebögen und Eignungsgutachten vernichtet werden, falls sie dem Kandidaten nicht freiwillig überlassen werden.[399] Der Grund liegt im Grundsatz der Verhältnismässigkeit.[400]

393 Nauer, Who are you, S. 106.
394 Pokorny, S. 22.
395 Pokorny, S. 22.
396 Art. 7 Abs. 1 DSG.
397 Portmann/Rudolph, OR 328*b* N 18.
398 Rehbinder/Stöckli, OR 320 N 9.
399 Portmann/Rudolph, OR 328*b* N 35.
400 Art. 4 Abs. 2 DSG.

e) Schicksal des graphologischen Gutachtens bei einer gescheiterten Bewerbung oder nach Auflösung des Arbeitsverhältnisses

Wird ein graphologisches Gutachten von der Arbeitgeberin gewünscht, muss sie dieses bezahlen[401] und es gelangt in ihr Eigentum.[402] Im Gegensatz zu den im Eigentum des Bewerbers stehenden Unterlagen wie Zeugnissen und Lebenslauf, müssen die im Eigentum der Arbeitgeberin stehenden Unterlagen nach einer gescheiterten Bewerbung nicht ausgehändigt werden, auch wenn diese Angaben über die Person enthalten.[403]

Bei einer Nichtanstellung darf ein graphologisches Gutachten jedoch nicht aufbewahrt werden.[404] Der Bewerber hat einer Erhebung und Niederlegung von Daten aus seinem Persönlichkeitsbereich nur für den Zweck und die Dauer der Personalauswahl zugestimmt.[405] Der Bewerber hat deshalb einen Anspruch auf die Vernichtung der Unterlagen (Art. 328*b* OR analog i.V.m. Art. 4 Abs. 2 DSG).[406]

Gem. dem Grundsatz der Verhältnismässigkeit sind nicht mehr benötigte Daten zu vernichten.[407] Ein schützenswertes Interesse an der Aufbewahrung besteht nur, wenn zumindest möglicherweise noch Pflichten zu erfüllen sind[408] oder wenn die Arbeitgeberin zum Beispiel wegen eines Rechtstreites das Bedürfnis hat, Massnahmen zur Wahrung von Rechten zu treffen.[409]

Beides dürfte auf das graphologische Gutachten kaum zutreffen, und dieses ist somit nach Beendigung des Arbeitsverhältnisses entweder dem Arbeitnehmer auszuhändigen oder aber zu vernichten. Das Fotokopieren von Unterlagen ist in der Regel nur zulässig, wenn der Arbeitnehmer seine Einwilligung dazu gegeben

---

401 KOSTKIEWICZ, OR 320, N 6.
402 HEITKAMP, S. 128.
403 REHBINDER/STÖCKLI, OR 320 N 9.
404 BRUNNER/BÜHLER/WAEBER, OR 320 N 4.
405 REHBINDER/STÖCKLI, OR 320 N 9.
406 REHBINDER/STÖCKLI, OR 320 N 9.
407 PORTMANN/RUDOLPH, OR 328*b* N 42.
408 PORTMANN/RUDOLPH, OR 328*b* N 45.
409 PORTMANN/RUDOLPH, OR 328*b* N 46.

hat.[410,411] Eine Weiterbearbeitung ist nur zulässig, wenn noch Pflichten zu erfüllen oder Rechte wahrzunehmen sind.[412]

Gegenüber Dritten hat die Arbeitgeberin aufgrund der vorvertraglichen Loyalitätspflicht eine strikte Geheimhaltungspflicht, deshalb darf ein Gutachten nicht ohne Zustimmung des Bewerbers weitergegeben werden.[413] Wenn besonders schützenswerte Daten oder Persönlichkeitsprofile an Dritte bekannt gegeben werden, wird gem. Art. 12 Abs. 2 lit. c DSG eine Persönlichkeitsverletzung begangen. Besonders schützenswerte Daten sind z.B. Angaben über die Gesundheit oder Intimsphäre.[414]

f) Datenschutzrichtlinien in der Praxis der SGG

In Bezug auf den Datenschutz gelten beispielsweise in der SGG die folgenden Richtlinien, die sich im übrigen durch den erwähnten European Code of Deontology ergänzen:[415]

- Die SGG-Graphologen befolgen die Richtlinien des Datenschutzgesetzes.
- Der Schriftautor muss sein Einverständnis zur Analyse der Handschrift geben.
- Die Abgabe einer Handschriftprobe, einer handschriftlichen Bewerbung oder eines handschriftlichen Briefes bei einer Bewerbung soll in Text oder Begleittext ein explizites Einverständnis zur graphologischen Beurteilung enthalten.
- Die schriftliche graphologische Beurteilung gehört der Auftraggeberin, welche die Verantwortung für deren Verwendung trägt.
- Die schriftliche graphologische Beurteilung soll vom Schriftautor eingesehen werden können, bei der Auftraggeberin oder beim Graphologen, je nach Absprache.
- Auf Wunsch muss dem Schriftautor von der Auftraggeberin kostenlos eine Kopie der schriftlichen Analyse abgegeben werden.

---

410 HUBER, S. 134.

411 PORTMANN/RUDOLPH, OR 328*b* N 35.

412 PORTMANN/RUDOLPH, OR 328*b* N 35.

413 HEITKAMP, S. 128.

414 PORTMANN/RUDOLPH, OR 328*b* N 21.

415 Vgl. Anhang 1.4. Die Datenschutzrichtlinien der SGG sind abrufbar auf der Homepage der Schweizerischen Graphologischen Gesellschaft sgg-graphologie.ch/?page_id=28.

- Der Name des Graphologen muss in der schriftlichen Analyse aufgeführt sein.
- Die SGG-Mitglieder sind an die Schweigepflicht gebunden.

Da die Abgabe einer Handschriftprobe (Absatz 3), einer handschriftlichen Bewerbung oder eines handschriftlichen Briefes bei einer Bewerbung als implizites Einverständnis zur graphologischen Beurteilung juristisch kontrovers diskutiert wird[416], empfiehlt es sich, eine Handschriftprobe in Form eines Briefes an den Graphologen mit aus dem Text ersichtlichen Einverständnis zu verlangen, samt Datum und Unterschrift.

416 RUDOLPH, Stellenbewerbung und Datenschutz, S. 140.

B. Qualitätssicherung

1. Notwendigkeit und Anspruch

In der zweiten Hälfte des 20. Jh. war die graphologische Methode vor allem in der Personalselektion stark verbreitet; laut Umfragen in der Schweiz wurde 1985[417] eine Zahl von 68,4 % für den Einsatz der Graphologie für die Eignungsbeurteilung von Führungskräften genannt. In Frankreich lag der entsprechende Anteil in den 90er Jahren bei ca. 95 %.

Es gab verschiedene graphologische Schulen und entsprechend viele frei tätige Graphologen, während der Titel des Graphologen damals nicht geschützt war und es auch heute noch nicht ist. Somit gewährt er auch a priori keine Sicherung der Qualität seiner Dienstleistung.

Tatsächlich steht 1950 beim Juristen Wolf zu lesen: «Die Gefahr des Missbrauchs ist derart gross, dass es als angemessen erscheint, den zivilrechtlichen Rechtsschutz weitgehend durch ***strafrechtliche Schutznormen*** zu ergänzen. Es wurde jedoch schon erwähnt dass dieser Schutz ein ganz ungenügender ist.»[418] Und weiter: «Die Bekämpfung des ***Charlatanismus und des Pfuschertums*** auf dem Gebiet der Graphologie liegt sowohl im Interesse des seriösen Graphologen als in dem des Publikums.»[419]

a) Die Gründung der Schweizerischen Graphologischen Gesellschaft

Aus diesem Grunde versammelte sich am 18. September desselben Jahres 1950 in Zürich eine Gruppe von 24 seriös tätigen Graphologen mit dem Ziel, nicht eine unverpflichtende Gesellschaft, sondern eine straffe Organisation mit Qualitätsanspruch und Prüfungsrecht zu gründen[420], welche die vom ZGB geforderten Bedingungen erfüllte (Vorstand, Statuten). Unter ihnen waren ein grosser Teil akademische Psychologen sowie die spätere Leiterin des Graphologischen Seminars Zürich, Veronika Schnewlin-Andreae. Dr. Max Pulver, Psychoanalytiker, Graphologe und Autor mehrerer wichtiger Lehrbücher, wurde zum ersten Präsidenten gewählt.

---

417 HUBER S. 81.

418 WOLF, S. 14.

419 WOLF, S. 29.

420 PIERPAOLI, S. 99 f.

Er fand es wichtig, dass «etwas geschehe, dass gegen die Pfuscherei eingeschritten werde». Eines der Ziele der Gesellschaft sollte die Schulung sein; er orientierte sich am «Groupement des Graphologues Professionels» in Frankreich, welches ebenfalls Prüfungen durchführte. Bezüglich der Aufnahme in die neue Gesellschaft sollte indessen nur das Können obligatorisch sein, unabhängig von der Schulung, einer Matur oder Altersbestimmungen.

b) Der Anspruch der Qualität

Dem hohen Qualitätsanspruch ist die SGG immer treu geblieben. Von Anfang wurde betont, dass die graphologische Methode ein Psychodiagnostikum ist und deshalb einen psychologisch fundierten Hintergrund bei den Ausübenden voraussetzt. Idealerweise bringen Kandidaten neben erfolgreich durchlaufenem Graphologielehrgang ein abgeschlossenes Psychologiestudium mit. Bei Quereinsteigern wird das psychologische Wissen sorgfältig geprüft.

2. Graphologie als psychodiagnostisches Instrument

Nicht nur Max Pulver, sondern auch andere Lehrer wie Dr. Kristin Bühler-Oppenheim, die spätere Leiterin des Seminars für Ausdruckskunde Basel, hatten eine psychoanalytische Ausbildung genossen. Kristin Bühler plädierte zeitlebens dafür, dass graphologisch Tätige eine eigene Lehranalyse absolvieren sollten, um nicht der Gefahr zu verfallen, während der diagnostischen Situation eigenes «Material» in eine Persönlichkeit hinein zu interpretieren. Dies zeigt, wie wichtig die Persönlichkeit des Diagnostikers und seine Selbsterkenntnis bei einem solchen Verfahren ist und dass das Vorgehen nach Möglichkeit transparent und objektivierbar gemacht werden muss, dies einerseits im Unterschied, andererseits durchaus in Analogie zu anderen projektiven und nichtprojektiven Instrumenten.

a) Der Begriff der Gegenübertragung

Hier muss der Begriff der Gegenübertragung kurz erläutert werden: Dieser noch von Sigmund Freud geprägte Begriff ist eines der wichtigsten Konzepte in der klassischen Psychoanalyse. Damit sind die emotionalen Reaktionen des Psychotherapeuten auf das, was ihm eine Patientin in ihrer «Übertragung» «entgegenbringt» gemeint, im Unterschied zur eigenen allfälligen «Übertragung» des Therapeuten auf die Patientin. Dies ist eine eminent wichtige Unterscheidung, denn der Therapeut muss seine persönlichen Emotionen streng von eben dieser Gegenübertragung unterscheiden können, da diese nichts mit ihm persönlich zu tun hat. Sie ist im Gegenteil ein sehr wichtiges diagnostisches Instrument und gibt ihm Hinweise auf das innerpsychische Geschehen bei der Patientin.

> Dazu ein Beispiel: Ein Therapeut reagiert auf eine Patientin und merkt, dass ihn eine Äusserung von ihr auf einmal wütend macht. Er soll jetzt unterscheiden können, ob diese Wut von ihm selbst stammt (weil er vielleicht aufgrund seiner eigenen Lebensgeschichte gewohnheitsmässig auf diese Art von Äusserungen aggressiv reagiert) oder ob er normalerweise gelassen bleiben würde und die Wut eben eine Reaktion auf gerade diese Äusserung der Patientin darstellt – in den meisten Fällen verhält es sich auch so. Wenn jetzt die Patientin währenddessen vollkommen ruhig bleibt, kann er vermuten, dass sie bei sich selbst keinerlei Aggression verspürt, obwohl eine solche am Platz wäre. Er kann dann etwa fragen: «Macht Sie das nicht wütend?» Die Patientin erwidert vielleicht: «Ich darf doch in dieser Situation nichts sagen, das wäre nicht in Ordnung, ich muss mich anpassen.» Daraus sieht der Therapeut, dass diese Patientin sich offenbar unangemessen resp. übermässig anpasst und sich in einer Weise verhält, die ihr nicht gut tut. Von da aus wird sich das therapeutische Gespräch weiter entwickeln und der Patientin aufzeigen, dass sie in dieser und jener Weise besser auf sich selbst und ihre Empfindungen achten sollte, weil sie ansonsten gegen sich selbst arbeitet, und dies wiederum raubt ihr Energie und Selbstwert.

b) Die Analogie zur graphologischen Situation

Nun ist ein Graphologe zwar manchmal, aber häufig kein Therapeut, und doch hat er ein Gegenüber in Form einer Handschrift, die den Spiegel einer Persönlichkeit darstellt. Diese Persönlichkeit strahlt etwas aus, es kommt ihm «etwas entgegen». Er reagiert unmittelbar und zunächst unbewusst emotional: Die Schrift gefällt ihm oder sie gefällt ihm nicht, er ist fasziniert oder er findet sie langweilig, sie regt ihn vielleicht sogar auf. Trotzdem muss er sie bearbeiten, manchmal findet er leicht den Zugang, manchmal nur schwer – genau wie bei einer Begegnung mit physisch anwesenden Personen.

Jetzt ist es wichtig, wie er mit diesen Emotionen umgeht, und hier ist es erlaubt, eine Analogie zur Psychoanalyse zu postulieren. Ein seriös arbeitender Graphologe wird also die Schrift, genau wie ein Therapeut die Persönlichkeit seiner Patientin, «mit freischwebender Aufmerksamkeit» auf sich wirken lassen und das Erlebte im Hinterkopf oder auch auf Papier notieren. Dabei wird er sich fragen, ***weshalb*** er gerade so und nicht anders auf genau diese Schrift reagiert.

Anschliessend wird er das Notierte innerlich oder physisch wieder weglegen und sich einer möglichst neutralen, systematischen Analyse aller einzelnen Elemente zuwenden, die sich genau und objektiv erfassen lassen, entweder durch Messungen oder durch qualitative Schätzungen. Es werden hier bis zu mehreren Hundert einzelne Merkmale überprüft, und diese Phase kann als objektiv betrachtet werden.[421] Der folgende Schritt ist wiederum ein «geisteswissenschaftlicher» und vor allem eminent psychologischer, denn nun folgt die Ausformulierung in Form des eigentlichen Gutachtens, also der Entwurf der psychodynamischen Persönlichkeitsbeschreibung.

3. Die Sicherung der Qualität

Aus diesen Ausführungen wird ersichtlich, dass es sich bei der graphologischen Diagnostik um eine komplexe und essentiell psychologische Disziplin handelt, die auch nicht in einem Schnellkurs erlernt werden kann und bei der eine kontinuierliche Weiterbildung erforderlich ist.

Um eine qualifizierte Ausbildung und Tätigkeit der Mitglieder zu garantieren, müssen die Berufsverbände beides so weit als möglich fördern und überwachen. Der Berufsverband muss sich um geeignete Ausbildungsinstitute kümmern, Zulassungsbestimmungen formulieren und allenfalls anpassen. In diesem Rahmen sind auch immer wieder Bestrebungen zu einer erneuten Akademisierung der Methode erfolgt.

a) Die Ausbildung an einer Hochschule

Noch in den 60er Jahren wurde an den meisten deutschen Universitäten die graphologische Diagnostik als selbstverständlicher Bestandteil des Psychologiestudiums geführt. Das Institut für Angewandte Psychologie in Zürich IAP (später HAP, heute ZHAW) hatte die Ausbildung in Graphologie seit Anbeginn in den psychologischen Lehrgang miteinbezogen und bis 2013 mitgeführt. Dann wurde sie als eines der beiden mit grossem zeitlichem Aufwand zu vermittelnden Verfahren zugunsten des Rorschachtests aus dem Angebot gestrichen. Seit dieser Zeit sind die Berufsverbände allein für die Führung der Ausbildung zuständig.

b) Die Schaffung des Fachtitels in Schriftpsychologie SBAP

Im Rahmen der Bemühungen um Akademisierung und Titelschutz hat die SGG im Jahr 2003 in Zusammenarbeit mit der Hochschule für angewandte Psychologie HAP (früher IAP, heute ZHAW) und dem Schweizerischen Berufsverband für Angewandte Psychologie SBAP den Fachtitel in Schriftpsychologie geschaffen, den Psychologen mit einer abgeschlossenen Ausbildung in Graphologie erwer-

[421] CHERNOV, Formal Validation, S. 37 ff.

ben können. Damit unterstehen sie dem PsyG und geniessen sie den Titelschutz der Psychologen.

c) Qualitätsmanagement

In den 90er Jahren wurden Fragen des Qualitätsmanagements allgemein diskutiert, sei es für Unternehmen, für Spitäler und für andere Institutionen. Die SGG hat, beispielsweise, für das eigene Qualitätsmanagement ein Modell aus der Psychotherapie übernommen und angepasst.[422]

Faktisch wurden in diesem Hinblick

- 1994 eine Kommission für Forschung und QS gegründet
- 1999 sowie 2006–2008 eine Kundenumfrage durchgeführt[423]
- 2009 ein CAS (12 ECTS-Punkte) in Schriftpsychologie an der ZHAW eingerichtet (dies ist im Zuge der Streichung der Graphologie im Jahr 2013 ebenfalls eingestellt worden)
- 2016 die Kommission für Forschung und QS in das neu gegründete Institut für Handschriftwissenschaften IHS übergeführt.

4. Das Modell der SGG

a) Das Modell

Die Strategie der Schweizerischen Graphologischen Gesellschaft gründet heute auf drei Säulen:

422 Qualitätssicherung, Anhang 2.2.

423 Qualitätsmanagement in der Schriftpsychologie, Anhang 2.1.

Abbildung 4: Strategie-Modell der Schweizerischen Graphologischen Gesellschaft

Dabei werden übergreifend drei Qualitätsbereiche[424] beachtet:

- Strukturqualität
- Prozessqualität
- Ergebnisqualität.

Dieses Modell für die Qualitätssicherung wurde in Anlehnung an Modelle in der Psychotherapie und Medizin entwickelt.[425]

Besonderes Augenmerk von Seiten der SGG als Berufsverband verdient dabei die eigentliche Dienstleistung, wird diese doch direkt vom Kunden wahrgenommen und dient quasi als Aushängeschild. Hierbei wiederum müssen gewisse ethische Regeln beachtet werden.

b) Die Standesordnung der SGG[426]

Die Standesordnung der SGG stellt einen integrierenden Teil der Statuten dar und regelt Fragen bezüglich Pflichten der Mitglieder als Berufsausübende gegenüber Kunden, Schriftautoren, Kollegen sowie Massnahmen bei Verstössen

424 Qualitätsmanagement in der Schriftpsychologie, Anhang 2.1.

425 Qualitätsmanagement in der Schriftpsychologie, SGG 2003 (Anhang 2.1).

426 Standesordnung SGG (Anhang 1.3).

dagegen; jedes Mitglied verpflichtet sich zum Einhalten dieser Regeln, indem es diese Standesordnung beim Eintritt in die SGG unterzeichnet.

c) Der internationale ethische Code

1972 wurde die Europäische Gesellschaft für Schriftpsychologie und Schriftexpertise e.V. EGS als Dachverband internationaler graphologischer Verbände gegründet. Sie stellt eine 12 Artikel umfassende Internationale Standesordnung, genannt Ehrenkodex, für Graphologen[427], den die Mitglieder aller zugehörenden Gesellschaften zu befolgen haben. Sie regelt in ähnlicher Weise wie die Standesordnung der SGG die ethischen Pflichten der Mitglieder.

Nachdem sich fremdsprachige Verbände abspalteten, gehören heute der EGS drei deutsche, eine österreichische, vier schweizerische und eine holländische Gesellschaft an; die Umgangs- und Korrespondenzsprache ist ausschliesslich deutsch.

1990 wurde als Folge der Abspaltung die Association Déontologique Européenne de Graphologues/European Deontological Association for Graphologists ADEG ebenfalls als Dachverband gegründet; wie der Name sagt, ist das vornehmliche Ziel die Überwachung des ethisch korrekten Verhaltens der Gliedverbände. Diese haben sich ebenfalls an einen Code Déontologique[428] zu halten.

Die ADEG umfasst 16 graphologische Gesellschaften aus neun Ländern (B, CH, D, E, F, GB, I, IL, NL), darunter die SGG. Nachdem anfangs Französisch die einzige Umgangs- und Korrespondenzsprache war, ist seit 2005 Englisch als Zweitsprache eingerichtet.

---

427 Ehrenkodex EGS (Anhang 1.1).

428 Code Déontologique ADEG (Anhang 1.2a/Anhang 1.2b).

C. Die Anwendung in der Praxis

1. Die Ausbildung

a) Die geplante neue Ausbildung zum Schriftpsychologen

Da seit 2014 die Einrichtung eines MAS nicht mehr zwingend an einer Hochschule geschehen muss, was verschiedene finanzielle und organisatorische Erschwerungen mit sich brachte (z.B. Sollzahlen der Teilnehmer) und es entsprechend auch keinen Titelschutz mehr gibt, plant die SGG einen eigenen Lehrgang MAS in Schriftpsychologie zu entwickeln, um den Qualitätsanforderungen weiterhin zu genügen.

b) Grundsätzliches zur Qualifikation des Schriftexperten

Die Ausbildung des Schriftexperten besteht zu einem grossen Teil im Umgang mit verschiedenen Apparaten zur Sichtbarmachung von Phänomenen, die von blossem Auge normalerweise nicht sichtbar sind. Dies ist vor allem wichtig bei der Analyse von gefälschten Dokumenten wie Pässen und anderen Ausweisen oder von Banknoten und dergleichen mehr. Dazu gehört auch die Interpretation der Resultate von stereomikroskopischen Prüfungen, Untersuchungen auf Druckspuren (ESDA), spektralanalytischen und Streiflicht-Untersuchungen, allenfalls chemischen Analysen und dergleichen: Diese Arbeit gleicht derjenigen eines Röntgenarztes, der Röntgen-, Ultraschall und MRI-Bilder verstehen muss.

Zur Vergleichung von Handschriften oder Unterschriften indessen tragen solche technischen Untersuchungen oft wenig oder gar nichts bei: Hier geht es um genaueste Erfassung und Vergleichung des sogenannten graphischen Tatbestandes. Gerade dies ist nun aber nicht so einfach zu lernen; im vom ENFSI herausgegebenen Manual[429] ist zwar eine bildlich gut dokumentierte Checkliste vorhanden, doch diese ist keinesfalls als vollständig zu betrachten und kann ohne Übung nur beschränkt verwendet werden.

Offenbar wird bei der Ausbildung der Schriftexperten vor allem Gewicht gelegt auf die technische Ausbildung, und die graphologische Ausbildung fristet auch im Ausland heute eher ein Schattendasein.

429 Best Practice Manual ENFSI, S. 18–45.

Die Ausbildung in Handschriftanalyse im Vergleich:

Die Tabelle zeigt, dass die Grundausbildung identisch ist (oder jedenfalls sein sollte) und sich erst im Anschluss daran die beiden Stränge verzweigen.

Ausbildung in Handschriftanalyse	**Grundausbildung – I**	**Spezialisierte Ausbildung – II**
Schriftpsychologen	Erfassung des graphischen Tatbestandes	***Psychologische Interpretation*** der graphischen Befunde
Schriftexperten	Erfassung des graphischen Tatbestandes	***Vergleichung*** der graphischen Befunde

Tabelle 1: Ausbildung in Handschriftanalyse

Erfahrungsgemäss legen in der Folge in Labors tätige Schriftexperten zu viel Wert auf Eigenheiten der Formung, können auch Besonderheiten des Drucks bis zu einem gewissen Grad unterscheiden, haben aber zu wenig Erfahrung mit der Erfassung von Merkmalen, die den Gruppen Bewegungsbild, Raumbild und vor allem Strichbild zugehören.

Somit ist die Beobachtung von Wolf[430] auch heute noch gültig: Beim «Beizug von Schriftexperten zur Identifizierung von Schriften (...) scheint der zugleich graphologisch Geschulte als besser qualifiziert geeignet». Dies eben deshalb, weil die Graphologen länger und eingehender geschult werden in der hoch differenzierten Erfassung des graphischen Tatbestandes.

Dabei ist die Befürchtung vieler Schriftexperten unerheblich, der Graphologe würde die beiden Gebiete vermischen und auch psychologische Interpretationen anwenden, wo diese nichts zu suchen hätten – ein gut und spezifisch auch für Expertisen ausgebildeter Graphologe kann sehr wohl unterscheiden zwischen diesen unterschiedlichen Fragestellungen.

Es ist daher vorzuschlagen, dass zwecks Vermeidung von Fehleinschätzungen die Arbeit zweigeteilt wird: Im Labor wird die technische Untersuchung durchgeführt, die eigentliche Handschriftuntersuchung und -vergleichung hingegen wird durch einen spezialisierten Graphologen vorgenommen.

---

430 WOLF, S. 35.

2. Best Practice

a) Allgemeine Grundsätze

Ein Best Practice-Konzept in der Graphologie anzuwenden, heisst imgrunde, die Grundsätze der Qualitätssicherung und des Qualitätsmanagements konkret umzusetzen.

Dies kann am Modell der SGG exemplifiziert werden[431]:

	Forschung: IHS Handschriftwissenschaften	**Lehre: MAS[432] Ausbildung in Handschriftanalyse**	**Praxis: QS Qualitätssicherung Dienstleistung**
Strukturqualität	– Sicherung der wissenschaftlichen Arbeitsgrundlagen und der Qualifikation – Neue Erkenntnisse – Vernetzung international	– Ausbildungsinstitut – Vernetzung	– Qualifikation (SGG) – Erreichbarkeit – Weiterbildung – Befolgung von ethischem Code und – Datenschutz
Prozessqualität	– Dokumentation – Datensicherung – Nachbefragung – Vorträge – Periodikum: Journal	– Abwicklung der Ausbildung – Herstellung von Kursunterlagen – Fortbildung – Intervision – Informelle Kommunikation	– Akquisition Kundenpflege und -begleitung – qualifizierte Psychologie – Periodikum: Bulletin – Sonderschriften
Ergebnisqualität	– Grundlagenforschung – Vorträge – Publikationen – Repräsentative Funktion	– Verleihung von Zertifikaten	– Gutachtenqualität – Besprechungen – Ergebniskontrollen – Nachbefragung – Entwicklung von neuen Instrumenten (Diagramme)

431 Qualitätsmanagement in der Schriftpsychologie, SGG 2003 (A 2.1).

432 In Planung.

	Forschung: IHS Handschriftwissen-schaften	**Lehre: MAS[432] Ausbildung in Handschriftanalyse**	**Praxis: QS Qualitätssicherung Dienstleistung**
Allgemein: Dokumen-tation	Grundlagen für die Forschung	Grundlagen für die Lehre	Grundlagen für die Qualitätssicherung

Tabelle 2: Das QS-Modell der SGG

b) Konkrete Umsetzung in der Praxis

Konkret lassen sich die einzelnen Komponenten im Wesentlichen wie folgt beschreiben:

Strukturqualität:

- Innert nützlicher Frist muss eine qualifizierte Fachkraft erreichbar und verfügbar sein

Prozessqualität:

- Der Begutachtungsprozess läuft transparent ab
- Die Kommunikation mit dem Kunden ist produktiv
- Der eigentliche Herstellungsprozess läuft ab nach unter Fachkräften übereinstimmend genannten «besten Richtlinien»

Ergebnisqualität:

Das gute Ergebnis hängt weitgehend von den beiden vorangehenden Komponenten ab, insbesondere von der fachlich qualifizierten Ausführung.

Formal sind etwa die Kriterien der Materialkritik zu beachten: Es muss vorgängig festgestellt werden, ob geeignetes, als in qualitativer und quantitativer Hinsicht den Anforderungen genügendes Material vorliegt oder ob Einschränkungen vorhanden und allenfalls Vorbehalte anzubringen sind.

c) Best Practice beim graphologischen Gutachten

Strukturqualität:

- Innert nützlicher Frist muss eine qualifizierte Fachkraft erreichbar und verfügbar sein.

***Prozessqualität*:**

- Der Begutachtungsprozess läuft transparent ab, allfällige Termine werden eingehalten.
- Der Kunde erhält ein Merkblatt zur Anfertigung von optimal geeigneten Schriftproben.
- Der Kunde erhält Erläuterungen zu allfällig beigelegten Profilen und Diagrammen.
- Das Einverständnis des Bewerbers liegt vor.
- Die Kommunikation mit dem Kunden ist produktiv, eine allfällige Nachbesprechung sowohl für den Kunden als auch für den Kandidaten gewährleistet.

***Ergebnisqualität*:**

- Das graphologische Gutachten ist nach bestem Wissen und Gewissen verfasst worden unter Berücksichtigung und Anwendung der aktuell gültigen schriftpsychologischen Modelle sowie unter Beachtung des ethischen Codes.
- Allfällige Unsicherheiten oder Vorbehalte bezüglich der Interpretation des Ganzen oder von Teilen werden begründet.
- Die Sprache ist frei von Fachbegriffen und für den Kunden verständlich.
- Nach Möglichkeit wird auch auf noch ungenutztes Potential hingewiesen, im Sinne eines grösstmöglichen Nutzens sowohl für den Kunden als auch für den Bewerber.

d) Best Practice bei der Schriftexpertise

***Strukturqualität*:**

- Innert nützlicher Frist muss eine qualifizierte Fachkraft erreichbar und verfügbar sein.
- Laboruntersuchungen[433] werden in der Regel an ein spezialisiertes Labor vergeben.

***Prozessqualität*:**

- Der Begutachtungsprozess läuft transparent und professionell ab, allfällige Termine werden eingehalten.

---

[433] Dazu gehören etwa stereomikroskopische Prüfung, Untersuchung auf Druckspuren ESDA, spektralanalytische und Streiflicht-Untersuchung, allenfalls chemische Analysen u.a.

- Das Material wird in ausreichender Quantität und Qualität eingefordert, dem Kunden werden die notwendigen Erklärungen dazu gegeben.
- Die Kommunikation mit dem Kunden ist produktiv, Begleit- und Nachbesprechungen sind für den Kunden gewährleistet.

Ergebnisqualität:

- Die Expertise oder Schriftvergleichung ist ***lege artis*** sowie nach bestem Wissen und Gewissen verfasst.
- Sämtliche Überlegungen sind sorgfältig ausgeführt sowie nachvollziehbar und ausführlich dokumentiert gemäss den von der Gruppe Schriftexperten der SGG ausgearbeiteten Richtlinien.
- Die Wahrscheinlichkeit einer Übereinstimmung wird nicht in Prozenten angegeben (dies würde eine Genauigkeit vortäuschen, die nicht einlösbar ist), sondern verbal in Abstufungen.

  Im Sinne einer besseren Lesbarkeit sollte eher verzichtet werden auf die Verwendung des Ausdrucks «Hypothesen» inbezug auf die Feststellung einer Fälschung: Diese sind üblicherweise Teil einer wissenschaftlichen Untersuchung meist mit statistischer Beweisführung. Dort kann dann auch die Wahrscheinlichkeit des Zutreffens resp. der Bedeutsamkeit der Befunde in genauen Zahlen angegeben werden, z.B. signifikant: $p^* \leq 0.05$ / hoch signifikant $p^{**} \leq 0.01$ / sehr hoch signifikant $p^{***} \leq 0.001$. Dies ist bei einer Schriftexpertise nicht möglich: Bei einer Schriftexpertise handelt es sich um ein technisches Verfahren, das sich freilich auf wissenschaftliche Modelle und entsprechende Untersuchungen abstützt und im Einzelfall die Wahrscheinlichkeit des Zutreffens abwägt und einschätzt.

  Infolgedessen empfiehlt es sich, die Befunde verbal auszuführen und folgende Formulierungen im Sinne von Wahrscheinlichkeitsgraden gemäss einer fünfstufigen Skala zu verwenden bezüglich des Zutreffens einer Übereinstimmung zwischen verschieden Schriften:

  Die Frage nach Übereinstimmung resp. Nichtübereinstimmung der strittigen Schriften mit den Vergleichsschriften kann bejaht / verneint werden

  - mit an Sicherheit grenzender Wahrscheinlichkeit
  - mit sehr hoher Wahrscheinlichkeit
  - mit hoher Wahrscheinlichkeit
  - mit Wahrscheinlichkeit
  - liquet (nicht entscheidbar)

  Michel[434] empfiehlt eine vierstufige Skala mit folgenden Formulierungen:

    - mit an Sicherheit grenzender Wahrscheinlichkeit
    - mit hoher (grosser) Wahrscheinlichkeit

434 MICHEL, S. 216.

- mit Wahrscheinlichkeit
- non liquet (unentscheidbar).

Eine hundertprozentige Sicherheit gibt es dabei aus prinzipiellen Gründen nicht.

Sehr differenzierte Definitionen für die Bestimmung der Wahrscheinlichkeitsgrade sind bei Köller/Nissen/Riess/Sadorf zu finden.[435]

Im übrigen kann bezüglich Best Practice bei der Schriftexpertise auf das vom ENFSI European Network of Forensic Science Institute herausgegebene umfassende Manual verwiesen werden, das manche relevanten Aspekte behandelt; die dortige Checkliste ist jedoch vom graphologischen Aspekt her nicht als vollständig zu betrachten.[436]

---

435 Köller/Nissen/Riess/Sadorf, S. 14 f.

436 Best Practice Manual ENFSI, S. 18–45.

IV. Die Wissenschaftliche Schriftpsychologie

A. Historische Streiflichter

1. Die Anfänge der Handschrift

Die Handschrift konnte entstehen mit der Erfindung des Pergaments: in dem Moment, wo Schriftzeichen nicht mehr in Stein gemeisselt oder auf Wachstäfelchen geritzt werden mussten, sondern flüssig mit einem angespitzten Schilfrohr oder Federkiel auf die Schreibfläche gebracht werden konnten.

Das Interesse an der Handschrift erwachte gleichzeitig mit dieser selbst; früh wurde erkannt, dass sich hier etwas Persönliches ausdrückte. Als Beispiel diene eine römischen Kursive aus dem 4. Jh., die absolut individuell ist:

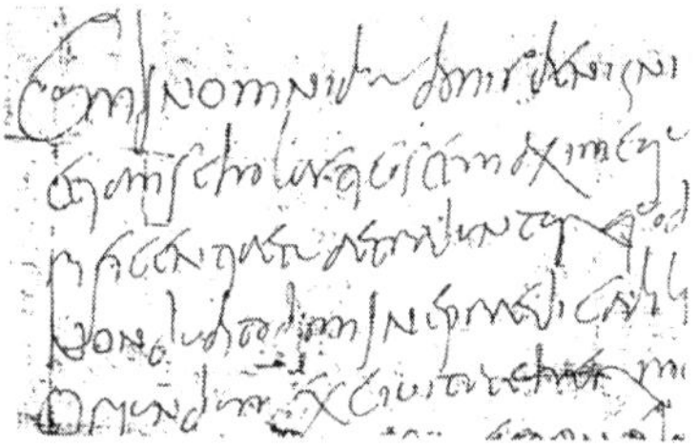

Abbildung 5 Römische Kursive aus dem 4. Jh.

Abbildung 6: Wang Xizhi: Lanting xu (4. Jh.)

Im alten China brachten der Kaiser Wang Xizhi und sein Sohn Wang Xianzhi (Jin-Zeit, 317–420) die Kursivschrift – ein Stil, der zwischen der sogenannten Normal- und der vollkursiven Schrift angesiedelt ist – zur Vollendung. Sie ist eine besonders elegante Schrift, die flüssig und leicht wirkt. Das früheste noch existierende Beispiel für diesen Schreibstil ist eine Abschrift des Vorwortes zum «Orchideen Pavillon» *(Lanting xu)* von Wang Xizhi.[437]

[437] Die roten Stempel sind Namen der Sammler, denen das Dokument gehört hat: Sie tragen bei zum Wert eines Kunstwerks.

In der arabischen Kultur war der Akt des Schreibens selbst ein religiöser, da lange Zeit ausschliesslich Passagen des Qur'ans und andere religiöser Schriften abgeschrieben wurden. Deshalb musste die Schrift besonders schön sein, was wiederum die Entwicklung einer kunstvollen Kalligraphie ganz enorm begünstigte.

Auch in der westlichen Welt sind die Anfänge der Schreibkultur in den *scriptoria,* den Schreibstuben der mittelalterlichen Abteien, auszumachen, und somit ebenfalls in einem religiösen Zusammenhang. Auch musste der Sinngehalt der Mitteilung so schön wie möglich dargestellt und ausgeführt werden.[438]

Darüber hinaus war, Cassiodorus zufolge – er war Konsul und Historiker und gründete im Jahre 555 das Kalabreser Kloster Vivarium –, das beste Mittel gegen die geheimen Attacken des Teufels das «Kämpfen mit Rohr und Tinte», also nichts anderes als das Kopieren der heiligen Schriften: *«tot enim vulnera Satanas accipit quot antiquarius Domini verba describit».*[439] («Denn der Satan empfängt so viele Wunden, wie der Schriftkundige Worte des Herrn abschreibt.»)

In der säkularen Welt war das Schreiben gelehrten und vornehmen Personen vorbehalten, die eine Ausbildung genossen hatten.

2. Die Anfänge der Wissenschaft in der Renaissance

Die wissenschaftliche Graphologie hat ihren Anfang genommen in der Zeit der Renaissance, im 16. Jahrhundert, als Medizin und Psychologie noch untrennbar miteinander verbunden waren. Das Schreiben wurde begriffen – modern ausgedrückt – als eine «neuropsychologische» Funktion.

Einer der ersten Psychologen in Europa und im modernen Sinne überhaupt war der Arzt Juan Huarte de San Juan aus Andalusien, der übrigens hochaktuell ist für die modernen Psycholinguisten um Noam Chomsky[440] und von ihnen wieder entdeckt wurde.

Er hat als vermutlich erster um 1575 die Beziehungen zwischen Körper und Geist beschrieben und eine Art neuropsychologische Thesen aufgestellt über die psychophysischen Verknüpfungen im menschlichen Organismus. Sein Werk

---

438 Hafner, S. 70 ff.

439 Hafner, S. 70 ff.: Freilich war Cassiodorus' heimliches Ziel offenbar, die heidnischen Schriften zu retten, die alle verbrannt wurden, weil sie als Teufelswerk galten. Es war aber äusserst gefährlich, sich öffentlich dafür einzusetzen, deshalb bagatellisierte er den Unterschied zu den heiligen Schriften und erweckte klugerweise auch hinter den Klostermauern den Eindruck, es seien alle Bücher «heilige Schriften».

440 Ortega, S. 436 ff.

Examen de ingenios para las ciencias (auf Deutsch etwa: «Beurteilung der Geisteskräfte für die Wissenschaften») läuft auf ein Assessment im heutigen Sinne hinaus, indem er postuliert, dass jeder zuerst seine besonderen Fähigkeiten überprüfen solle, bevor er seine Studienwahl treffe. Dabei erwähnt er auch die Handschrift als Quelle der Menschenkenntnis.[441]

Eine eigentliche wissenschaftliche Fundierung der Handschriftwissenschaft findet sich dann um 1611 beim Italiener Prosper Aldorisius: In seinem *Idengraphicus Nuntius,* in dem er 72 (!) graphologische Prinzipien in axiomatischer Form präsentiert, sind die graphischen Züge gleichermassen abhängig von Geist, Gefühl und physischem Körper.

Um 1622 folgt der besser bekannte *Trattato come da una lettera missiva si concoscano la natura e qualità dello scrittore* von Camillo Baldo – auch er hat einen klar wissenschaftlichen Anspruch: Er unterscheidet Expression und Darstellung im handschriftlichen Ausdruck, arbeitet mit dem Analogieprinzip und verlangt sorgfältige Materialkritik.

3. Die Zeit der Aufklärung

Um 1641 geschah so etwas wie die Zweiteilung der wissenschaftlichen Welt, als Descartes' *Meditationes de prima philosophia* erschien und den an sich alten Diskurs um den Vorrang der Erkenntnistheorie, der bereits zu Zeiten von Plato und Aristoteles seinen Anfang genommen hatte, zu einem ungeahnten Aufschwung verhalfen[442].

Die Graphologie verschlug es in der Folge eher auf die geisteswissenschaftliche Seite: War sie doch angewiesen auf Beobachtung und Intuition, um das *Wesen* eines Schreibers zu *verstehen.*

4. Die Zeit der Theologen

Freilich interessierten sich Universalgelehrte wie Johann Wolfgang v. Goethe und der Zürcher Pfarrer Johann Caspar Lavater neben der Physiognomie auch für die Handschrift, doch systematisch wurde diese erst im 19. Jh. durch Abbé Jean Hippolyte Michon in Frankreich wieder bearbeitet, der als Begründer der modernen Graphologie gilt; 1875 wurde sein Hauptwerk veröffentlicht: *Système de graphologie: l'art de connaître les hommes d'après leur écriture.*

---

441 HUARTE, S. 124, S. 170.

442 GINZBURG, S. 22 ff.

Josef Seiler, selber Geistlicher, hat die ganze Zeitspanne dazwischen aufgearbeitet in seinem fundamentalen, fast 2000 Seiten starken Werk in drei Bänden: *De Lavater à Michon. Essai sur l'histoire de la graphologie.* Zweifellos war diese Zeit geprägt, ausgehend von Lavater, dem evangelischen Pfarrer und seinen physiognomischen Studien, durch ein stark mystisches Interesse; Seiler geht in seinem monumentalen Werk auch auf die Geistesgeschichte prägende Literaten und Denker wie Edgar Allan Poe, Charles Baudelaire, Alexander von Humboldt und andere Autoren ein[443]. Immer standen deren Bemühungen im Zeichen des Interesses an der menschlichen Psyche und des Ziels, den Menschen zu lieben: Hiess doch der Titel des von Lavater 1775–1778 herausgegebenen Werkes «Physiognomische Fragmente, zur Beförderung der Menschenkenntniß und der Menschenliebe». Diese theologische und damit zutiefst ethische Prägung der Wissenschaft zog sich fort bis ins 20. Jh., als ab 1914 bis in die 60er Jahre in Italien die graphologischen Werke des Padre Girolamo Moretti erschienen, der ein eigenes komplexes System entwickelte, in welchem viele Zeichen parallel und miteinander verbunden interpretiert werden müssen.

5. Der geistes- und erfahrungswissenschaftliche Zugang

Im 19. und frühen 20. Jh. entstanden aber parallel verschiedene europäische Schulen um weitere Autorenpersönlichkeiten herum; im deutschsprachigen Raum sind zu nennen Klages, Pophal, Heiss und Pulver[444]. Sie waren unterschiedlich orientiert: Ein philosophisch-psychologischer Hintergrund lässt sich ausmachen bei Klages, ein medizinisch-physiologischer bei Pophal, ein phänomenologisch-hermeneutischer bei Heiss und ein psychoanalytischer bei Pulver. Insgesamt kann von einem geistes- und erfahrungswissenschaftlichen Zugang ausgegangen werden, der sich bis heute vornehmlich behauptet hat.

6. Der experimentelle Zugang in der Psychiatrie

Die industrielle Revolution im 19. Jh. brachte die Erfindung von unterschiedlichsten Maschinen auf pneumatischer, mechanischer, elektromagnetischer, elektrischer oder kombinierter Basis mit sich. Insbesondere waren Psychiater wie Kraepelin darauf aus, anhand einer möglichst genauen Registrierung der Schreibbewegung Rückschlüsse auf psychische Krankheiten ziehen zu können. 1903 entwickelte er zu diesem Zweck eine Schriftwaage, mit der er Ablauf,

[443] Seiler, Vol. I, S. 533 ff.

[444] Avé-Lallement, S. 7 ff.

Tempo und Druck messen und auf einer mit Papier bespannten Walze aufzeichnen konnte. Er fand auch tatsächlich unterschiedliche Druckkurven bei den drei Körpertypen pyknisch, athletisch und leptosom, welche damals in Verbindung gebracht wurden mit bestimmten Geisteskrankheiten.[445]

Im 20. Jh. stellte der Psychiater Haase[446] fest, dass sich Neuroleptika hoch differenziert dosieren liessen anhand systematischer Schreibproben, an denen der Arzt sehr genau eine Verkleinerung oder Vergrösserung der Handschrift als Indiz der Wirkung sehen und damit als Indikator für die Dosierung des Medikaments ablesen konnte.

Die medizinische Graphologie findet eine aktuelle Fortsetzung vor allem in Italien: Es gibt dafür eine spezielle Gesellschaft CIGME[447], deren Mitglieder medizinische Probleme und deren graphischen Niederschlag, etwa bei Parkinson und Demenz, erforschen. Der Kreis um Fontana und Balestrino[448] hat in jüngster Zeit den Writing Score entwickelt, eine Skala zur Feststellung von Demenz aufgrund von Eigenheiten in der Handschrift.

7. Die Kriminalisten

Verschiedene renommierte Autoren schrieben – aus gegebenem Anlass, da sie dazu befragt wurden – über Verbrecherhandschriften und die Zeichen, an denen «Trieb und Verbrechen» sollen erkannt werden können; dazu gehören etwa Pulver und vor allem Roda Wieser, die sich explizit zu Betrügern, Dieben, Einbrechern und Sexualverbrechern äusserte.

Bereits damals mahnte Pulver indessen ausdrücklich zur Vorsicht und monierte, «dass wir vor allem verstehen lernen müssen, um zu urteilen»[449]; heute sind sich die Fachleute einig, dass «verbrecherische Eigenschaften» nicht diagnostiziert werden können und dürfen, sondern dass diese Phänomene nur ***ex post*** festgestellt werden können, so etwa beim «Taxi-Mörder» Paul Irniger, der 1939 als zweitletzter Mensch in der Schweiz hingerichtet wurde[450]. Interessanterweise tauchen diese spezifischen, in der einschlägigen Literatur als typisch beschriebenen graphischen Zeichen auch und sogar verstärkt in der Schrift seines – aus 186

445 PFANNE, Lehrbuch, S. 153 ff.

446 HAASE, S. 194 ff.

447 CIGME Centro internazionale di grafologia medica.

448 NÜRNBERGER, S. 3 ff.

449 PULVER, Trieb, S. 54.

450 BOLLSCHWEILER, S. 3–6.

Freiwilligen rekrutierten! – Scharfrichters auf. Manche dieser Schrifteigenheiten sind allerdings nur mit einer Schreibfeder zu produzieren und werden schon deshalb heute kaum mehr angetroffen.

B. Die aktuelle Forschungssituation

1. Die moderne Validitätsforschung

Bereits in den 40er Jahren gab es ermutigende Versuche, die Handschrift und ihre Interpretationsmöglichkeiten mit statistischen Methoden zu erforschen.[451] In den Jahren um 1960 begannen Graphologen, die Gültigkeit der Methode mit systematischen Untersuchungen zur Validierung zu belegen. Rasch[452] legte als einer der ersten einen statistischen Vergleich zwischen graphologischen Gutachten und Einschätzungen durch Assessoren vor und fand signifikante Übereinstimmungen. Lockowandt reichte in Freiburg eine Dissertation ein zum Thema der faktorenanalytischen Validierung der Handschrift. Später lehrte er an der Uni Bielefeld und gab dort die umfassende Bielefelder Graphologische Bibliographie (BGB) heraus.

Daneben forschten manche privat tätigen Graphologen wie Wallner sehr intensiv auf diesem Gebiet: 2003 konnte er in seiner «Zwischenbilanz» auf 66 wichtige Arbeiten zurückblicken.

Seit den 80er Jahren hatte die Schriftpsychologie zunehmend gegen einen harten Wind zu kämpfen, der ausgerechnet aus Israel wehte, wo die Graphologie heute noch sehr verbreitet und geschätzt ist. Vor allem Ben-Shakhar[453] und Beyerstein/Beyerstein entfachten – zum Teil allerdings mit Untersuchungen, die bei genauerem Hinsehen sowohl fragwürdig angelegt als auch mangelhaft durchgeführt waren – eine weltweite Ablehnung: Meist nehmen sich die Kritiker nicht die Mühe, auf die Grundlagen zurückzugehen – vor allem, wenn die Resultate einem bereits gefassten Vorurteil entgegenkommen –, sondern begnügen sich damit, die häufig auch unzureichend interpretierten Resultate zu kolportieren. Andere Autoren, welche diese Mängel aufzeigten[454] oder selber zu positiven Forschungsresultaten gelangten und empfahlen, die Graphologie nicht vorzeitig auszurangieren[455], wurden kaum gehört. Die genannten Arbeiten, welche die Unwissenschaftlichkeit der Methode aufzeigen sollen, gehören noch heute zu den meist zitierten und gleichzeitig nicht hinterfragten: Bedauerlicherweise greifen renommierte Kritiker wie Kanning[456] auf diese veralteten Untersuchungen zurück.

---

451 Castelnuovo-Tedesco, S. 167 ff.

452 Rasch, S. 35 ff.

453 Ben-Shakhar/Bar-Hillel/Bilu/Ben-Abba/Flug, S. 645 ff.

454 Nevo, S. 92 ff.

455 Rafaeli/Drory, S. 743 ff.

456 Kanning S. 112 ff.

Freilich hatten es viele deutschsprachige Autoren versäumt, sich um die Publikation ihrer oft guten Validierungsarbeiten in renommierten internationalen Fachzeitschriften zu bemühen – zum Teil natürlich auch, weil die Graphologen von den Herausgebern ohnehin keine Chance erhalten hätten. So gelangte auch Wallner[457] mit seiner exzellenten Kritik an Beyerstein/Beyerstein nicht über den deutschsprachigen Raum hinaus.

Indessen erleichterten in den folgenden Jahrzehnten die neuen digitalen Möglichkeiten entscheidend die allgemeine Forschung. Es entwickelte sich in der Folge international eine ziemlich rege und vielseitige Forschungstätigkeit; davon zeugt eine 2013 aufgelegte englischsprachige Bibliographie[458] mit Arbeiten in vielen Sprachen.

2. Die digitale Erfassung von Daten

Am IHS Kompetenzcenter werden verschiedene Methoden und Ansätze der Computeranalyse der Handschrift analysiert und ausgewertet. Bei der Systematisierung können vier Ansätze definiert werden:

Handschrifterfassungs-Geräte und Software

Hier handelt es sich um elektronische Schreibbretter[459], Smart Pens oder Tabletts mit Stylus.

Vorteil: Diese Geräte erfassen die dynamischen Aspekte des Handschriftprozesses (Geschwindigkeit und Druck) und teilweise die Bewegungen in der Luft. Sie können für Forschungs- und Therapiezwecke eingesetzt werden.

Nachteil: Die Geräte analysieren typischerweise nur sehr kurze Texte und der Schreibprozess ist gewöhnungsbedürftig, d.h. das Schreiben ist nicht ganz natürlich.

Die Software für Handschrift-Forensik

wertet automatisch oder halbautomatisch bestimmte Merkmale der gescannten Texte aus.[460]

Vorteil: Die Merkmale werden genau gemessen und zwar an jedem Ort im Text.

Nachteil: Nur eine Handvoll an einfachen Merkmale kann ausgewertet werden (Buchstabengrösse, Distanzen, Neigung, Zeilenführung usw.). Es lassen sich also nur einfache Handschriftproben gut auswerten.

---

457 Wallner, Meta-Analyse, S. 158 ff.

458 Bibliography of Graphology and Related Sciences von James D. Tingen.

459 Beispiele sind CSWin (Science And Motion, Deutschland), MovAlyzeR (NeuroScript, USA), ComPET (Technion, Israel), E-Graphing (Uni Buenos-Aires, Argentinien).

460 Beispiele sind CEDAR-FOX (New-York University in Buffalo, USA) und Masquerade (Natural Intelligent Technologies, Italien).

Bildverarbeitungssysteme

sind nicht primär für die Handschriftanalyse vorgesehen. Ihr Hauptziel ist es, Bilder zu vergleichen. Bei Handschriften erlauben sie es, ganz genau alle notwendigen Grössen, Distanzen und Winkel zu messen.[461]

Vorteil: Die Parameter, welche die Forscher selber definieren, werden genau gemessen.

Nachteil: Der Aufwand ist sehr gross.

Computergestützte Handschriftpsychologie

Für die Handschriftpsychologie lässt sich verschiedene Software verwenden, die sich unterscheidet nach dem Grad der Automatisierung:

- Reguläre EDV-Tools (z.B. Excel)
- Einfache Software (primitive Programme für Laien mit wenigen Merkmalen)
- Hybride Systeme, bei denen die Handschriftmerkmale manuell auswertet werden; psychologische Eigenschaften werden algorithmisch berechnet[462]
- Vollautomatisierte Systeme[463]
- Methoden der künstlichen Intelligenz[464].

Für die praktische Anwendung kommen heute nur die hybriden Systeme in Frage. Die einfache Software ist nicht aussagekräftig und zu primitiv; vollautomatisierte Systeme betrachten ganz wenige Merkmale und sind deswegen auch nicht aussagekräftig. Die Methoden der künstlichen Intelligenz bei der Handschriftanalyse sind zwar vielversprechend, aber sie brauchen sehr grosse Datenbanken mit sehr grossen Datenmengen ab ausgewerteten Handschriften.

3. Die neue computergestützte Forschung

Indessen hatten Lockowandt und Wallner bereits in den 60er Jahren erkannt, dass eine Forschung ohne klare Methodik keine Zukunft hat; sie forderten entsprechende Studien, die nach und nach auch geliefert und von jüngeren Forschern

461 Bespiele sindVSC4Plus (Foster + Freeman, UK), Lucia Forensic (Laboratory Imaging, Tschechien), Qwyddion (Metrologische Institut, Tschechien), ImageJ (National Institutes of Health, USA).

462 GraphoPro, HSDetect, Handwriting Analyst, Handwriting Analyzer, GRAF-2000, GrafolSoft.

463 AHWAS AutomatedHandwriting Analysis System, CAG Computer-AidedGraphology, InkSight.

464 Künstliche neuronale Netze, parameterfreie Modelle, parameterfreie Regressionen, Hidden-Markov-Modelle, SVM Support-Vector-Maschinen.

zunehmend in Englisch verfasst wurden. Die ADEG hat drei Mal einen internationalen Preis für Graphologische Forschung ausgeschrieben.[465]

Insbesondere wurde dies auch gefördert durch die Entwicklung der neuen Datenverarbeitungsmöglichkeiten: War es doch noch zu Zeiten der Erstellung der Dissertation der Co-Autorin üblich, einfachere statistische Zusammenhänge «von Hand» mit einem gewöhnlichen Handrechner zu rechnen und die Diagramme mit Tusche auf Millimeterpapier zu zeichnen; später, zu Zeiten der ersten Heimcomputer, wurde es immerhin möglich, Formeln für Tests wie X^2 im Computer von Hand einzugeben und rechnen zu lassen.

Um die noch immer bestehende Lücke an Forschung nach wissenschaftlichen Kriterien zu füllen, sind inzwischen Systeme zur computerunterstützten Erfassung und Verarbeitung von Handschriftdaten entwickelt worden[466]. Erste Arbeiten sind bereits veröffentlicht.[467]

4. Das Institut für Handschriftwissenschaften IHS

Um dieser Forschung eine angemessene Plattform zu verschaffen, hat die SGG im Jahr 2016 das Institut für Handschriftwissenschaften IHS gegründet. Sie ist ihrer Zweckbestimmung nach verpflichtet, die wissenschaftliche Graphologie zu fördern[468].

Ein Vorläufer war die Gesellschaft zur Förderung der Wissenschaftlichen Graphologie GFG, die 1960 gegründet wurde im Anschluss an eine Tagung an der ETH zum Thema «Mensch und Leistung», an der auch die Graphologin Dr. Roda Wieser referiert hatte. Die GFG wurde 1962 als Kollektivmitglied in die Schweizerische Stiftung für Angewandte Psychologie SSAP aufgenommen. 1979 wurde sie in die SGG integriert und existierte von da an nicht mehr als eigene Körperschaft. Erst 1994 wurde eine Arbeitsgruppe zur Förderung graphologischer Grundlagenforschung eingerichtet und später als Kommission der SGG geführt, bis sie 2016 umbenannt wurde zum IHS Institut für Handschriftwissenschaften.

Damit ist eine neue Plattform entstanden mit einer bestimmten Ausstrahlung nach aussen, aber auch mit Konsequenzen für die innere Struktur und Organisation:

465 Renna Nezos Prize (adeg-europe.eu).

466 HSDetect von Yury Chernov, GraphoPro® von Bruno Keel und Martin Leisebach.

467 Chernov, Einsatz Computer, S. 18 ff; Chernov, Formal Validation, S. 37 ff; Toggweiler, S. 97 ff.

468 Eines der drei expliziten Ziele lautet: «Die Förderung der wissenschaftlichen Graphologie/Schriftpsychologie sowie deren qualifizierte Anwendung in der Praxis.»

Die aktuellen Schwerpunkte des Instituts:

1. Forschung

Es werden laufend eigene Forschungen betrieben und die Ergebnisse auf geeigneten international zugänglichen Plattformen publiziert.

2. Kompetenz-Zentrum für Computer-Methoden in der Handschriftanalyse

Es gibt heute sehr viele und sehr unterschiedliche Ansätze zur Computerisierung in der Handschriftanalyse und -forschung. Diese sollen auf ihre Tauglichkeit und Qualität hin geprüft und gesammelt werden.

3. Teilnahme am wissenschaftlichen Leben

Eine rege Teilnahme an wissenschaftlichen Kongressen, wenn immer möglich mit eigenen Beiträgen, ist unabdingbar für einen fruchtbaren Austausch mit anderen Forschern auf nationaler und internationaler Ebene.

4. Zusammenarbeit mit akademischen Organisationen

Es wird ein regelmässiger Austausch mit anderen Hochschulen gepflegt, Kontakte zu Forschern verschiedener Richtungen aufgebaut und gegenseitig an den Veranstaltungen teilgenommen.

5. Ausblick: Die Wiederentdeckung der Ganzheitlichkeit

Am Beginn jeder Wissenschaft steht ein Faszinosum durch den Gegenstand. Es scheint wichtig, dass gerade dank dieser Faszination auch die wissenschaftliche Graphologie ihren Anfang genommen hat, und zwar als eminent psychologische Wissenschaft. Deshalb orientiert und definiert sie sich nach wie vor innerhalb dieses Rahmens, wozu traditionellerweise allerdings auch die Philosophie und weitere angrenzende Wissenschaften gehören. Es kamen und kommen in jeder Wissenschaft wichtige Impulse immer wieder von ausserhalb, von scheinbar fachfremden Wissenschaftlern, die eben einen unvoreingenommen Blick mitbringen.

Da sich die Forscher auch mit der Art des Zugangs, also wissenschaftstheoretischen Überlegungen befassen müssen, ist es unabdingbar, den Blick auf benachbarte Disziplinen zu werfen.

a) Die Überwindung der wissenschaftlichen Polemik

Die Schriftpsychologie ist ihrem Wesen nach eine semiotische Wissenschaft: eine Wissenschaft, die von Zeichen auf Sachverhalte schliesst, ähnlich wie die Medizin von Symptomen her Krankheiten eruiert, Freud auf unbewusste Zusammenhänge in der Psyche oder Sherlock Holmes von gewissen Spuren auf den Täter schliesst. In diesem Sinne ist sie weder induktiv noch deduktiv, sondern nach

Peirce[469] abduktiv oder präsumtiv, indem sie gleichsam von der Wirkung auf die Ursache schliesst. Auch lässt sich die Tatsache nicht aus der Welt schaffen, dass es hier – zunächst – ***immer*** um Vermutungen geht.

Die Polemik zwischen eben diesen Indizienwissenschaften (zu denen übrigens neben der Medizin die meisten Sozialwissenschaften gehören) und dem Erkenntnismodell, das den quantifizierenden Wissenschaften zugrunde liegt, läuft ab seit bereits etwa 2500 Jahren: Das Indizienparadigma blieb, wie es Ginzburg in seiner «Spurensicherung» beschreibt, «implizit, erdrückt vom Prestige des von Platon entwickelten und sozial höher stehenden Erkenntnismodells»[470]. Der Diskurs wurde neu aktiviert, als ein neues wissenschaftliches Paradigma auftauchte, das sich auf die Physik Galileis stützte und dauerhafter als diese selbst war. «Tatsächlich implizierten der Gebrauch der Mathematik und die experimentelle Methode die Quantifizierung bzw. Wiederholbarkeit der Dinge – während die individualisierende Wissenschaftsrichtung die Wiederholbarkeit per Definitionem ausschloss und die Quantifizierung nur als Hilfsfunktion zuliess.»[471] Soweit Ginzburg – ohne weiteres lässt sich dieser Satz auch im Präsens formulieren.

Für die heutigen Schriftpsychologen ist es wichtig, diese Gesichtspunkte im Auge zu behalten. In der täglichen Praxis, als Graphologen, sind sie gerade ***aus*** auf eben diese Spurensicherung, und diese kann und muss immer auch der Ausgangspunkt für jede dem Gegenstand adäquat eingerichtete Forschung sein. Die Forscher gehen immer von der Beobachtung von Einzelfällen aus, machen damit gewisse Erfahrungen, formulieren von da aus bestimmte Hypothesen, die sie in einem quantifizierenden Verfahren (das klar als Hilfsmittel dient) verifizieren oder verwerfen können. Das bedeutet aber: Wenn die Wissenschaftler nichts verstehen von einer Materie, können sie auch keine gute Untersuchung anlegen und kaum gültige Interpretationen finden. Und dann besteht die Gefahr, dass in der Forschung falsche Fragen gestellt werden und dass in der falschen Richtung geforscht wird.

b) Serendipity – das intuitive Denken

Dieser Ansatz wird mehr und mehr auch von anderen Forschern erkannt und vertreten. Die Frage ist nämlich: Wie kann dieses abduktive Denken theoretisch besser gefasst werden? So bezieht sich etwa Pek Van Andel in seiner «Anatomy

469 GINZBURG, S. 53, Anm. 22.

470 GINZBURG, S. 23.

471 GINZBURG, S. 23.

of the Unsought»[472] auf Sir Horace Walpole, Voltaire und den genannten Ginzburg, der sich mit dem Konzept des abduktiven Denkens wiederum auf Pierce bezieht[473], und van Andel zitiert sogar Heraklit: «*Unless you expect the unexpected you will never find (truth), for it is hard to discover and hard to attain.*» («Wenn du nicht auf das Unerwartete gefasst bist, wirst du nie die Wahrheit finden, denn diese ist schwer zu finden und schwer zu erreichen.»)[474] Und er zitiert Picasso: «Je ne cherche pas, je trouve.»[475]

> Wie sich das Ungesuchte findet, wird bei verschiedenen älteren Autoren erzählt, wobei vielleicht die älteste Quelle die Geschichte der Prinzen von Serendip ist, die eben nicht nur durch Zufall, sondern durch eine spezielle Art von Aufmerksamkeit während ihrer Reise unscheinbare Zeichen am Weg wahrgenommen hatten und von daher später genau und schlüssig beschreiben konnten, dass hier ein Kamel durchgegangen war, auf dem eine schwangere Frau gesessen hatte sowie weitere Einzelheiten – obwohl sie es gar nicht gesehen hatten. Von daher stammt auch der Begriff ***Serendipity***, der eben viel mehr bedeutet als nur Zufall, womit er gemeinhin übersetzt wird.
>
> Van Andel erwähnt die ähnlich bei Voltaire beschriebene Geschichte vom Pferd eines Prinzen und einer Hündin der Königin, die entlaufen und verloren gegangen waren, und die beide wieder gefunden wurden vom jungen Babylonier Zadig[476], und zwar, nach Walpole, «by ***accident and sagacity***»: also durch die Kombination ***von Zufall und Weisheit***. Bei Wilhelm Hauff schliesslich ist dieselbe Geschichte mit ***Abner, dem Juden, der nichts gesehen hat***, adaptiert nachzulesen: Abner findet ebenfalls den herrlichen durchgegangenen königlichen Zelter und die Hündin der Königin wieder, obwohl er beide nicht gesehen hat, nämlich durch zufällige und weise Beobachtung der Zeichen am Weg. Alle diese Protagonisten werden notabene zunächst eingesperrt, weil sie für Diebe und Betrüger genommen werden, und später unterschiedlich rehabilitiert. Insbesondere meint es das Schicksal von Zadig und Abner nicht gut mit ihnen, so dass Zadig treffend erkennt, *«comme il est dangereux quelquefois d'être trop savant»*.[477]
>
> Dieses Motivs hat sich übrigens später auch Umberto Eco am Beginn seines Romans «Der Name der Rose» bedient; William von Baskerville (dessen Name übrigens eine klare Affinität zeigt zum «Hund von Baskerville», dem dritten Roman mit Sherlock Holmes von Arthur Conan Doyle) hat die Spuren im Schnee und an

---

472 Van Andel, S. 631 ff.

473 Van Andel, S. 636.

474 Van Andel, S. 632.

475 Van Andel, S. 638.

476 Voltaire, S. 295–299.

477 Voltaire, S. 299. «wie es manchmal gefährlich ist, allzu weise zu sein.» Indem sie Protagonisten aus dem alten Orient auftreten lassen, haben Voltaire und Hauff die Möglichkeit, sowohl diese Art des weisen Denkens darzulegen als auch gleichzeitig Missstände bei den Obrigkeiten im eigenen Land aufzuzeigen, ohne Namen zu nennen.

den Bäumen gelesen und weist dem Cellerar des Klosters den Weg, den das entlaufene Pferd des Abtes genommen hat.[478]

Diese Geschichten und Zitate deuten in eine gänzlich unterschiedliche, nämlich ungerichtete Art des Denkens, das manchen akademischen Wissenschaftlern auch heute noch nicht geheuer und sogar gefährlich vorkommt und häufig als «unwissenschaftlich» abgewertet wird.

Eine Tendenz zu dieser Art des Denkens ist hingegen in neuerer Zeit in verschiedenen, oft nicht direkt psychologischen, aber affinen Disziplinen festzustellen, etwa bei Julmis Circumplexmodell des Atmosphärischen[479] oder Pfisters[480] Betrachtungen zum Atmosphärischen und zur Phase Null bei Raumplanungen. Von explizit psychologischer Seite gesellt sich Julius Kuhl mit seinem Kreis dazu, der in seiner PSI-Theorie ein System von vier interagierenden psychischen Funktionsbereichen entwickelt hat, deren einer – und zwar der wichtigste, mit einer integrierenden Funktion verbundene – eine extensive, parallel-synchrone Art von Gedächtnis darstellt, das die Co-Autorin das «Intuitive Denken» nennt[481,482]. Martens/Kuhl stützen sich dabei auf eine Vielzahl von neuen und neusten medizinischen, neurowissenschaftlichen und psychologischen Erkenntnissen.

Damit kann gezeigt werden, dass das oft gerühmte «Bauchgefühl» mehr als nur ein Gefühl ist, nämlich ein eigenes zweites Denksystem, das unbewusst, aber hochintegrierend arbeitet und in Bruchteilen von Sekunden alle möglichen im Gehirn gespeicherten Inhalte wie Wissen, Erfahrung, Emotionen usw. zu einer ganzheitlichen Erkenntnis zusammenfügen kann – dies wird dann im Idealfall als Geistesblitz oder Eingebung oder ***Intuition*** empfunden. Kuhl nennt dieses System denn auch das ***Selbst***.[483]

Interessanterweise lassen sich diese neuen theoretischen Gesichtspunkte von Kuhl und seinem Kreis mehr oder weniger direkt über die veraltet geglaubten neurowissenschaftlichen Theorien für die Schriftpsychologie von Pophal aus den 1940er[484] Jahren stülpen und perfekt modifizieren für die Anwendung. So haben auch die Schriftpsychologen unverhofft etwas Ungesuchtes gefunden.

478 Eco, S. 19 ff.

479 Julmi, S. 2 ff.

480 Pfister, Site Memory, S. 67ff.

481 Martens/Kuhl, S. 17 ff.

482 Nauer, System of Thought, S. 239 ff.

483 Martens/Kuhl, S. 18.

484 Pophal, Gehirnschrift, S. 15 ff.

c) Dynamische Modelle: Verschränkung von Psychologie und Schriftpsychologie

Die Quintessenz des Systems von vier interagierenden psychischen Funktionsbereichen gemäss PSI-Theorie lässt sich – stark verkürzt und vereinfacht – etwa wie folgt beschreiben[485]:

- **System des positiven Affekts: A+**

  Eine positive Stimmung ermöglicht erst das Anpacken und einen guten aktiven Handlungsimpuls.

- **System des reduzierten positiven Affekts: A(+)**

  Der (Über-)Mut muss wieder reduziert werden, wenn es um vernünftige strategische und zielorientierte Planung geht.

- **System des negativen Affekts: A-**

  Selbstkontrolle und damit ein gewisses Mass an Stress braucht es, um genau zu arbeiten, Hintergründen auf die Spur zu kommen und eine detaillierte, perfekte Umsetzung zu garantieren.

- **System des reduzierten negativen Affekts: A (-)**

  Stressreduziertes und angstfreies Arbeiten ist unabdingbar für das Finden kreativer Lösungen und das Erkennen der grösseren Zusammenhänge, für das freie Fliessenlassen von Assoziationen, Ideen und sensiblen Wahrnehmungen.

485 STORCH/KUHL, S. 15 ff.

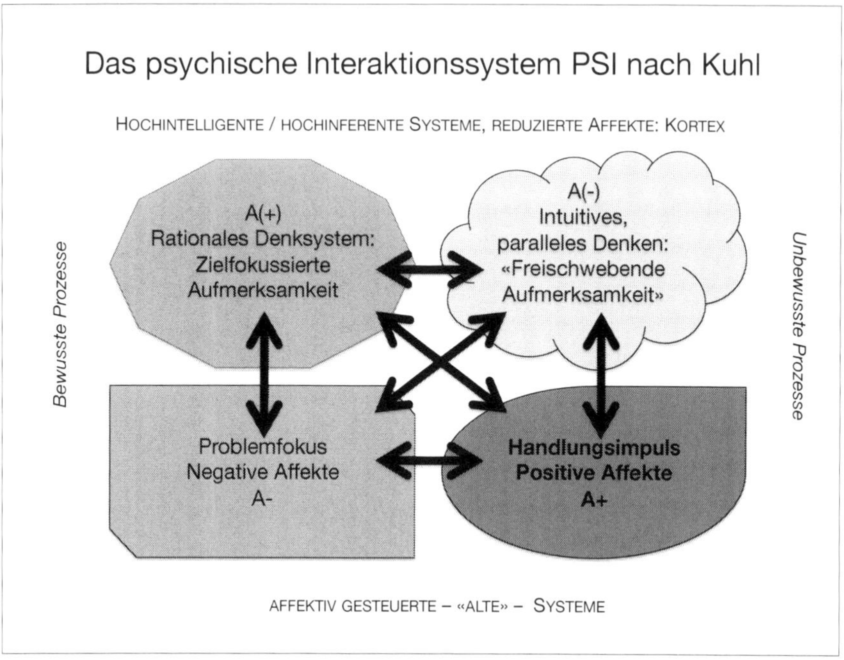

Abbildung 7: Das psychische Interaktionssystem PSI nach Kuhl

Entscheidend für eine gut funktionierende Psyche ist, dass keines der Systeme allzu sehr oder allzu lange die Oberhand gewinnt, sondern die Person in allen vier Systemen oszillieren und je nach Situation den Modus wechseln kann. Somit kann dieses Modell als ein dynamisches begriffen werden, und damit rückt es auch wieder in die Nähe der Psychoanalyse.

In der Handschrift lässt sich der Ausdruck der Fokussierung auf die verschiedenen Funktionsbereiche sowie vor allem auch deren Dynamik nachvollziehen. Für die Praxis lassen sich sehr handliche Funktionstypen beschreiben[486]. Die Wissenschaft wiederum kann sich ebenfalls darauf berufen und auf neue Art neue Untersuchungen konzipieren, die der Dynamik der menschlichen Psyche gerecht werden.

[486] KUHL/SCHEFFER/MIKOLEIT/STREHLAU, S. 60 ff.; NAUER, System of Thought, S. 260 ff.

V. Exemplarische Fälle aus der Praxis

A. Judikatur

1. Allgemeine Gesichtspunkte

In der Judikatur geht es – soweit ersichtlich – mit Ausnahme weniger Randerwähnungen von Persönlichkeitsgutachten immer um Schriftexpertisen, und zwar wird dabei ebenso ausnahmslos von «graphologischen Gutachten» gesprochen, ob es sich nun um vom Gericht angeordnete oder um Parteigutachten im vorgerichtlichen Feld handelt. Eher als Ausnahme ist das Bundesgerichtsurteil 5C.153/2005 zu sehen, in dem die Rede ist von einer gerichtlichen Expertise, die allenfalls für einen Handschriftvergleich angeordnet würde.

Es ist weiter nicht verwunderlich, dass es keine Gerichtsurteile betreffend Persönlichkeitsgutachten gibt: Ein solches stellt lediglich eine persönliche Meinung des Experten dar (was auch von den Betroffenen so empfunden werden dürfte) und ist als solche nicht anfechtbar, es sei denn, der Graphologe könne sich nicht über genügendes Wissen ausweisen.

Bezüglich eines wünschenswerten entsprechenden Berufsschutzes (den es mit Ausnahme des Fachtitels SBAP für Schriftpsychologie für den Graphologen bis heute nicht gibt) und die Ahndung einer unsachgemässen graphologischen Beurteilung meint Wolf um 1950:

> Bezüglich des Strafgesetzbuches ist zu sagen, dass allein die Anwendung des den Betrug unter Strafe stellenden Art. 148[487] in Betracht fällt. Die übrigen Delikttatbestände des StrGB scheinen nicht in Frage zu kommen. Der Tatbestand des Betruges dürfte erfüllt sein, wenn jemand, ohne die primitivsten graphologischen Kenntnisse zu besitzen, sich fälschlicherweise als Graphologe ausgibt und gegen Entgelt Schriften beurteilt. Liegt ein solcher Fall vor, so geben zudem die Bestimmungen des Bundesgesetzes über den unlauteren Wettbewerb den seriösen Vertretern des graphologischen Berufsstandes die Möglichkeit, zivil- und strafrechtlich gegen den Unfug einzuschreiten.[488]

Etwas anderes wäre eine als Ehrverletzung aufzufassende offensichtlich diffamierende Ausdrucksweise, wozu jedoch nur persönlich und mündlich mitgeteilte Beispiele bekannt sind. Da schreibt etwa ein Gutachter: «Der Kandidat ist sein Geld

---

487 Heute geregelt in Art. 146 StGB.

488 WOLF, S. 29.

nicht wert.»[489] Dieser Kandidat wird sein Gutachten kaum je zu Gesicht bekommen haben.

Früher beklagten sich gelegentlich Kandidaten, sie hätten zwar Einsicht in ihr Gutachten verlangt, diese sei ihnen aber verweigert worden. Nach heutigem Datenschutzgesetz wäre das nicht mehr möglich; das wissen sowohl die Auftraggeberinnen als auch die Gutachter, und sie scheinen sich daran zu halten.

Anhand von einigen exemplarischen Fällen – vor allem bezüglich Schriftexpertisen – soll immerhin die Anwendung der verschiedenen Gutachtenformen und die entsprechende Gerichtspraxis aufgezeigt werden.

2. Das graphologische Gutachten zur Beurteilung von Persönlichkeitseigenschaften

Im Bundesgerichtsurteil 5P.444/2002 wird neben dem Begriff des graphologischen Gutachtens (als Handschriftenvergleich) dasselbe auch «Schriftgutachten zu Identifizierungszwecken» genannt und abgegrenzt von einem graphologischen Gutachten zur Beurteilung von Persönlichkeitseigenschaften, welches als solches unterstützend berücksichtigt wurde:

> Anders als Schriftgutachten zu Identifizierungszwecken werden graphologische Gutachten zur Beurteilung charakterlicher oder sonstiger Eigenschaften einer vom Gericht zu beurteilenden Person offenbar kaum oder nur mit Zurückhaltung verwendet (vgl. Wolf, Graphologie und Rechtsordnung, ZBJV 86/1950 S. 1 ff., S. 35[490]). In diesem Sinn hat das Kantonsgericht das Gutachten in freier Beweiswürdigung nur als Hilfsmittel zur Überprüfung des bereits aus anderen Beweismitteln gewonnenen Ergebnisses betrachtet. Auf Grund der zur Verfügung gestellten Schriften hat der Gutachter festgehalten, die Erblasserin habe an deutlichen Altersbeschwerden gelitten, die sich in einer reduzierten geistigen und körperlichen Leistungsfähigkeit sowie in einer verminderten persönlichen Flexibilität und Belastbarkeit geäussert hätten. Nach Auffassung des Gutachters dürften die Altersbeschwerden sich schon vor Ende 1994 gezeigt und bereits deutliche Formen angenommen haben, als das Testament erstellt wurde (E. 3b S. 20 des angefochtenen Urteils; Begutachtung, S. 13). Soweit der Beschwerdeführer aus dem Gutachten andere Schlüsse zieht, ohne auf die «Zusammenfassende Schlussfolgerung» einzugehen, auf die sich das Kantonsgericht gestützt hat, vermag er Willkür nicht aufzuzeigen (vgl. S. 14 der Beschwerdeschrift). Es kann deshalb nicht beanstandet werden, dass das Kantonsgericht sich durch die «Graphologische Begutachtung» in seiner Überzeugung bestärkt gesehen hat, die Erblasserin sei in ihren intellektuellen Funktionen so weit eingeschränkt gewesen,

489 Persönliche Mitteilung.

490 Wolf, S. 35.

dass sie die Folgen ihres Handelns nicht mehr genügend abzusehen vermocht habe (E. 3b S. 20).

Hier wird also die Verwendung einer persönlichen Handschriftanalyse ausdrücklich gewürdigt und anerkannt, indem «nicht beanstandet werden» kann, dass sich das Kantonsgericht auf die erwähnte «Graphologische Begutachtung» gestützt «in seiner Überzeugung bestärkt gesehen hat».

Untypisch ist hierbei allerdings, dass es sich offenbar um die Beurteilung einer Demenz handelt. Dies ist gerade nicht das Hauptgebiet des praktischen Graphologen, sondern entspricht einer fachlichen Schnittstelle: Grundsätzlich können und dürfen aus einer Handschrift ja keine medizinischen Diagnosen abgeleitet werden, auch wenn gewisse Zeichen in eine bestimmte Richtung weisen und jedenfalls im Sinne von Hinweisen aufgefasst werden dürfen.

Gerade bei der Beurteilung von Demenz sind aber in neuerer Zeit interessante unterstützende Instrumente entwickelt worden[491]; insofern nimmt dieses Krankheitsbild eine gewisse Sonderstellung ein. Diese Frage wird immer wieder auftauchen im Rahmen von Testamentsprüfungen und (*posthumen*) Beurteilungen von Verträgen.

3. Beurteilung einer Demenz

Da es hier um die Beurteilung einer Demenz sowie den Zeitpunkt ihres Auftretens geht, kann ein weiterer Fall aus der Praxis der Co-Autorin erwähnt werden. Wichtig ist dabei, dass heute ein graphologisches Instrument zur Verfügung steht, das auch *posthum* die – allerdings immer von medizinischer Seite zu stellende – Diagnose einer Demenz ***unterstützen*** kann.

Es handelt sich dabei um den von einer italienischen Forschergruppe entwickelten sogenannten *Writing Score*[492], einer relativ einfachen, aber recht zuverlässigen Skala zur Bestimmung einer Demenz. Anhand von Schriftproben über einen bestimmten Zeitraum hinweg können der Zeitpunkt des Auftretens oder der Verlauf und die allfällige Verschlechterung des Schriftbildes sichtbar werden.

Der *Writing Score* besteht aus zwei Skalen, welche das verbale und das lexikalische Können (Skala 1) sowie die räumliche Orientierung (Skala 2) auf einer Skala von 5 Punkten bestimmen; das Maximum besteht demnach in der Summe von 10 Punkten, der kritische Wert liegt bei einer Summe von ≤5.

---

491 NÜRNBERGER, S. 1 ff.

492 NÜRNBERGER, S. 1–13.

Fallbeispiel mit Demenzdiagnose des Arztes von 2009:

Aus der Zeit zwischen 2006 und 2011 liegen keine Schriftproben vor. Die Skala zeigt deutlich normale Werte bis 2006 sowie den Abfall der geistigen Fähigkeiten in den Schriftproben ab 2011. Dazwischen (2009) liegt die Demenzdiagnose des Arztes.

Dok.		Skala 1	Skala 2	Total	Kritischer Wert
V1	***19.7.2004***	4.5	4.5	9	
V2	***15.11.2004***	4	4	8	
A1	***29.11.2004***	5	4	9	
A2	***29.11.2006***	5	2.5	7.5	
V3	***6.12.2006***	4	4	8	
A3a	***12.12.2006***	5	2.5	7.5	
V4	**12.12.2006**	5	4	**9**	**≥5**
V5-1	**18.02.2011**	4	1	**5**	**≤5**
Z1-2	***19.12.2011***	3	1	**4**	
X1	***15.01.2013***	2	1	**3**	
X2	***21.01.2013***	2.5	2	***4.5***	
X3	***07.04.2013***	2	1	***3***	
X4	***10.07.2013***	2	2	***4***	
X5	***23.08.2013***	2	1	***3***	
X6	***01.11.2013***	1	1	***2***	
Z3	***13.5.2014***	2	1	***3***	
Z2-1	***29.8.2014***	3	1	***4***	
Z2-2	***29.8.2014***	1	2	***3***	

Tabelle 3: Beispiel einer Schriftbewertung nach dem Writing Score

4. Das graphologische Gutachten als Schriftexpertise

Dies ist sozusagen der Normalfall in der Judikatur: Eine Unterschrift auf einem Vertrag oder ein Testament wird bezüglich seiner Echtheit bestritten; der Schriftexperte hat die Aufgabe zu zeigen, ob der Urheber der vorgelegten Vergleichsschriften identisch ist mit dem Urheber der strittigen Schriften.

Das Gutachten muss in jedem Fall begründet und auch für Laien im betreffenden Gebiet nachvollziehbar sein. Es hat deshalb die verwendeten faktischen und wissenschaftlichen Grundlagen sowie die Untersuchungsmethoden anzuführen, und es müssen sich alle Dokumente und Unterlagen, auf die sich der Gutachter stützt, bei den offiziellen Akten (StPO 100) befinden.[493]

Dieses Gutachten wird entweder bereits im Vorfeld als sogenanntes Parteigutachten (oder Privatgutachten[494]) im Auftrag des Klägers oder dessen Anwalt oder vom Gericht angeordnet. Dabei obliegt es grundsätzlich dem Ermessen des Richters, inwieweit er der Ausführung des Experten folgen will[495].

> Der Stellenwert eines sogenannten Privatgutachtens wird allerdings sehr kontrovers diskutiert, also eines Gutachtens, das von einer Partei eingeholt worden ist.[496] Dies vor allem wegen des formalen Einwands, dass der Privatgutachter nicht der Strafdrohung des falschen Gutachtens von Art. 307 StGB unterstehe, denn diese kann nur durch die Staatsanwaltschaft oder das Gericht ausgesprochen werden. Deshalb würden die Ergebnisse des Privatgutachtens auch nur als Bestandteil der Parteivorbringen gelten.[497]
>
> Ruckstuhl/Dittmann/Arnold monieren[498], dass dies im Bedarfsfall freilich sehr leicht nachzuholen sei, indem ein Privatgutachter als Zeuge einvernommen und damit dieser Strafdrohung unterworfen werde. Im übrigen sei es ohnehin möglich, einen Gutachter für jede vertretene Meinung zu finden, da Wissenschaft nichts Statisches sei.

Von einem Parteigutachten muss immerhin Kenntnis genommen werden, sofern dieses eingereicht oder beigezogen wird.[499]

---

493 Schmid, S. 407, mit Anmerkungen.

494 6B_539/2008.

495 6B_280/2009 sowie folgender Absatz.

496 Ruckstuhl/Dittmann/Arnold, S. 173.

497 Ruckstuhl/Dittmann/Arnold, S. 173, mit Hinweis auf BGer 6B_48/2009, E. 4.2 und BGE 127 I 73 E. s f/bb.

498 Ruckstuhl/Dittmann/Arnold, S. 173.

499 Donatsch/Demarmels, S. 129.

5. Das graphologische Gutachten als «Gegenexpertise»[500]

Häufig geht es in Bundesgerichtsurteilen darum, dass ein zweites Gutachten im Sinne einer «Gegen-» oder Zweitexpertise erstellt oder verlangt wird, meist von der einen Partei, die mit der Aussage einer bereits vorliegenden Expertise nicht einverstanden ist.

Allerdings darf der Richter «nicht ohne triftige Gründe von der Einschätzung des gerichtlichen Sachverständigen abweichen».[501]

Von einem Parteigutachten muss Kenntnis genommen werden, sofern dieses eingereicht oder beigezogen wird.[502] Ein Parteigutachten wird immerhin als geeignet bezeichnet, «die Erstellung eines (zusätzlichen) Gerichtsgutachtens zu rechtfertigen oder darzulegen, dass das Gerichtsgutachten mangelhaft oder nicht schlüssig sei»[503].

Dabei kommen laut Bundesgerichtsurteil 6B_539/2008 folgende Grundsätze zur Anwendung, wie sie formuliert wurden im Fall eines Gesuches um Wiederaufnahme des Verfahrens:[504]

> 1.1 Nach Art. 385 StGB haben die Kantone gegenüber Urteilen, die auf Grund des schweizerischen Strafgesetzbuchs oder eines andern Bundesgesetzes ergangen sind, wegen erheblicher Tatsachen oder Beweismittel, die dem Gericht zur Zeit des früheren Verfahrens nicht bekannt waren, die Wiederaufnahme des Verfahrens zu Gunsten des Verurteilten zu gestatten. Unter dem Titel ‹Revision› bestimmt § 157 lit. a der Verordnung vom 28. August 1974 über den Strafprozess im Kanton Schwyz (Strafprozessordnung; StPO/SZ; SR SZ 233.110): Ein rechtskräftig erledigtes Strafverfahren kann jederzeit wieder aufgenommen werden, wenn Tatsachen oder Beweise vorliegen, die der entscheidenden Behörde zur Zeit des früheren Verfahrens nicht bekannt waren und die allein oder in Verbindung mit einer früher festgestellten Tatsache geeignet sind, einen Freispruch, eine mildere Beurteilung oder eine Verurteilung herbeizuführen. Nach § 157d Abs. 1 Satz 1 StPO/SZ (‹Verfahren im Allgemeinen›) ordnet der Präsident die zur Prüfung des Gesuches erforderlichen Erhebungen und Beweisaufnahmen an, sofern sich das Gesuch nicht zum vornherein als unbegründet erweist.

---

500 Der allgemein gebräuchliche Begriff wird in gerichtlichen Urteilen nicht angetroffen und deshalb in Anführungszeichen gesetzt.

501 Ruckstuhl/Dittmann/Arnold, S. 173, mit Hinweis auf BGE 130 I 337 E. 5.4.2; 128 I 81. E. 2.

502 Donatsch/Demarmels, S. 129.

503 Ruckstuhl/Dittmann/Arnold, S. 173, mit Hinweis auf BGer 6B_48/2009, E. 4.2. und weiteren Hinweisen.

504 6B_539/2008.

1.2 Nach ständiger Rechtsprechung des Bundesgerichts ist ein Verfahren nur wieder aufzunehmen, wenn die neu angerufenen Tatsachen oder Beweismittel erheblich sind (**BGE 122 IV 66** E. 2). Neu sind Tatsachen oder Beweismittel, die im ursprünglichen Verfahren überhaupt nicht zur Beurteilung vorlagen (vgl. **BGE 116 IV 353** E. 3a). Erheblich sind neue Tatsachen oder Beweismittel, wenn sie geeignet sind, die Beweisgrundlage des früheren Urteils so zu erschüttern, dass aufgrund des veränderten Sachverhaltes ein wesentlich milderes Urteil möglich ist (**BGE 117 IV 40** E. 2a).

1.3 Ein neues Gutachten kann Anlass zur Wiederaufnahme geben, wenn es neue Tatsachen nachweist oder darzutun vermag, dass die tatsächlichen Annahmen im früheren Urteil ungenau oder falsch waren. Dabei kann es sich auch um ein Privatgutachten handeln. Ein neues Gutachten bildet somit noch keinen Revisionsgrund, soweit es lediglich eine vom früheren Gutachten abweichende Meinung vertritt. Es muss vielmehr mit überlegenen Gründen abweichen und klare Fehler des früheren Gutachtens aufzeigen, die geeignet sind, die Beweisgrundlage des Urteils zu erschüttern (BGE 101 IV 247 E. 2; Bundesgerichtsurteile 6P.93/2004 vom 15. November 2004 E. 4 und 6S.452/2004 vom 1. Oktober 2005 E. 2.2; Stephan Gass, Basler Kommentar Strafrecht II, 2. Aufl., Basel 2007, Art. 385 N 81.; Marianne Heer, Basler Kommentar Strafrecht I, 2. Aufl., Basel 2007, Art. 65 N 73 ff.; Hans Walder, Die Wiederaufnahme des Verfahrens in Strafsachen nach Art. 397 StGB, insbesondere auf Grund eines neuen Gutachtens, in: Berner Festgabe zum Schweizerischen Juristentag 1979, Bern 1979, S. 356).

Ebenso lautet das Bundesgerichtsurteil 6B_280/2009:

Die Feststellung des Sachverhalts kann nur gerügt werden, wenn sie offensichtlich unrichtig ist oder auf einer Rechtsverletzung im Sinne von Art. 95 BGG beruht und wenn die Behebung des Mangels für den Ausgang des Verfahrens entscheidend sein kann (Art. 97 Abs. 1 BGG, vgl. auch Art. 105 Abs. 2 BGG). Offensichtlich unrichtig im Sinne von Art. 97 Abs. 1 BGG ist die Sachverhaltsfeststellung, wenn sie willkürlich ist (BGE 134 IV 36 E. 1.4.1).

Dabei liegt es im Ermessen der richterlichen Instanz, ob sie die neuen Beweismittel als erheblich betrachtet (6B_280/2009):

Gutachten unterliegen, wie jedes andere Beweismittel, der freien richterlichen Beweiswürdigung. In Fachfragen darf das Gericht nicht ohne triftige Gründe vom Gutachten abweichen. Umgekehrt kann das Abstellen auf nicht schlüssige Gutachten gegen das Verbot der willkürlichen Beweiswürdigung (Art. 9 BV) verstossen. Dies ist namentlich der Fall, wenn gewichtige, zuverlässig begründete Tatsachen oder Indizien die Überzeugungskraft des Gutachtens ernstlich erschüttern (BGE 133 II 384 E. 4.2.3; 129 I 49 E. 4).

Wichtig für die Praxis ist die Feststellung, dass es sich bei einer Zweitexpertise durchaus auch um ein Privatgutachten handeln darf.

Sofern das Gericht allerdings zur Auffassung gelangt, ein Sachverständigengutachten sei für die Belange des Strafverfahrens tauglich, besteht kein Rechtsanspruch der Parteien auf Erstellung eines weiteres Gutachtens nach den Normen gem. Art. 182 ff. StPO.[505]

6. Die Anfechtung eines Schiedsurteils

Wird das Urteil von einem Schiedsgericht gefällt, kann es nicht angefochten werden. Um dieses Hindernis zu umgehen, hat eine Partei A jedoch eine neue Klage erhoben. Ursprünglich hatten sich die Parteien geeinigt, die Sache durch ein unabhängiges Schiedsgericht entscheiden zu lassen:

> Partei A hatte Partei B vorgeworfen, einen unterschriebenen Vertrag, in welchem es um einen hohen achtstelligen Betrag ging, nicht eingehalten zu haben. Die Schriftexpertin kam zum Schluss, dass Partei B den Vertrag «mit höchster Wahrscheinlichkeit» nicht unterschrieben habe. Der Schiedsrichter befand die Expertise für schlüssig, *lege artis* ausgeführt und übereinstimmend mit weiteren Ergebnissen aus anderen Quellen: es lagen eine zweite, unabhängig und fachmännisch ausgeführte Expertise vor sowie weitere Indizien, die alle klar dagegen sprachen, dass Partei B die Unterschriften geleistet haben konnte – was Partei A nicht gefiel.
>
> Nachdem diese Partei A unmittelbar nach zeitgleicher Auslieferung der Expertise an beide Parteien der Schriftexpertin von unbekanntem Absender Geld überwiesen hatte (was diese umgehend zurückgehen liess), eröffnete Partei A erneut Klage, diesmal beim Strafgericht, und beschuldigte Partei B sowie die Schriftexpertin wegen falschen Gutachtens, Prozessbetrug und aktiver rep. passiver Bestechung. Die Begründung wurde vornehmlich dadurch «belegt», dass verschiedene frühere Expertisen das Gegenteil bewiesen hätten – ungeachtet der Tatsache, dass beide aktuellen Schriftexperten diese früheren Expertisen als nicht zutreffend überbegutachtet hatten[506].
>
> Die Staatsanwaltschaft beschloss, aufgrund der klaren Beweislage nicht auf diese Klage einzutreten und stellte die Strafuntersuchung ein; gegen diesen Beschluss erhob Partei A Beschwerde. Das Obergericht befand jedoch, der Staatsanwalt habe korrekt gearbeitet und richtig entschieden und wies die Beschwerde ab.
>
> Nun zog Partei A bis vor Bundesgericht: Dieses bestätigte indessen gem. 6B_448/2017 den Entscheid des Obergerichts und bestätigte, dass auf allen Stufen korrekt vorgegangen und schlüssig geurteilt worden sei. Die Beschwerde wurde erneut abgewiesen. Somit kam es nicht zum Prozess.

---

505 DONATSCH/DEMARMELS, S. 132.

506 Vgl. dazu die Ausführungen in Kap. V.D.3. (Begutachtungen).

7. Vorliegen von zwei voneinander abweichenden graphologischen Expertisen

Liegen zwei inhaltlich stark unterschiedliche Gutachten mit gegenteiligen Schlussfolgerungen vor, kann eine zusätzliche Begutachtung eingeholt werden durch Beizug von weiteren Sachverständigen.

Laut Art. StPO 189 kann ein bestehendes Gutachten durch die gleiche sachverständige Person ergänzt oder verbessert oder es können weitere Sachverständige bestimmt werden, wenn

a. das Gutachten unvollständig oder unklar ist;
b. mehrere Sachverständige in ihren Ergebnissen erheblich voneinander abweichen;
c. Zweifel an der Richtigkeit des Gutachtens bestehen.

Das Gericht entscheidet in freiem Ermessen und nach dem Prinzip der freien Beweiswürdigung, in Ausübung pflichtgemässen Ermessens, ob die Feststellungen und Schlussfolgerungen einer kritischen Würdigung standhalten. Verneint es diese Frage, so muss entweder das bestehende Gutachten ergänzt oder ein weiteres Gutachten eingeholt werden.[507] Dabei können der oder die ursprünglichen Sachverständigen oder ein oder mehrere neu bestellte Sachverständige die Ergänzung oder Verbesserung vornehmen.[508]

> Ein bisher unauffälliger Rentner A., der mit seiner Frau in eher ländlicher Umgebung wohnt, wird aus heiterem Himmel beschuldigt, unter falschem Absender ein diskriminierendes Schreiben an einen Empfänger C. verschickt zu haben.[509] Die Absenderadresse ist diejenige eines Nachbarn B., mit dem sich seit einiger Zeit verschiedene Streitigkeiten ergeben haben. Dieser Nachbar ist in der Lage, zwei von A. geschriebene Postkarten als Vergleichsschriften beizubringen, auf denen einzelne auffallend ähnliche Buchstabenformationen zu denen des strittigen Schreiben vorkommen: Also behauptet Nachbar B. auf dem Polizeiposten, nicht er, sondern Rentner A. habe den strittigen Brief verfasst.
>
> Auf dem Polizeiposten sichtet eine Beamtin das Papier und kommt in einem als «Kriminaltechnischer Untersuch – Schriftvergleich» betitelten (später als «Voruntersuchung» bezeichneten) Bericht zum Schluss, Rentner A. habe tatsächlich das Schreiben verfasst.
>
> Weiter wird eine offizielle Fachstelle mit einer Expertise beauftragt; sie erstellt einen Bericht mit dem Titel «Gutachten – Handschriftuntersuchung» und bestätigt, dass «die Resultate ***ausserordentlich stark für die Annahme sprechen***,

507 DONATSCH/DEMARMELS, S. 132.
508 RUCKSTUHL/DITTMANN/ARNOLD, S. 425 ff.
509 Aus der Praxis der Co-Autorin.

dass A. die fragliche Schrift ***verfasst habe***.» Der Angeklagte A., der zeitlebens ein äusserst gewissenhafter, diskreter und gewissenhafter Mensch war und sich nichts hatte zuschulden kommen lassen, ist erschüttert. Sein Anwalt lässt eine (private) Zweitexpertise verfassen[510], die zum Schluss kommt, «dass Herr A. das rassistische Schreiben mit ***sehr hoher Wahrscheinlichkeit***[511] ***nicht verfasst hat***». Somit stehen sich zwei Expertenmeinungen diametral gegenüber.

Ausserdem werden in Expertise 2 weiteres Schriftmaterial zugezogen, neue Befunde dargelegt und in einem separaten Teil klar aufgezeigt, worin die Mängel bei Expertise 1 bestehen. Somit wurde auch die Expertise 1 bereits einer Begutachtung unterzogen.

Die Staatsanwältin fordert nun den Experten 1 auf,

1. das Gutachten 2 zu beurteilen;
2. zu überprüfen, ob das Gutachten 2 seine eigene Schlussfolgerung im Gutachten 1 ändere;
3. weitere sachdienliche Ergänzungen oder Bemerkungen anzubringen.

Der Anwalt des Beschuldigten übt Kritik an diesem Vorgehen:

Der Begriff «***Voruntersuchung***» impliziere eine ***provisorische Untersuchung*** ohne gültiges Resultat. Trotzdem werde in der Schlussfolgerung klar die Annahme der Hypothese 1 (Schrifturheberidentität) formuliert und A. somit der Urheberschaft beschuldigt.

1. Diese «Voruntersuchung» sei von einer Person ausgeführt worden, die keine genügende Fachkundigkeit in der Beurteilung von Handschriften vorzuweisen habe; obwohl sie den Bericht als Voruntersuchung tituliere, nehme er einen bestimmten Platz ein in der Beurteilungsreihe und erhalte unangemessenes Gewicht.
2. Dadurch, dass dieser Bericht dem Experten 1 vorgelegt werde, finde bereits eine Beeinflussung statt.[512]
3. Im Falle von zwei völlig entgegensetzten Beurteilungen sei nicht zu erwarten, dass Experte 1 seinen Bericht massgeblich ergänze oder verändere,

---

510 Das Bundesgericht ist traditionell sehr kritisch zum Beweiswert von Privatgutachten (Schmid, S. 409, Anm. 378), allerdings wird in 6B_539/2008 explizit erwähnt, dass es sich bei einer Gegenexpertise durchaus auch um ein Privatgutachten handeln darf.

511 Gemäss Köller/Nissen/Riess/Sadorf, S. 14, wird dieser Wahrscheinlichkeitsgrad folgendermassen definiert: «Die uneingeschränkt erhobene, diskutierte und als wertstark bewertete Gesamtbefundkonstellation ist mit der Hypothese in nahezu jeglicher Hinsicht widerspruchsfrei vereinbar. Nicht konkordante, keinesfalls relevante Befunde sind jedoch methodisch erklärbar. Diese verbale Wahrscheinlichkeits-Einstufung entspricht einer Wahrscheinlichkeit zwischen 1 und 0.5, jedoch nahe unterhalb der Stufe ‹mit an Sicherheit grenzender Wahrscheinlichkeit›.»

512 Donatsch/Demarmels, S. 128.

umso mehr, da er ja auf die Folgen einer willkürlichen oder absichtlich falschen Beurteilung hingewiesen worden war[513].

4. Er sei insbesondere nicht befugt, die Expertise 2 zu begutachten.

Tatsächlich entsteht hier die paradoxe Situation, dass Experte 1 beauftragt wird, eine Begutachtung von Expertise 2 vorzunehmen, nachdem Expertin 2 bereits eine Begutachtung von Expertise 1 ausgefertigt hat.

Das Argument, Expertin 2 sei nicht vom Gericht auf die Folgen einer willkürlichen oder absichtlich falschen Beurteilung hingewiesen worden, kann entkräftet werden: Der Hinweis auf die Wahrheitspflicht stellt für die Verwertung des Gutachtens zwar ein Gültigkeitserfordernis dar[514]. Der Mangel einer unterbliebenen Belehrung kann aber geheilt werden, wenn diese nachgeholt wird und die sachverständige Person durch schriftliche Bestätigung die nachträgliche Belehrung bestätigt und zugleich am erstellten Gutachten festhält.[515]

Das Bundesgericht ist traditionell kritisch zum Beweiswert von Privatgutachten[516], allerdings wird in 6B_539/2008 explizit erwähnt, dass es sich bei einer Gegenexpertise durchaus auch um ein Privatgutachten handeln darf. Es muss von einem Parteigutachten Kenntnis genommen werden, sofern dieses eingereicht oder beigezogen wird.[517]

Der Ausgang dieses Verfahrens ist nicht bekannt.

8. Begutachtung[518] eines graphologischen Gutachtens für ein Kirchengericht[519]

Es handelt sich bei diesem Fall um eine Mischform zwischen graphologischem Persönlichkeitsgutachten und Expertise. Der Hintergrund zu dieser Geschichte, die ausführlich unter V.D.2. abgehandelt wird, ist folgender:

Eine Frau wünscht, ihre erste Ehe annullieren zu lassen, da sie sich neu und zwar kirchlich verheiraten möchte. Es geht in diesem Fall darum, ob (neben anderen

513 Donatsch/Demarmels, S. 128.

514 Donatsch/Demarmels, S. 128, mit Anmerkungen.

515 Donatsch/Demarmels, S. 128 f.

516 Schmid, S. 409, Anm. 378.

517 Donatsch/Demarmels, S. 129.

518 Solche Gutachten werden oft fälschlicherweise als Obergutachten bezeichnet, ein Begriff, den die StPO nicht kennt (Schmid, S. 409). Deshalb wird in dieser Arbeit der Begriff Begutachtung verwendet.

519 Vgl. auch die ausführliche Fallbeschreibung in Kap. V.D.2.

Klagegründen) folgender Ehenichtigkeitsgrund nach katholischem Kirchenrecht vorliege:

> Can. 1095 – Unfähig, eine Ehe zu schliessen, sind jene:[…] [2° CIC] die [sc. zur Zeit der Eheschliessung] an einem schweren Mangel des Urteilsvermögens leiden hinsichtlich der wesentlichen ehelichen Rechte und Pflichten, die gegenseitig zu übertragen und zu übernehmen sind.

Um die mangelnde Reife des Mannes bei der Heirat zu beweisen, hatte die Antragstellerin graphologische Gutachten vorgelegt, welche ihre Mutter vor der Heirat hatte machen lassen. Aus dem Gutachten zur Schrift des Mannes ging hervor, dass der Graphologe den Mann als nicht reif für die Ehe bewertete. Für das Gericht war die Frage wichtig, welchen Beweiswert diese graphologischen Gutachten haben konnten, um den Richtern zur geforderten «moralischen Gewissheit» [= Fehlen eines vernünftigen Zweifels] über die Reife oder Unreife des Mannes zur Eheschliessung zu verhelfen. Die Begutachtung sollte den Richtern helfen, den Beweiswert der graphologischen Gutachten einschätzen zu können.

4.1.1 Schwerer Mangel im Urteilsvermögen (can. 1095, 2° CIC)[520]

> Weder aus der Antragsschrift noch aus der gerichtlichen Anhörung der Antragstellerin noch aus den Aussagen der Zeugen ergeben sich irgendwelche Anhaltspunkte, die auf einen schweren Mangel des Urteilsvermögens oder auf einen Mangel an innerer Freiheit auf Seiten des Mannes auch nur hindeuten würden. Es spricht auch niemand von Bedenken auf seiner Seite vor der Heirat. Der Bruder der Antragstellerin sagte ausdrücklich: «Von Bedenken oder Zweifeln habe ich weder von ihm noch von ihr gehört» (111-24). Nach ihm war es den Brautleuten nur «nicht ganz wohl» wegen der negativen Reaktionen aus der Verwandtschaft der Antragstellerin (111-27). Deren Mutter weiss nicht, wie der Mann auf diese Ablehnung reagiert hat (96-27).
>
> Als einzige Grundlage für die Prüfung eines Mangels im Urteilsvermögen käme das graphologische Gutachten in Betracht, das mit dem Satz endet: «[U]nd ehereif ist er schon gar nicht» (29).
>
> Dieses Gutachten ist auf Bestellung der Mutter der Antragstellerin angefertigt worden. Wie die Mutter bei der Anhörung sagte, hat sie die graphologischen Gutachten anfertigen lassen in der Hoffnung, dass sich das Paar durch deren Resultat davon überzeugen lasse, nicht zu heiraten (96-26a).
>
> Das vorgelegte graphologische Gutachten von 1970 und der damit verbundene «Partnervergleich» des Graphologen kommen jedenfalls im Hinblick auf den Mann nicht als sichere Beweismittel in Betracht. Zweifel an diesem Beweismittel konnten durch die Begutachtung nicht ausgeräumt werden oder haben sich teilweise verstärkt. Folgende Punkte sind bedeutsam:

[520] Auszug aus dem Urteil des kirchlichen Gerichtes in der Ehesache E-T in 1. Instanz.

- (1) Die Qualität des Gutachtens kann letztlich nicht zuverlässig überprüft werden. Die Schriftunterlagen liegen nicht vor, auf denen das Gutachten fusst.
- (2) Es spricht einiges dafür und ist jedenfalls nicht auszuschliessen, dass der Mann, als er den Text schrieb, der von der Mutter der Antragstellerin als Schriftprobe eingereicht wurde, «schreibungeübt» war, jedenfalls im Deutschen, hatte er doch, wie die Antragstellerin angab, nur 6 Jahre Volksschule im Ausland absolviert, war erst 2 Jahre in der Schweiz und sprach schlecht Deutsch und war, wie im Ehedokument vermerkt ist, Hilfsarbeiter. Für den Fall, dass er «schreibungewandt» war, sagt die Überbegutachtung: «In diesem Fall stünde natürlich das ganze Gutachten in Frage (Vorbehalt 3)» (158).
- (3) Es ist nicht sicher, dass der Gutachter vorurteilsfrei war. Der Duktus, in dem das graphologische Gutachten über den Mann geschrieben ist, legt eher eine tendenziöse Beurteilung nahe, entsprechend der Intention der Mutter, die Tochter von der Heirat mit diesem Mann abzubringen. Es spricht einiges dafür, dass der Graphologe sich vom «Anmutungscharakter», welche die Schrift des Mannes mit sich brachte, beeinflussen liess und diese Beeinflussung nicht oder nicht genügend neutralisierte. Auch die Begutachterin, die dem Graphologen sehr positiv begegnet, schreibt dazu: «Aufgrund der vorliegenden Gutachten entsteht freilich der Eindruck, dass diese Arbeit zumindest ein Stück weit auf der Strecke geblieben ist» (157).
- (4) Auf diesem Hintergrund gewinnt auch die Tatsache Gewicht, dass die Analyse – wie anzunehmen ist – ohne das Wissen und das Einverständnis des Mannes gemacht wurde, auch wenn 1970 teilweise noch andere Massstäbe galten. Die Begutachtung sagt dazu: «In diesem Licht erscheint es immerhin grundsätzlich bedenkenswert, ob unter fragwürdigen Umständen erstellte Dokumente zur Beantwortung von Fragen im Rahmen eines kirchengerichtlichen Verfahrens hinzugezogen werden sollen» (156).
- (5) Die Plädoyers der Begutachterin für den Gutachter (vgl. z. B. ihr Verweis auf den Grundsatz «in dubio pro reo», 156) sind in diesem Zusammenhang ohne Bedeutung, weil es nicht darum geht, die Arbeit des Graphologen nicht ohne vernünftigen Grund in Zweifel zu ziehen, sondern darum, dass der Richter die positive moralische Überzeugung gewinnen muss, diese graphologischen Gutachten seien verlässlich, oder – mit anderen Worten – dass er die vernünftigen Zweifel an der Verlässlichkeit positiv überwindet.

Es kommt hinzu, dass – im Gegensatz zum graphologischen Gutachten, das vom Mann einen sehr negativen Charakter zeigt – die Zeugen, die ihn persönlich gekannt haben, positiver von ihm sprechen. Die Mutter der Antragstellerin etwa sagte über ihn: «Für mich ist er ein typischer Südländer. Er hat sich recht wichtig genommen. Bei uns zu Hause war er stets anständig und hat sich auch normal benommen» (93-8). Und auf eine Nachfrage des Richters ergänzte sie: «Gewalttätig oder brutal habe ich ihn nie direkt wahrgenommen» (ebd.). Der Bruder der Antragstellerin sagte: «G. habe ich nie zornig oder ausfallend erlebt. Für mich war er ein angenehmer Mann, der gerne gut gekleidet war und ein schönes Auto fuhr. Er ging auch normal zur Arbeit» (108-8). «Ich hatte immer das Gefühl, dass er ehrlich war [...] Er ist ein Südländer mit intaktem Selbstwertgefühl, der zu

> Hause den Ton angeben wollte» (108-9). Dem Eindruck dieser Zeugen gebührt gegenüber dem Gutachten der Vorrang.
>
> Das Gericht konnte auch nicht ganz ausser Acht lassen, dass die Prognose des graphologischen Gutachtens zum zukünftigen Verhalten der aufgerufenen Partei durch die Tatsache widerlegt wird, dass Herr T. [....] seit vielen Jahren wieder verheiratet ist und die Beziehung zu seiner zweiten Frau offenbar bis heute harmonisch ist.

Es ist daher nicht erwiesen, dass der Mann bei der Heirat an einem schweren Mangel im Urteilsvermögen im Hinblick auf die wesentlichen ehelichen Rechte und Pflichten, die gegenseitig zu übertragen und zu übernehmen sind, gelitten hätte.

9. Die Frage nach der Erstellung eines Täterprofils

Es stellt sich in vielen Fällen die Frage nach der Möglichkeit, aufgrund einer Handschrift ein Charakterprofil zu erstellen, um Hinweise zu erhalten auf spezifische Eigenheiten einer möglichen Täterperson.

Wolf stellt dazu noch um 1950 fest, dass es oft hilfreich wäre, etwa eine Unehrlichkeit festzustellen oder Behörden zu warnen vor einer Gefahr und dann den Graphologen zu entbinden von seiner – dazumal lediglich moralischen und noch nicht gesetzlichen – Geheimhaltungspflicht. Er moniert, dass sich etwa gegenüber Personen, die im öffentlichen Leben eine Rolle spielen, «das schutzwürdige Interesse an Geheimhaltung der Privatsphäre auf ein Minimum» reduzieren könne.[521]

Nach demselben Prinzip und in bester Absicht möchte er die Behörden oder Institutionen warnen können,

> ...wenn eine deren Aufsicht unterstehende Person Eigenschaften aufweist, die eine ernsthafte Gefahr für Untergebene oder Mitangestellte bedeuten. Nehmen wir an, das Verhalten eines Lehrers, eines Anstaltsleiters, von Spitalpersonal und dergleichen gebe Anlass zu einer derartigen Klage, und es könne durch ein graphologisches Gutachten festgestellt werden, dass beispielsweise in krasser Fall von Sadismus oder einer sonstigen Perversion vorliege, so erscheint die Weitergabe eines solchen Gutachtens an ein Aufsichtsorgan als rechtlich zulässig. Überhaupt lässt sich sagen: Wo immer eine Warnung nach zivilrechtlichen Grundsätzen als statthaft erscheint, stellt die Verwendung eines graphologisches Gutachtens zu diesem Zwecke keinen unbefugten Eingriff in die persönlichen Verhältnisse des davon Betroffenen dar.[522]

---

521 WOLF, S. 9.

522 WOLF, S. 9.

Das Bundesgerichtsurteil 5P.444/2002 stellt allerdings, unter Berufung auf dieselbe Quelle, fest:

> Anders als Schriftgutachten zu Identifizierungszwecken werden graphologische Gutachten zur Beurteilung charakterlicher oder sonstiger Eigenschaften einer vom Gericht zu beurteilenden Person offenbar kaum oder nur mit Zurückhaltung verwendet (vgl. Wolf, Graphologie und Rechtsordnung, ZBJV 86/1950 S. 1 ff., S. 35).

Es ist zu vermuten, dass die allgemeine Ablehnung dieser Möglichkeit einerseits weitgehend auf immer noch verbreiteten Vorurteilen gegenüber der Graphologie unter den deutschsprachigen Schriftsachverständigen beruht, andererseits auf der tatsächlichen Schwierigkeit resp. Unmöglichkeit, «verbrecherische Tendenzen» oder Charakterzüge wie Sadismus oder Perversion sowie ganz allgemein konkrete Verhaltensweisen aus einer Handschrift zu ersehen[523].

Auch im Fall von sexuell abweichendem Verhalten oder krankhaften Veränderungen ist dies sowohl von der Sache her[524] als schon deshalb nicht möglich, weil medizinische und psychiatrische Diagnosen nur von einem Arzt gestellt werden dürfen.[525]

Wie unter IV.A.7. bereits erwähnt, schrieben zwar verschiedene renommierte Autoren – aus gegebenem Anlass, da sie dazu befragt wurden – über Verbrecherhandschriften und die Zeichen, an denen «Trieb und Verbrechen» sollen erkannt werden können; dazu gehören etwa Pulver und vor allem Roda Wieser, die sich explizit zu Betrügern, Dieben, Einbrechern und Sexualverbrechern äusserte. Dies entsprach der damaligen Psychologie, die im «Charakter» nicht nur einen Aspekt der Persönlichkeit, sondern ihr Kernstück erblickte.[526] Der Charakter ist nicht unveränderlich, aber «eine relative Konstante»[527] und definiert als die Instanz, welche die Reaktionen zwischen Persönlichkeit und Umwelt regelt. Ein grosses Augenmerk wurde dabei immer wieder auf Unaufrichtigkeitsmerkmale in der Handschrift gelegt. Gleichzeitig warnt Pulver aber: «So scharf man aber bei der ***Feststellung*** von Unaufrichtigkeitsmerkmalen verfahren muss, so behutsam und abwägend soll man in ihrer ***Bewertung*** sein. Wir konstatieren,

523 Vgl. dazu die Ausführungen zum Kap. III.A.3. (Was die Graphologie nicht kann).

524 Vgl. dazu die Ausführungen zum Kap. III.A.3. (Was die Graphologie nicht kann).

525 Geforscht wird auf diesem Gebiet vornehmlich in Spanien (an der Universitat Autónoma Barcelona wird ein Master in Grafopatología y Grafología Forense angeboten) und in Italien (vgl. BALESTRINO/FONTANA/TERZUOLI/VOLPE/INGLESE/COCITO, S. 1252 ff. und FONTNA/(DAGNINO/ COCITO/ BALESTRINO, S. 257 ff. sowie CIGME).

526 PULVER, Trieb, S. 2 ff.

527 PULVER, Trieb, S. 7.

um zu verstehen, nicht um zu Gericht zu sitzen; Wirklichkeitserkenntnis ist unser Ziel.»[528]

Heute sind sich die Experten einig, dass «verbrecherische Eigenschaften» nicht diagnostiziert werden können und dürfen, sondern dass diese Phänomene allenfalls *ex post* festgestellt werden können. Abgesehen davon würde sich ein Graphologe mit solchen «diagnostisch» gemeinten Aussagen unmittelbar in die Nähe einer Persönlichkeitsverletzung begeben resp. eine solche begehen.

Da die Schriftpsychologie in jüngerer Zeit beachtliche wissenschaftliche Fortschritte gemacht hat, wäre es die Sache indessen wert, in – wenn auch anders und neu betonter – kriminalistischer Richtung zu forschen und eine Anwendung im guten und ethischen Sinne zu prüfen: Eine psychodynamische Persönlichkeitsbeschreibung könnte wohl in manchen Fällen konstruktiv und ergänzend weiterhelfen, sowohl bei der Suche nach einem Täter als auch zum besseren Verständnis seiner Persönlichkeit und Motivation und in der Folge zu seiner Wiedereingliederung in normale Arbeitsprozesse und Lebenssituationen.

10. Missachtung des Berufsgeheimnisses

Wolf erwähnt einen Fall, dessen gerichtlicher Ausgang allerdings nicht berichtet wird[529]:

> Ein Ehemann im Alter von 30 Jahren; Vater von zwei Kindern, kam während einer längeren Abwesenheit seiner Frau zu einem intimen Verhältnis mit einem Mädchen, das er schon seit Jahren kannte. Infolge der stark ausgeprägten moralischen Seite seines Charakters geriet er in einen schweren seelischen Konflikt. Er ging nun zur Beratung zu einem Graphologen, dem er Briefe von allen dreien übergab. Dieser Graphologe scheint dann zur Überzeugung gelangt zu sein, dass die Scheidung das Beste wäre. Ohne die vorherige Zustimmung seines Klienten einzuholen, der übrigens gar keine Scheidung wollte, übergab er der Ehefrau kompromittierende Briefe des Mädchens, um sie in den Besitz von Material für einen Scheidungsprozess zu bringen.

Der Graphologe handelt mehrfach unprofessionell: Erstens beurteilt er Schriften von Personen, die dies weder wissen noch wollen, und zweitens gibt er entgegen der Bindung ans Berufsgeheimnis Material preis, das ihm nicht einmal gehört. Drittens mischt er sich aktiv und ungefragt ein in die persönlichen Verhältnisse seines Klienten – bei jedem seriösen Berufsverband würde heute dieses Verhalten streng gerügt und bei fehlender Einsicht zu einem Ausschluss führen. Der

528 Pulver, Symbolik, S. 275.

529 Wolf, S. 33.

Ehemann wäre auch berechtigt, eine persönliche (und im Falle einer Scheidung eventuell materielle) Verletzung einzuklagen.

11. Fälschung eines Vertrages[530]

In einer grossen Versicherungsgesellschaft bestreitet ein Versicherungsnehmer, dass er auf einem Zusatzvertrag zu einer bestehenden Versicherung die vorgezeigte Unterschrift geleistet habe, sie sehe ja auch überhaupt nicht so aus wie die seinige, und er habe nicht eingewilligt zu dieser Leistung.

Der Abteilungsleiter kann aufgrund der Umstände keine andere Möglichkeit erkennen, als dass der zuständige Kundenberater, der den Kunden jeweils persönlich besucht hatte, die Unterschrift gefälscht habe, obwohl er eine solche Tat absolut nicht mit dem ihm gut bekannten und als sehr fähig eingeschätzten Berater in Einklang bringen kann, umso mehr, als sich daraus ein lächerlich kleiner Vorteil von einem einmaligen kleinen zweistelligen Betrag für den Berater ergeben würde. Der erfahrene und im übrigen sehr zuverlässige Kundenberater bestreitet, diese Unterschrift angebracht zu haben. Der Abteilungsleiter beschliesst, die Unterschrift überprüfen zu lassen und vorerst kein Verfahren einzuleiten.

Die Expertise ergibt «mit an Sicherheit grenzender Wahrscheinlichkeit», dass der Kundenberater die fragliche Unterschrift nicht geleistet haben könne. Es handle sich dabei vielmehr um eine plumpe, unbeholfene Fälschung.

Diese Schlussfolgerung vermag den Kundenberater umfänglich zu entlasten; zusätzlich werden die damaligen Umstände genauer abgeklärt: Es stellt sich heraus, dass der Vertrag per Kurier offenbar in Abwesenheit des Kunden zugestellt worden war, und somit ergeben sich auch die beiden Möglichkeiten, dass entweder auf Empfängerseite eine Person (z.B. eine Hausangestellte) unterschrieben haben konnte, die dem Kunden einen vermeintlichen Dienst erweisen wollte, oder dass der Kurier einen zweiten Gang vermeiden wollte.

Der Kundenberater wird damit jedenfalls vollumfänglich entlastet, auf weitere Abklärungen wird verzichtet und der Fall ohne Verfahren *ad acta* gelegt.

---

530 Aus der Praxis der Co-Autorin.

B. Graphologische Gutachten in der Praxis[531]

1. Das graphologische Gutachten / die Handschriftanalyse

a) Der Kunde wünscht eine ausführliche Version

In einer ausführlichen Version kann der Graphologe auf spezielle Themen und Fragstellungen oder auf zusätzliche Punkte im Anforderungsprofil eingehen und diese gesondert abhandeln.

Im vorliegenden Fall wünschte der Kunde, der die Funktion eines Personalvorgesetzten innehatte, zusätzlich zu einer Einschätzung in den üblichen Kompetenzbereichen, insbesondere auch Aufschlüsse über die Bereiche Teamverhalten / Lenkungsverhalten / Durchsetzungsverhalten / Ausdrucksverhalten; er hatte sich im übrigen an Assessment-Resultaten zu orientieren, die eben diese Dimensionen beschrieben, und er wünschte einen direkten Vergleich machen zu können zwischen den beiden Instrumenten Assessment und Handschriftanalyse.

Wie unter Kap. III.A.1. und III.A.2. beschrieben, können zwar aufgrund der Handschrift ganz konkrete Verhaltensweisen kaum beschrieben werden, doch lassen sich allgemeine Gesichtspunkte und Dispositionen zu einem bestimmen Verhalten durchaus aufzeichnen.

Schriftpsychologische Analyse für Herrn A.
Kandidat für Führungsposition
Auftraggeberin: ABC AG

Intellektuelle Kompetenz

Herr A. verfügt über eine gute und rasche Auffassungsgabe; er erfasst die vorhandenen Tatsachen mit klar unterscheidender Deutlichkeit, konkret und anschaulich, mit zweckmässiger Einschätzung des Einzelnen innerhalb des Gesamtzusammenhangs. Er erfasst auch die Details, die er genau und objektiv darstellen kann.

Gleichzeitig kann er ein Problem begrifflich abstrahierend analysieren und prägnant auf den Punkt bringen. Er denkt rational und logisch, möglichst sachlich, kühl und nüchtern überlegend und stets aufs Zweckmässige bezogen. Auch die theoretischen Hintergründe dürften ihren Platz haben in seiner Gedankenwelt, die insgesamt stark von logischen Gesetzmässigkeiten und auch formalen Gegebenheiten geprägt sein dürfte – dies gibt ihm gleichzeitig einen gewissen Rahmen und somit eine Art Sicherheit innerhalb seines Bewegungsspielraums,

[531] Sämtliche Fallbeispiele entstammen der Praxis der Co-Autorin.

innerhalb dessen er sich recht gewandt, aber auch bewusst und besonnen und sehr geordnet bewegt.

Er geht durchaus mit einer gewissen Skepsis an die Dinge heran, beurteilt sie mit Bestimmtheit und findet konstruktive, eigenständige und realistische Lösungen. Er handelt sinnvoll geplant und disponiert gut sowohl bezüglich der anfallenden Aufgaben als auch seiner eigenen Kräfte.

Etwas schwieriger dürfte es für ihn werden, wenn Überlegungen und Entscheidungen gefragt sind, bei denen emotionale und persönliche Komponenten sehr wichtig sind.

Handlungskompetenz

Herr A. zeigt viel Schwung und aktive Tatkraft: Er ist grundsätzlich gut anspannbar, ist bereit und fähig, sich aktiv einzusetzen und auch Schwieriges anzupacken. Er forciert seinen Einsatz falls nötig ohne Probleme, er ist nicht so leicht ermüdbar, da er gute Reserven hat und sich rasch regenerieren kann. Er ist in der Lage, sich an verschiedene Anforderungen und Situationen anzupassen, und er ist gewillt, zielstrebig durchzuhalten.

Dank seiner Beharrlichkeit und Ausdauer sollte ihm dies auch weitgehend gelingen: Er zeigt sich stabil und unablenkbar, hält sich konsequent an (seine eigenen oder vorgegebenen) Prinzipien. Es zeigt sich aber im Hintergrund eine gewisse Scheu vor den möglichen Konsequenzen seines konkreten Handelns, was ihn punktuell etwas hemmen dürfte im zielgerichteten Zu-Ende-Kommen mit einer Aufgabe und ihn manchmal fast etwas zu vorsichtig agieren lässt.

Diese Tendenz scheint er auszugleichen durch tendenziell erst recht aktives Vorwärtsgehen, was dann einen gewissen Widerspruch konstelliert, der von aussen (und möglicherweise auch von ihm selber) vielleicht nicht immer ganz verstanden wird. Denn grundsätzlich fühlt er sich – oder fühlt sich dazu verpflichtet von seinem Anspruch her, was dann für ihn subjektiv dasselbe ist – der Umwelt und den auf ihn zukommenden Anforderungen gewachsen, und er ist es ja vom Beruflich-Fachlichen her tatsächlich auch. Von der persönlich-emotionalen Seite her liegt darauf zwar sehr grosse Wichtigkeit, aber er scheint eher den Eindruck zu haben, mit seinem Tun nicht allzu vieles bewirken zu können – worin sich ebenfalls der angesprochene Widerspruch spiegelt.

Persönliche Kompetenz

Herr A. gibt diesen selbstreflektorischen Überlegungen wohl nicht allzu viel Raum, sondern tut lieber etwas, denn er fühlt sich gut, wenn etwas oder er selbst in Bewegung ist, und dies gilt sowohl im konkreten als auch im übertragenen, also auch intellektuell-beruflichen Sinn. Dabei kommt ihm zugute, dass er eine wirklich robuste, belastbare Seite hat, auch dies sowohl quantitativ als qualitativ: Trotz einer grundsätzlich vorhandenen Sensibilität lässt er nicht so vieles an sich herankommen, er zeigt auch möglichst nicht so viel von sich, sondern versteckt sich lieber ein bisschen hinter fachlich-sachlich-technischen Inhalten, so dass das Emotionale wenig zum Vorschein kommt.

Deshalb wirkt er kräftig und recht einheitlich, denn das Prinzipielle durchdringt gewissermassen auch das Persönliche. Von seiner allgemeinen Aktivität und Intensität her kann er trotzdem in gewissen Momenten durchaus heftig oder hitzig und ungestüm erscheinen, wobei die «Explosivkraft» sowohl in sportlichen als auch in beruflichen Belangen natürlich viele Vorteile mit sich bringen kann, um so mehr, als sie bei ihm doch immer gut und sinnvoll kontrolliert bleibt. Auch hier sollte er jedoch darauf achten, ob es nicht Moment gibt, wo er noch direkter aufs Ziel hin steuern könnte. Denn im persönlichen Bereich kann es sein, dass sich der vorerwähnte innere Widerspruch in – an sich unnötigen – verkappten resignativen Tendenzen bemerkbar macht.

Eine Schwierigkeit könnte darin liegen, dass er durch diese Haltung manchmal gewisse Feinheiten nicht wahrnimmt (z.B. eben die zuletzt erwähnte Tendenz), seien diese nun in ihm selbst oder bei anderen vorhanden. So kann er möglicherweise etwas wenig einfühlsam oder sehr individualistisch wirken auf andere, was nicht immer gut ankommt. Könnte er vermehrt auf solche Zeichen achten (bzw. sich zu erlauben, darauf zu achten), könnte er vor allem persönlich und im Umgang allgemein davon profitieren.

Soziale Kompetenz

Herr A. reagiert imgrunde sehr unmittelbar und unkompliziert auf alles, was passiert. Er ist stark auf die Umgebung bezogen, gibt sich weitgehend freimütig und sehr direkt, was möglicherweise nicht immer gut ankommt und gelegentlich als etwas derb oder ungeniert empfunden werden dürfte. Er möchte sich nicht beeinflussen lassen und kann seine Ansicht hartnäckig verteidigen.

Er achtet allerdings auf genügende innere Distanz – er kann Innen und Aussen gut trennen – weshalb er dann eben gewisse Feinheiten (siehe oben) nicht so differenziert wahrnimmt. Freilich hat er sich im Umgang einen verbindlichen Schliff zugelegt, er wirkt zunächst ausgeglichen und distanziert gleichmütig, er kommt auch persönlich in diesem Sinn niemandem zu nahe. Er bemüht sich auch, diplomatisch Konflikte zu vermeiden, er lässt wie erwähnt die anderen nicht zu nahe an sich heran, denn auch hier kommt die beschriebene heimliche Scheu vor möglichen Konsequenzen seines Handelns hie und da ein bisschen zum Zug. So zeigen sich auch in diesem Bereich die beiden gegensätzlichen Tendenzen, wobei nicht so genau beschrieben werden kann, wann sich eher die eine und wann die andere bemerkbar macht.

Teamverhalten

Herr A. wird sich weit mehr vom bewussten Verhalten als von seinen Emotionen her in ein Team einfügen, wobei er auch hier auf Grenzen stossen dürfte, da jenes möglicherweise als allzu distanziert und rechthaberisch empfunden wird. Er wird sich vor allem über die Sachebene auf die Anliegen anderer einlassen, sich von daher allerdings intensiv engagieren, da er sich mit Aufgaben und Funktionen stark identifizieren kann. Ob sich die anderen durchwegs respektiert fühlen, scheint auf dieser Ebene fraglich.

Seine Präsenz hingegen dürfte gleichmässig intensiv sein, sein Einsatz desgleichen, mit oben beschriebener, Herrn A. selbst vielleicht nicht bewusster Einschränkung.

Herr A. kann resp. könnte imgrunde auch feinere Signale wahrnehmen, doch geht er häufig nicht darauf ein; er bewegt sich wie gesagt lieber auf Sachebene. Den Problemen dürfte er allerdings auf den Grund gehen und sowohl die Details als auch den Gesamtzusammenhang genügend berücksichtigen, doch gilt es darauf zu achten, dass hierzu manchmal eben schon auch emotionale Komponenten mit zu berücksichtigen sind.

Der Informationsfluss dürfte ausgewogen und rational ablaufen, aufs Vernünftige und Zweckmässige bezogen. Konflikte haben fast immer auch persönliche Komponenten, darum gilt das bereits oben Gesagte.

Lenkungsverhalten

Herr A. hat vermutlich klare, bestimmte und sachlich-realistische Zielvorstellungen, die er auch durchsetzen und durchziehen möchte. Er lässt sich nicht gern beeinflussen, sondern hat lieber selber das letzte Wort, wobei ihm gute Arbeit wichtig ist: Er definiert sich selbst stark über das, was er tut. Auch hier gilt allerdings wieder das oben Gesagte, dass gewisse hemmende Tendenzen gelegentlich zum Zug kommen können.

Herr A. hat einen Blick für das Wesentliche und Zweckmässige, und er wird diese Gesichtspunkte konstruktiv einbringen. Er kann Gelegenheiten wahrnehmen und nutzen sowie das Vorgehen sinnvoll und praktisch planen. Das Einverständnis wird er vor allem über sachlich-rationale Überlegungen einholen können, aber auch über seine Unnachgiebigkeit. Es ist dann vor allem sein eigener Standpunkt, dem sein Gegenüber entweder folgen oder dem es sich widersetzen kann oder muss, je nach Temperament und Situation...

Verantwortung dürfte nach sinnvollen Gesichtspunkten verteilt werden, die Umsetzung soweit speditiv verlaufen, Entscheidungen gewissenhaft und realistisch überprüft werden.

Durchsetzungsverhalten

Herr A. scheut sich nicht, seinen klaren Standpunkt ebenso klar und deutlich kundzutun, gelegentlich wohl auch mit scharfer Kritik, wobei allerdings vor allem sachlich-rationale Überlegungen im Vordergrund stehen und das Emotional-Persönliche im Hintergrund bleiben dürften. Seine Argumente sind geprägt von praktischen, realistischen und zweckmässigen Gesichtspunkten und darum von der Sache her überzeugend. Er dürfte beweglich genug sein, um in der gegebenen Situation angemessen zu kontern, wobei das Gegenüber (und auch dessen Einwände) eventuell nicht in allen Nuancen wahrgenommen wird. Dies wird wettgemacht durch umso mehr Beharrlichkeit und Hartnäckigkeit. So ist es fraglich, ob das Resultat in jedem Fall auf breite Akzeptanz stösst – falls ja, am ehesten durch sachlich gerechtfertigte Gründe.

Ausdrucksverhalten

Herr A. kann sich sehr klar und deutlich ausdrücken, wobei sein Gegenüber eventuell spürt, dass alles vor allem sachlich und wenig emotional begründet ist, was dann vielleicht etwas trocken wirken kann. Wenn er seine Begeisterung für eine Sache ebenfalls mitteilen kann, hat er einiges gewonnen.

Allgemeine Beurteilung/Empfehlung

Herr A. identifiziert sich stark über seine Funktionen und sein Funktionieren. Seine intensive Präsenz wird spürbar im Engagement, das auch mit Begeisterung verbunden ist. Es ergibt sich daraus eine gute und konstante Leistungsfähigkeit.

Dennoch handelt er alles möglichst sachlich ab, was zwar in seinem Fach weitgehend angemessen ist, jedoch nicht jeder Sache oder Person gerecht wird. Könnte er seine sensible Seite noch mehr integrieren, könnten sowohl er selber als auch seine Umgebung gewinnen.

Das Diagramm aufgrund des Persönlichkeitsprofils

Dieses Diagramm visualisiert auf den ersten Blick die Ausprägung der wichtigsten Persönlichkeitsdimensionen und ihr Verhältnis zueinander und illustriert damit gleichsam die Manifestation der im Text beschriebenen psychischen Dynamik.

Der tiefste Wert findet sich bei der emotionalen Offenheit, was die beschriebene mögliche Problematik visuell widerspiegelt.

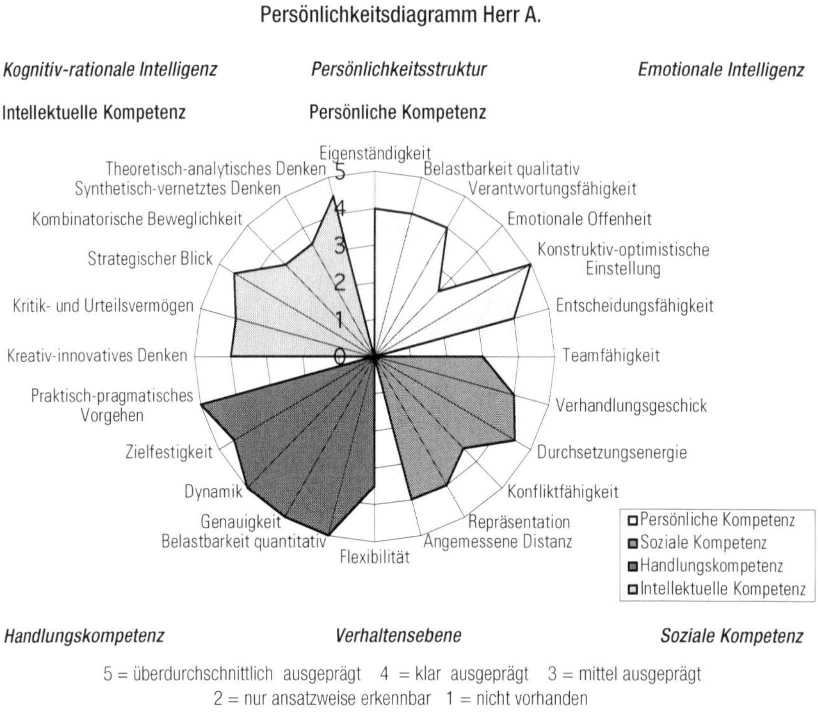

Abbildung 8: Persönlichkeitsdiagramm für Herrn A.

b) Der Kunde wünscht eine Version von mittlerer Ausführlichkeit

In einer Version von guter, mittlerer Ausführlichkeit kann der Graphologe ebenfalls auf spezielle Themen und Fragstellungen oder auf zusätzliche Punkte im Anforderungsprofil eingehen und diese etwas konziser abhandeln.

Schriftpsychologische Analyse für Herrn B.

Vorgesehene Position: Leiter Bereich C / Mitglied der Geschäftsleitung

Auftraggeberin: XY + Co. AG

Intellektuelle Kompetenz

Herr B. verfügt über eine sensible Reagibilität und damit verbunden eine rasche und gute Aufnahmefähigkeit. Er geht jeweils sehr selbstverständlich von der aktuellen Situation aus, ist in dieser auch sehr präsent und urteilt mit natürlicher Deutlichkeit und Zweckmässigkeit – er beweist eine praktische Klugheit und einen klaren Blick, was es ihm ermöglicht, unmittelbare Einsicht in eine Sachlage sowie guten Überblick über die Gegebenheiten zu gewinnen und gleichzeitig einen sinnvollen inneren Abstand dazu zu wahren.

Er geht durchaus logisch und besonnen vor, mit gesundem Menschenverstand eben, und handelt umsichtig und mit sinnvoller Planung. Er lässt das Formal-Theoretische nicht ausser acht, aber es hat nicht erste Priorität: In erster Linie geht es ihm um die Zweckmässigkeit und die Integration seiner Ideen, die er assoziativ generiert und geschickt implementiert. Er sieht das Wesentliche und die Relationen, findet konstruktive, sachliche Lösungen und handelt demnach insgesamt vernünftig.

Er denkt beweglich, ist vielseitig interessiert und talentiert, es scheint ihm alles leicht von der Hand zu laufen – deshalb tut er gut daran, die Projekte jeweils noch einmal auf ihre Machbarkeit hin zu überprüfen.

Handlungskompetenz

Herr B. bringt viel Begeisterung und Bewegungsfreude mit. Er unternimmt gern etwas, braucht lebhafte Aktivität und Abwechslung, es gefällt ihm, wenn etwas läuft, und er kann sich leicht auf beliebige Situationen und veränderte Umstände einstellen.

Er fühlt sich den auf ihn zukommenden Anforderung gewachsen und dürfte es auch sein, da er sich geschickt anpassen, eine Aufgabe zielorientiert zu Ende führen und ohne weiteres durchhalten kann. Er teilt seine Energie gut und ökonomisch ein, verausgabt sich also nicht so leicht und hat immer noch Reserven, auf die er zugreifen kann.

So kann mit einer zielsicheren Bewältigung des anfallenden Pensums gerechnet werden. Möglicherweise wirkt Herr B. etwas gar betriebsam: Er scheint sich kaum Pausen zu gönnen und ist immer dran, doch scheint dies ihm und seiner Funktionslust zu entsprechen und nicht einem inneren Leistungsdruck zu entspringen. Er möchte zwar durchaus einen guten Eindruck machen und gibt sich diesbezüglich Mühe, wird allenfalls auch organisatorische Hilfsmittel einzusetzen, wenn diese zweckdienlich sind.

Persönliche Kompetenz

Herr B. ist eine unkomplizierte, recht gefestigte Persönlichkeit, mit guter Einfühlung und Fingerspitzengefühl begabt; er verfügt gleichzeitig über eine angemessene Sensibilität und genügende psychische Robustheit, was ihm beides ein gutes natürliches Selbstvertrauen vermittelt.

Er wirkt sehr lebhaft, gefühlsmässig offen und einheitlich; er reagiert rasch und direkt auf alles, was auf ihn zukommt, er identifiziert sich auch rasch mit manchem. Das heisst auch, dass er Impulse aufnehmen kann und aufnimmt – und das ist eine wichtige Komponente, um sich weiterzuentwickeln. Und er möchte dies auch tatsächlich, um nicht stillzustehen im Leben.

Das heisst auch, dass (noch) nicht alles so ist, wie er es gerne hätte. Einer gewissen sich daraus ergebenden Unzufriedenheit und Empfindlichkeit steht eine Art gefühlsmässiger Grosszügigkeit gegenüber, die manches ausgleichen kann. Er tut jedenfalls gut daran, sich persönlich auf seine ganz eigene Richtung zu besinnen, was ihm noch vermehrte Stabilität vermitteln kann.

Soziale Kompetenz

Herr B. ist auch im zwischenmenschlichen Umgang locker und unkompliziert. Er ist stark auf die Umwelt bezogen und auch gut in diese integriert, er möchte auch den Kontakt nicht verlieren, er reagiert unmittelbar und geht aus sich heraus: Er äussert sich leicht und gern, er hat sich eine Art verbindlichen Schliff zugelegt, macht sich dabei aber keine unnötigen Sorgen um äussere Förmlichkeiten, was wohl etwas Erfrischendes hat.

Er ist eher unauffällig in seinem Auftreten, auch in diesem Bereich einfach in der Situation präsent, einfach «da», gelassen und von einer Art lebhaften Ausgeglichenheit. Auf diplomatische Art vermeidet er unnötige Konflikte, doch kann er sich je nach Situation auch einmal forsch geben.

Führungskompetenz

Herr B. identifiziert sich stark mit seiner Aufgabe und Tätigkeit, es ist ihm sehr wichtig tätig zu sein, und er kommt im Handeln und Urteilen sehr vom praktischen alltäglichen Leben her und weniger von der Theorie. Auf diese Art kann er wohl seine Mitarbeiter unmittelbar und direkt erreichen.

Allgemeine Beurteilung/Empfehlung

Herr B. macht von der Schrift her eher den Eindruck des Praktikers, der erlebnisgebunden denkt und handelt, als den eines strategisch denkenden und weitsichtig planenden Managers; er weiss aber, wovon er spricht, er ist vielseitig geschickt und sehr anpassungsfähig – und muss hier vielleicht aufpassen, dass er seine eigene Linie genügend einhält.

Das Diagramm

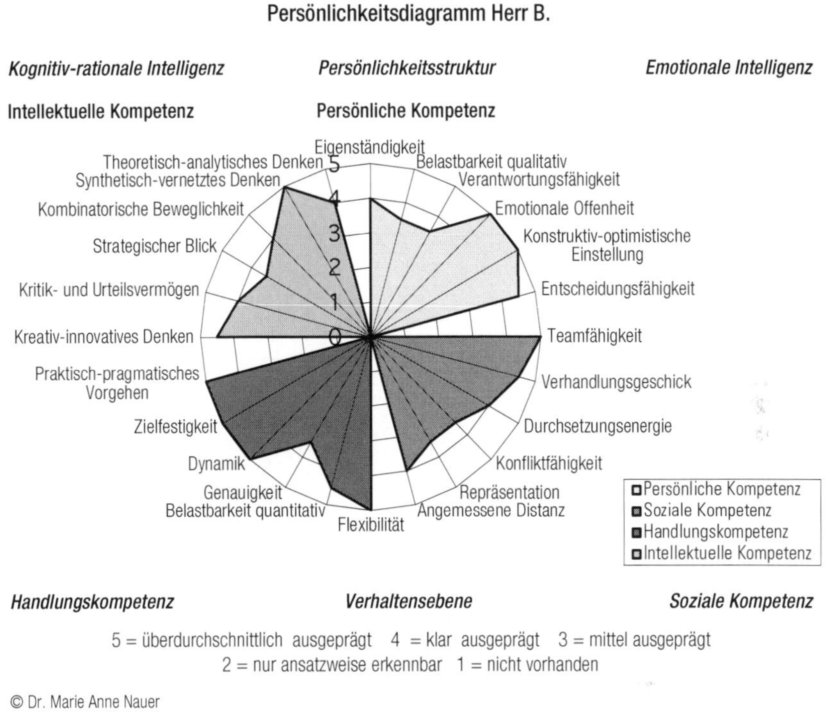

Abbildung 9: Persönlichkeitsdiagramm *für Herrn B.*

Das Diagramm zeigt Werte unter 4 bei den wichtigen Dimensionen

Strategischer Blick / Genauigkeit / Qualitative (= psychische) Belastbarkeit / Verantwortungsfähigkeit / Konfliktfähigkeit / Repräsentation.

Dies weist hin auf die Bereiche der hier als Standortbestimmung zu verwendenden Analyse, in denen der Kandidaten an seiner Entwicklung arbeiten sollte. Wie dies geschehen kann, muss in einem persönlichen Gespräch erarbeitet werden.

c) Der Kunde wünscht eine individuell auf seine Bedürfnisse abgestimmte, übersichtliche und kurze Mischform zwischen Test und Diagramm

Ein Personalverantwortlicher in einem Unternehmen von mittlerer Grösse muss sehr viele Berater für den Direktverkauf hinsichtlich ihrer Eignung prüfen, denn die Anforderungen an diese Tätigkeit sind sehr spezifisch, ziehen aber gleichzeitig sehr viele Bewerber an, die diese Anforderungen nicht erfüllen. Deshalb wünscht er sich ein einfaches, nicht zu teures und übersichtliches Instrument für die Auswahl.

Die zu berücksichtigenden Punkte im Anforderungsprofil wurden unternehmensbezogen eruiert und das neue Instrument gemeinsam mit der Graphologin entwickelt: Es enthält vier Bereiche mit je vier sofort erkennbaren Einschätzungsstufen sowie zu jedem Bereich einen kurz und knapp, manchmal nur stichwortartig formulierten Text sowie eine abschliessende fallspezifische Anmerkung.

ca) Graphologische Analyse – Profil für eingestellten Kandidaten im Direktverkauf

***Denken*:**

	schwach	mittel	gut	sehr gut
Erkennen von Zusammenhängen				
Organisation, zweckmässige Planung				
Klare, übersichtliche Strukturierung				
Kreativität/Innovation				

Sehr rasche und gute Auffassung, beweglich kombinierende Intelligenz. Denkt realistisch und aufs Naheliegende bezogen, verfügt über gute Umsicht, unkomplizierten Ordnungssinn und praktische Klarheit, ohne sich besonders darum zu bemühen. Vielseitig interessiert, mit gutem Sinn fürs Material begabt; findet konstruktive und eigenständige Lösungen.

***Arbeit*:**

	schwach	mittel	gut	sehr gut
Ist genau, gründlich				
Selbstdisziplin				

	schwach	mittel	gut	sehr gut
Ist quantitativ belastbar				
Handelt flexibel, zweckmässig				

Hat viel Funktions- und Unternehmenslust, kann sich begeistern, muss sich bewegen können: braucht Abwechslung und Unabhängigkeit (fühlt sich wohl rasch einmal eingeengt). Einsatz nicht immer ganz gleichmässig, aber intensiv und zielverbunden. Sehr präsent, rasch entschlossen, sehr beweglich, sehr anpassungsfähig: eine Art Stehaufmännchen. Sehr betriebsam (kann an vielen Orten gleichzeitig sein...), muss darum etwas aufpassen auf Konzentration. Hat jedenfalls den Eindruck, mit seinem Tun auch etwas bewirken zu können.

***Persönlichkeit*:**

	schwach	mittel	gut	sehr gut
Eigeninitiative, Eigenmotivation				
Frustrationstoleranz				
Überzeugungskraft/ Abschlusswille				
Selbständigkeit				

Ausgesprochen lebhaft, vielleicht innerlich etwas unruhig bis sogar impulsiv, aber nach aussen recht ausgeglichen, mit sensibler Reagibilität und gutem Fingerspitzengefühl. Wirkt natürlich, gelöst, gut verwurzelt und bodenständig, auch wenn seine persönliche Richtung nicht so festgelegt ist. Kann sich an verschiedenen Positionen orientieren und identifizieren. Und wenn es nicht geht, auch wieder umorientieren.

***Kontakt*:**

	schwach	mittel	gut	sehr gut
Kontaktfreudigkeit, Extraversion				
Einnehmende Ausstrahlung				

	schwach	mittel	gut	sehr gut
Angemessener Umgang				
Einfühlung in Kunden				

Bewegt sich gewandt und diplomatisch, vermeidet Konflikte und Risiken, hat guten Sinn für das richtige Mass im Umgang. Wirkt frisch und zwanglos bis unbekümmert und sorglos, reagiert direkt und spontan, kann sich aber auch wieder zurücknehmen und bleibt doch vorsichtig. Kann Innen und Aussen recht gut trennen und sich der jeweiligen Situation gemäss verhalten.

***Weitere Bemerkungen*:**

Es stellt sich am ehesten die Frage, ob der Bewerber hier genügend Abwechslung hat, um länger zu bleiben?

cb) Graphologische Analyse – Profil für eine nicht eingestellte Kandidatin im Direktverkauf

***Denken*:**

	schwach	mittel	gut	sehr gut
Erkennen von Zusammenhängen				
Organisation, zweckmässige Planung				
Klare, übersichtliche Strukturierung				
Kreativität/Innovation				

Denkt realistisch und aufs Naheliegende bezogen, behält die Umsicht und handelt sinnvoll. Bezieht die Konsequenz eher aus Prinzipien denn aus logischer Überlegung, kann evt. Mühe haben, fremden Argumenten zu folgen.

***Arbeit*:**

	schwach	mittel	gut	sehr gut
Ist genau, gründlich				
Selbstdisziplin				

	schwach	mittel	gut	sehr gut
Ist quantitativ belastbar				
Handelt flexibel, zweckmässig				

Ist fleissig und genau auch im Detail, gewissenhaft und anstrengungsbereit, kann an Kleinigkeiten haften bleiben. Möchte aktiv sein, es fällt ihr aber manchmal schwer, vom Fleck zu kommen: Scheint sich stark absichern zu müssen, hat Furcht vor der eigenen Courage. Kann sich immerhin zu vielem zwingen... aber die flexible Anpassung dürfte eingeschränkt sein.

Persönlichkeit:

	schwach	mittel	gut	sehr gut
Eigeninitiative, Eigenmotivation				
Frustrationstoleranz				
Überzeugungskraft/ Abschlusswille				
Selbständigkeit				

Hat Ansprüche und möchte selbständig sein, findet aber den richtigen Absprung nicht recht; bleibt Altem und Gewohntem verhaftet, kommt auch hier innerlich nicht vom Fleck, was Entschlüsse erschwert. Manches wird verdeckt durch starke Selbstkontrolle zum Selbstschutz.

Kontakt:

	schwach	mittel	gut	sehr gut
Kontaktfreudigkeit, Extraversion				
Einnehmende Ausstrahlung				
Angemessener Umgang				
Einfühlung in Kunden				

Wirkt verhalten bis gehemmt, förmlich, exponiert sich nicht; gibt sich nach aussen aber verbindlich, diplomatisch und zuvorkommend, sie kann auch die Leute für sich gewinnen. Innerlich hält sie an ihren Prinzipien resp. ihrer Haltung fest und kann dadurch tendenziell auch mal forsch werden, kann gewonnenen Kontakt auch wieder verlieren.

Weitere Bemerkungen:
Hat imgrunde Angst vor der Umwelt und/oder den Menschen, lässt sich das zwar nicht anmerken, doch wirkt es sich trotzdem aus: Sie ist übermässig vorsichtig trotz der scheinbar dezidierten Haltung.

2. Das graphologische Gutachten im Rahmen eines Assessments

a) Allgemeine Gesichtspunkte

Innerhalb eines Assessments macht es Sinn, zusätzlich zu den üblicherweise verwendeten Instrumenten auch ein graphologisches Gutachten einzuholen: Dieses hat einen sehr objektiven Stellenwert, da es meist von einem externen neutralen Graphologen verfasst wird, welcher den Kandidaten gar nicht kennt. Er sieht also nur gerade seine Schrift und bringt deshalb diese je neue und einzigartige Perspektive ein – einzigartig deshalb, weil die Schriftpsychologie anders als die übrigen Instrumente auf einer tieferen Ebene operiert: Sie erfasst weniger das konkrete Verhalten, als vielmehr die ***dynamische und funktionale Struktur einer Persönlichkeit***, was eine optimale Ergänzung im ganzen Prozedere darstellt.

Stimmen alle Resultate (Interview, Tests, Fragebogen, Leistungsproben, graphologische Beurteilung etc.) überein, wird eine grosse Sicherheit in der Gesamtbeurteilung erreicht. Gibt es zwischen den verschiedenen Testresultaten Unstimmigkeiten, kann diesen nachgegangen und meist herausgefunden woran, woran sie liegen; häufig findet sich dann aufgrund der Resultate aus der Handschriftanalyse eine sinnvolle Erklärung, und nicht selten wird gerade dadurch der Kern einer Problematik erhellt und besser verstanden. An zwei Beispielen soll dies illustriert werden.

b) Kaderrekrutierung

Herr H. ist Teilnehmer an einem Gruppenassessment, das als Entscheidungshilfe zur Auswahl ins Kader eines grossen Unternehmens dienen soll. Die Gesamtbeurteilungen sind uneinheitlich: Assessment: unentschieden – Schriftpsychologische Analyse: Nein – Vorgesetzter: eher Ja.

Was von den Beobachtern und vor allem von den Vorgesetzten nicht gut verstanden wurde, sind folgende ***Problempunkte*** (laut AC-Protokoll):

> *Herr H. zeigte sich in seinem Leistungsanspruch und Engagement* ***sehr schwankend.*** *Er hatte verschiedentlich Mühe, sich zu motivieren und zu identifizieren,* ***hielt*** *sich vor allem in Gruppensituationen* ***stark zurück,*** *liess keinen Führungsanspruch erkennen. Dadurch war sein Verhalten* ***nicht leicht zu beurteilen,*** *es machte den Eindruck, er habe Mühe, sich in eine Situation einzufühlen. In der Gruppe wirkte er freundlich, aber* ***distanziert.*** *In Einzelsituationen überzeugte er dagegen intellektuell.*
>
> In der ***schriftpsychologischen*** Begutachtung wird eine wechselnde, aber grundsätzlich starke innere Anspannung festgestellt. Nachfolgend ein Auszug aus der Analyse der Handschrift:
>
> *In solch stark wechselnder Anspannung ist es begreiflicherweise auch nicht einfach, grosser Verantwortung gelassen gegenüber zu stehen: hinter der eigenwilligen Haltung ist mehr Scheu vor den Konsequenzen des eigenen Handelns vorhanden, als es sich zunächst vermuten liesse.*
>
> *Vor allem steht dahinter eigentlich die Suche nach der persönlichen Eigenart und damit verbunden ein ausgeprägtes Bedürfnis nach Unabhängigkeit und Eigenständigkeit, doch kann sich dieses in* ***heftiger Ablehnung*** *von vielem, zum Beispiel auch gewisser Traditionen oder Autoritäten, bemerkbar machen. (...)*
>
> *Aus der (...)* ***verkrampften Haltung der Abwehr heraus*** *sind möglicherweise die Reaktionen auch* ***der Situation nicht immer optimal angepasst.*** *Allerdings möchte Herr H. auch wieder niemandem ins Gehege kommen oder irgendwo anecken, er scheut sich davor, jemandem zu nahe zu treten und misstraut imgrunde seinen spontanen Reaktionen: hieraus erklärt sich die unnahbar und hie und da gezwungen wirkende* ***Zurückhaltung,*** *die in* ***scheinbarem Widerspruch*** *steht zu seinem übrigen Verhalten, jedoch einem Bedürfnis nach Ausgleich und Kontrolle entspringt sowie dem Bemühen, trotz gegenteiligen inneren Tendenzen einen guten Eindruck zu hinterlassen – so ist Herr H. recht stark hin- und hergerissen.*
>
> *Er scheint ziemlich viel mit sich selbst zu tun zu haben – vielleicht ohne es bewusst zu realisieren. So wird ein* ***Teil seiner vorhandenen Energie am falschen Ort verbraucht*** *oder unnötig gestaut.*

Hier wird deutlich, dass die schriftpsychologische Analyse stark erklärend auf die Hintergründe des Verhaltens hinweisen kann, indem sie das komplexe psychodynamische Geschehen verstehend aufrollt.

Im Gespräch der Schriftpsychologin mit dem Kandidaten

ergibt sich, dass sich offenbar aufgrund der Sensibilisierung bezüglich Unabhängigkeit in der Pubertät die starke Abwehrhaltung herausgebildet hat. Verschiedene Verhaltensmuster sind also ein Relikt aus jener Zeit, die Herr H. beibehalten hat (wie z.B. die Distanzierung) und die eigentlich nicht mehr so ganz zur übrigen

Persönlichkeit passen, woran er aber doch noch hängen geblieben ist. Diese Muster sind zum grossen Teil, aber eben noch nicht ganz, überholt:

> *Herr H. ist gefühlsmässig lebhaft und auch leicht erregbar. Imgrunde sensibel und resonanzbereit, aber auch recht elastisch, reagiert*[532] *er eben sehr rasch und auch intensiv bis heftig und leidenschaftlich auf alles, was ihm begegnet. Er kann sich ja auch sehr gut allen Umständen anpassen, ist vielseitig interessiert, doch fehlt auf diese Weise eine Art innerer Ruhepunkt.*

Herr H. scheint recht skeptisch zu sein, nicht nur vielem in der Umgebung, sondern besonders sich selbst gegenüber: er bekämpft seine Impulsivität – wenn's drauf ankommt, recht erfolgreich – er kann sich beherrschen und kontrollieren, kann eine gewisse, wohl ***vor allem intellektuell betonte Distanz*** aufbauen zwischen sich und der Umgebung. Die grösste Schwierigkeit für ihn selber dürfte jedoch sein, dass er sich innerlich und persönlich nicht richtig festlegen kann, auch wenn er nach aussen ***scheinbar auf Konfrontationskurs*** geht. Er lehnt offensichtlich konventionelle und sonstige Einengungen ab, bleibt vielem aber insgeheim trotzdem verhaftet. Er scheint in einer Art ständigen psychischen Mobilmachungszustands zu leben, immer bereit, abzuwehren und in Opposition zu gehen – dies, um sich nach aussen zu behaupten, um keine Unsicherheit aufkommen zu lassen und die Zwiespältigkeit zu überbrücken, die entsteht durch den stark empfundenen Gegensatz: nämlich dass die aktuelle (eventuell äussere, vor allem aber innere) Realität nicht den Wunschvorstellungen entspricht.

Herr H. meint, er stelle sich durch sein starkes Sich-Zurücknehmen, das nicht verstanden werde, eigentlich selbst eine Falle.

Die Tendenz, sich «eine Falle zu stellen», zeigt sich gerade auch beim schriftpsychologischen Gutachten, bei dem er deshalb, wie vor allem aber in der Assessment-Beurteilung, vermutlich insgesamt eher zu schlecht wegkommt, weil er der pubertären Fassadenhaltung verhaftet bleibt in seiner Darstellung nach aussen.

Solche Zusammenhänge können aber aufgrund einer psychologischen, insbesondere ***schriftpsychologischen Analyse*** besser verstanden und im gemeinsamen Gespräch erst so richtig aufgedeckt werden, welches dadurch zu einem grossen Gewinn für den Kandidaten werden kann.

Im Gespräch mit dem Vorgesetzten bestätigen sich wichtige Aussagen, und vor allem wird auch begreiflich, weshalb der Vorgesetzte aus seinem Mitarbeiter irgendwie nicht «drauskommt», das Gefühl hat, er wisse nicht, woran er mit ihm sei.

---

532 «Reagieren» kann auch nur innerlich gemeint sein, als emotionale Antwort auf eine Situation; der Begriff ist in diesem Kontext nicht gleichzusetzen mit einer konkreten verhaltensmässigen «Reaktion» nach aussen.

In der folgenden Zusammenarbeit kann die Evaluation der Analysen-Ergebnisse noch vertieft und vor allem weiter genutzt werden.

c) Entwicklung der emotionalen und sozialen Kompetenz

Herr L., ein Mann mit an sich gutem intellektuellem Potential und guten Ideen wird zu einem Assessment geschickt. Die Assessoren kommen zu einem eher, aber nicht klar positiven Urteil, die Psychologin aufgrund einer Schriftanalyse zu einem klar negativen.

Die Problempunkte werden im ***Assessment-Protokoll*** wie folgt beschrieben:

Persönliche und soziale Kompetenz:

Herr L. wirkt kontrolliert und ruhig, auch in schwierigen Gesprächssituationen, wobei aber seine ***Anspannung*** sicht- und spürbar ist.

Er tendiert dazu, sich ***zurückzuziehen*** und abzuwarten.

Führungskompetenz:

Herr L. kann sich fast ausschliesslich auf der Sachebene durchsetzen, aufgrund seiner fachlichen Kompetenz. Da er sich auf der emotionalen Ebene so stark kontrolliert, ist es für ihn schwierig, einen kontinuierlichen Führungsanspruch in Gruppensituationen anzumelden und sich entsprechend durchzusetzen. Weil ***ihm das Repertoire ausserhalb der Sachebene fehlt,*** hat er auch Mühe, in Gruppensituationen gehört zu werden. Herr L. sollte sich in unstrukturierten Situationen nicht so schnell zurückziehen, sondern seinen Führungsanspruch kontinuierlich und hartnäckig zeigen und durchsetzen. Dies kann ihm besser gelingen, wenn er als Mensch mit seinen Gefühlen besser spürbar wird.

Dazu ein Auszug aus der ***schriftpsychologischen Analyse:***

Persönliche und soziale Kompetenz:

Herr L. ist sehr sensibel (...),damit aber auch empfindlich, feinnervig und verletzbar. Er scheint sich rascher gestört zu fühlen als innerlich robustere Menschen. (...) Gleichzeitig (...) möchte er zwar eigenmächtig handeln, weiss aber nicht so recht wie, da er seine wirklich persönliche, eigene Richtung noch nicht recht gefunden hat. Freilich kann er vieles mit ***Kopf und Prinzipien kompensieren,*** doch bleibt dahinter eine innere Uneinheitlichkeit und Zwiespältigkeit, die ihn auch etwas unzufrieden und ungeduldig werden lässt: er wirkt etwas ruhelos auf der Suche und hin- und hergerissen. Er beobachtet sich zwar selbst recht kritisch, erhöht die ***Selbstkontrolle,*** um den nervös bedingten Konzentrationsmangel auszugleichen, doch entsteht dadurch auch eine höhere ***innere Spannung.*** Es fehlt die innere Ruhe, sozusagen der Halt in sich selbst: Herr L. scheint sich ein wenig wie ***auf Glatteis*** zu fühlen.

Führungskompetenz:

Herr L. dürfte mit ***fachlichem Wissen*** und Interesse beeindrucken.

Herr L. (...) muss aber aufpassen, dass er sein Urteil genügend begründet und sich nicht allzu rasch entscheidet. Vor allem sollte er ***persönliche Komponenten genügend berücksichtigen,*** sei es inbezug auf sich selbst oder die Umgebung.

Dazu kommt noch, dass im Hintergrund eine Scheu vor den möglichen Konsequenzen seines Handelns festzustellen ist, eine gewisse ängstliche ***Reserve;*** diese ***Zurückhaltung*** führt einerseits dazu, dass er Situationen sehr vorsichtig und skeptisch beurteilt, andererseits aber auch ***Mühe*** hat, mit manchen Dingen wirklich ***zu Ende zu kommen*** und ***entschieden durchzuhalten, sie auch entschieden zu vertreten.***

Es kann sein, dass ihn die anderen schlecht verstehen wegen der fehlenden Prägnanz in Ausdruck oder Artikulation oder Begrifflichkeit oder auch wegen sprunghafter Gedankengänge – hier sollte sich die Aufmerksamkeit zu fokussieren beginnen: das wäre der Anfang für den verbesserten Realitätsbezug. Dabei ist die innerpsychische Situation unbedingt mit einzubeziehen.

Die Sensibilität und ihre Auswirkungen werden möglicherweise gar nicht so sehr wahrgenommen wegen der ***akzentuierten Blickrichtung zum intellektuell-fachlichen Funktionieren hin,*** das verbunden ist mit beträchtlichem ***Ehrgeiz.*** Deshalb ist die ***Entwicklung des persönlichen Formats bis jetzt etwas zu kurz gekommen und sollte nachgeholt werden.***

In einem längeren Gespräch mit dem Vorgesetzten werden alle kritischen Punkte eingehend besprochen, wobei der Vorgesetzte alle Befunde bis in Einzelheiten bestätigt und illustriert; unter anderem meint er:

Die Fähigkeit zum Management stecke nicht so in dem Kandidaten drin, er liebe Führungsaufgaben gar nicht. Tatsächlich sei er nicht in der Lage, die einfachsten organisatorischen Aufgaben korrekt und termingerecht auszuführen; auch Konzepte mache er gar nicht gern, es gehe auch nicht. Einfachste Dinge bräuchten sehr lange. Er flüchte sich dann in die Technik, da müsse er mit niemandem reden, könne für sich allein arbeiten – da löse er die komplexesten Probleme.

Währenddessen beklage er sich, dass seine Mitarbeiter ihm bei seinen Ideen nicht folgen könnten und seine Vorschläge und Anregungen regelmässig im Sand verliefen. (Offensichtlich verstehen sie ihn zu wenig, weil er zu wenig redundant ist in seinen Ausführungen und die unbewusste Erwartung hegt, sie müssten ihn ohne Worte verstehen und sozusagen seine Gedanken lesen können.)

Fachlich sei er absolute Spitze – aber sobald persönlich etwas verlangt werde, im Führungsbereich, wo es wichtig sei, wie er sei, wie er daher komme, sei es ihm nicht mehr möglich, das Verlangte zu erbringen.

Er sei auf der Suche und habe offenbar das Gefühl, es müsse irgend etwas passieren (was aber nicht passieren werde) – er wisse ja nicht, wo suchen. Er könne auch nicht wert halten, was er sei und was er mache. (Diese Aussage deutet nun schon auf eine tiefer liegende Problematik hin.)

Angesprochen auf seine Gesamtempfehlung, die trotz seiner in diesem Gespräch geübten Kritik gut ist und damit zu seinen eigenen Aussagen im Widerspruch steht, meint der Vorgesetzte, er habe den betreffenden Kandidaten eben noch nicht aufgegeben, er sei es eben wert, er habe schon ein Potential; irgendwann müsse es doch «klick» machen...

Nun ist es die Aufgabe des Psychologen, dem Vorgesetzten klar zu machen, weshalb es trotz dem tatsächlich vorhandenen guten Potential hier nicht klicken kann: weil nämlich die emotionale Intelligenz zu wenig entwickelt ist.

In diesem Fall kann nur eine langfristig angelegte, individuelle Persönlichkeitsentwicklung angeraten werden.

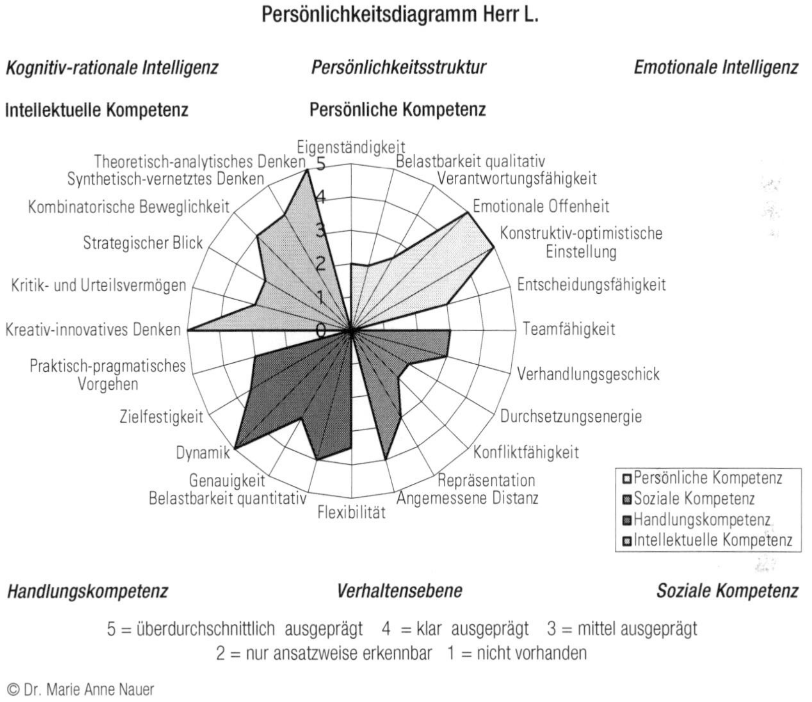

Abbildung 10: Persönlichkeitsdiagramm *für Herrn L.*

Das Diagramm zeigt, wie die allgemeine Problematik sogar Teile der ursprünglich guten intellektuellen Leistungsfähigkeit beeinträchtigen kann.

d) Erklärung von Widersprüchen in den Tests durch die Handschriftanalyse

Ein Coach ist beauftragt, für ein KMU einen internen Nachfolgekandidaten für die Stellvertretung des CEO zu rekrutieren. Zu diesem Zweck führte er Gespräche mit drei Kandidaten und unterzog sie verschiedenen Persönlichkeitstests, die auf Persönlichkeits-Fragebogen basieren.

> Dabei wurde auch der Assess Personality Survey verwendet, ein Fragebogen mit 350 Fragen, wobei die Antworten gebündelt werden und zu zehn sogenannten Kernkompetenzen wie Entscheidungsstärke, Stresstoleranz, Veränderungsinitiative etc. Aufschluss geben sollen. Jeder dieser Dimensionen werden verschiedene ermittelte psychische Eigenschaften aus einem Katalog von 24 Untergruppen zugrunde gelegt aus den drei Kategorien Denkstil, Arbeitsstil und Beziehungsstil. Eine solche psychische Eigenschaft ist das Arbeitstempo: Sie spielt bei sechs der zehn Kernkompetenzen eine relativ wichtige Rolle.

Beim Kandidaten C. erwies sich nun dieses Arbeitstempo als sehr tief und beeinflusste einigermassen negativ alle übrigen Einschätzungen. Bei einem Gespräch mit dem Coach, dem Kandidaten und der Graphologin zeigte es sich, dass sowohl der Coach als auch Herr C. die Ergebnisse nur schwer einordnen konnten: Beide empfanden das Arbeitstempo von Herr C. keineswegs als langsam. Der Coach entschied sich, diese Dimension wegzulassen, denn «das treffe jetzt halt wohl nicht zu, es könne ja auch nicht immer alles stimmen...»

Die Graphologin war damit nicht einverstanden, denn sie konnte eine Erklärung für den Sachverhalt anbieten:

> Aufgrund der Handschriftanalyse stellte sich die Persönlichkeit von Herrn C. sogar als ausgesprochen schnell und agil im Denken dar. Einerseits konnte sich Herr C. ausgesprochen rasch auf etwas Neues einstellen, widmete aber manchmal einem Detail allzu viel Aufmerksamkeit – da er ebenso schnell Selbstkritik ausübte. Er war aus einer perfektionistischen Einstellung heraus nie so recht mit sich zufrieden und beobachtete sich deswegen nur allzu genau, um sich immer wieder zu korrigieren. So war er zwar präzis und zuverlässig im einzelnen, doch liess er sich wegen seiner Irritierbarkeit auch leicht ablenken und kompensierte dies anschliessend wieder durch vermehrte Betriebsamkeit. Auf diese Weise fiel es ihm aber insgesamt schwer, sich auf eine Linie oder einen Entscheid festzulegen, diesen auch konsequent durchzuziehen und zu einem Ende zu führen – sein schwankendes Selbstwertgefühl liess ihn immer wieder daran zweifeln.

Die Reaktion von Herrn C. auf diese Erklärung sprach für sich: «Ja, genau, das ist ja mein Problem!»

So konnte verständlich werden, weshalb das «Arbeitstempo», das viele anderen Dimensionen beeinflusste, im Testresultat als ungenügend eingestuft wurde – es schien ja so, als ob Herr C. nicht fertig werden könnte mit einer Aufgabe –, und darüber hinaus erwies sich diese ganze Dynamik als eigentliches Kernproblem von Herrn C. Der Coach und der Kandidat wussten jetzt beide, woran sie arbeiten mussten.

3. Die Kandidatin passt nicht zum Team

Frau M. hat eine Stelle angetreten in der Redaktion eines privaten Radiosenders, und zwar als Nachrichtensprecherin. Sie ist 50jährig und hat eine vielseitige Erfahrung als Journalistin, Moderatorin und jahrelange Tagesschausprecherin am staatlichen Fernsehen.

Sie wird klar als teamfähig bezeichnet – was sich nicht nur in der Erfahrung gezeigt hat, sondern unter anderem auch in der Handschrift niederschlägt – und was sie auch sein muss im neuen Kollegenteam, das aus einem halben Dutzend Männern zwischen 30 und 40 sowie einer 19jährigen Praktikantin besteht.

Anfangs läuft die Sache recht gut, sie erhält zum Einarbeiten eine Aufgabe als Reporterin, welche die Themen aufbereiten, Sprache und Ton aufnehmen und auch selber schneiden muss; diese Arbeiten werden halbtagsweise eingereicht und verwendet.

In der zweiten Phase, nach etwa vier Wochen, soll sie ihre eigentliche Aufgabe als Nachrichtensprecherin übernehmen: Damit ist sehr viel mehr Stress verbunden, muss sie doch stündlich alle eingehenden Neuigkeiten lesen, gewichten, sortieren, kürzen, neu formulieren und sprechen. Dabei geht sie sehr sorgfältig um mit dem Material und versucht, vor allem etwa bei Unfällen, rücksichtsvoll zu formulieren: Es könnte ja sein, dass die Familie und Freunde des Opfers die Nachrichten hören würden.

Nachdem ihr bereits von Anfang an eine frauenfeindliche Atmosphäre entgegengekommen war, lief nun diese ihre Rücksichtnahme, die ja eigentlich eine wichtige Komponente einer guten Teamfähigkeit ausmacht, zusammen mit der zugehörigen ethischen Einstellung ganz klar der Sensationsgier des privaten Senders zuwider. Es wurde rasch klar, dass Frau M. in dieses Team nicht passte, sie war überqualifiziert und gleichzeitig, gemessen an ihrer (im übrigen normalen) Sensibilität zu sehr gestresst, und ihre Grundhaltung passte, trotz Erfüllung der formulierten Anforderungskriterien, nicht in dieses Umfeld.

Dieser Fall zeigt, dass ein blosses Anforderungsprofil häufig nicht genügt für eine Rekrutierung: Neben möglichst genauer Kenntnis des gesamten Umfelds ist eben auch eine Information über die gesamte Persönlichkeit unabdingbar.

4. Der Kandidat passt nicht zum Unternehmen

Herr R. ist ein hochintelligenter Mathematiker und Programmierer, er arbeitet seit einigen Jahren in einem Grossunternehmen als ***Scientific Technical Leader***. Die HR-Abteilung bestellt die Co-Autorin als Coach, weil es Schwierigkeiten gebe mit der Entwicklung, Herr R. erfülle die Anforderungen im hauseigenen Test nicht.

Das Diagramm sieht aus wie folgt:

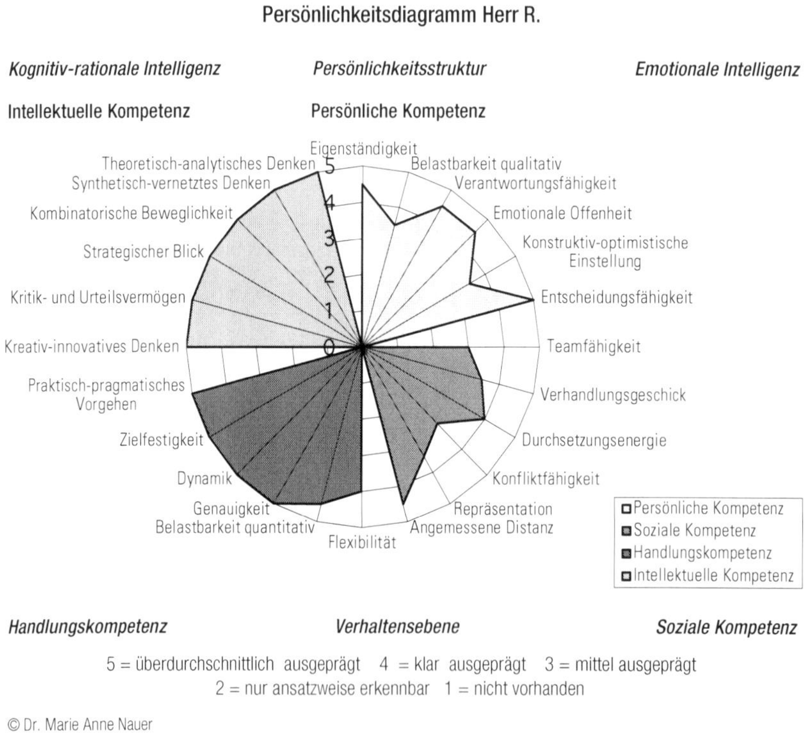

Abbildung 11: Persönlichkeitsdiagramm *für Herrn R.*

Der Bereich Intellektuelle Kompetenz ist maximal bewertet, was sehr selten vorkommt – Herr R. ist tatsächlich ein Crack. Auch in der Umsetzung bringt er praktisch alles auf die Reihe – die schwächste Position ist Flexibilität, und zwar, nicht weil er sich nicht anpassen könnte, sondern weil er dies ***nicht will***.

Die weitaus schwächste Position insgesamt ist Konfliktlösung, gefolgt von positiver Einstellung und Stresstoleranz (psychischer Belastbarkeit).

Auszüge aus der Handschriftanalyse:

Stärken

Herr R. verfügt über eine ausgesprochen hohe und bewegliche Intelligenz, die ihn zu Leistungen auf hohem Niveau befähigt. Er braucht ***unabhängigen Handlungsspielraum*** und muss sich mit differenzierten Problemen und ***ambitionierten Lösungen*** befassen können.

Spezielle Probleme

Wenn diese überdurchschnittliche Herausforderung fehlt, läuft Herr R. Gefahr, in ein Bore-out zu geraten. Er wird sich dann an Situationen anpassen müssen, die ihm nicht gefallen und die er nicht gewählt oder geschaffen hat, und er kann sich nicht mit zweitrangigen Lösungen abfinden, während es doch bessere gibt! Unter solchen Umständen fällt es ihm ausgesprochen schwer, etwas zu akzeptieren oder sich einzufügen, und er kann seine Energie und seine Stärken nicht mehr richtig und überzeugt einbringen. Er leidet nur noch unter dem unerfüllten Anspruch.

Allgemeine Einschätzung / Empfehlung

Herr R. verfügt über sehr hohe Kapazitäten sowohl in intellektuellen als auch persönlichen Belangen, und er braucht Herausforderungen auf hohem Niveau, um nicht in ein Bore-out zu geraten.

Die Kluft zwischen seinem Anspruch und seinen Ambitionen – seien diese nun sachlich, objektiv und realisierbar oder nicht – schafft eine beachtliche Spannung, die möglicherweise (nicht notwendigerweise) zu einer Empfindlichkeit und deshalb eventuell zu nicht immer zu vermutenden oder vorherzusehenden Reaktionen führen kann. Er reagiert sehr empfindlich auf alles, was ihm resp. zu ihm nicht passt.

Es müsste überprüft werden, inwieweit diese innere Situation zu tun hat mit den aktuellen Umständen, ebenso vice versa, ob sich seine psychische Konstellation aufgrund der gegebenen Umstände allenfalls auf diese Art zugespitzt haben könnte, und vor allem auch, wie ein allfälliges Coaching in der Folge auszusehen hat.

Während des Coachings stellte sich ziemlich rasch heraus, dass dieses eine Alibifunktion ausfüllen sollte. Es war völlig unmöglich, ihn innert weniger Wochen zu «verändern», so dass er die im Test gefragten Dimensionen erfüllen würde, die vor allem auf Integration in den Betrieb zielten.

Er hatte exzellente Ideen, war fachlich besser qualifiziert als sein Chef und regte sich gleichzeitig auf, dass dieser sich vor allem auf der internen Chat-Plattform bewegte, wo er fast täglich irgendeine Mitteilung plazierte – statt seinen Job zu machen, wie Herr R. wohl zu recht monierte. Er ärgerte sich masslos, da er selber ja ein geniales IT-System zur Verfügung gestellt hatte (übrigens gemeinsam mit einem ebenfalls nicht genehmen Kollegen), das die Geschäftsleitung aber «aus Dummheit» nicht übernehmen wollte.

Er erhielt also, wie es vorauszusehen war, die Kündigung, ärgerte sich zunächst wiederum über die Massen, doch innert kurzer Zeit erhielt er die Möglichkeit, sich anderswo vorzustellen – und plötzlich erschien er wie umgewandelt, er konnte sich anpassen, kam zur nächsten Konsultation in schwarzem Anzug mit Krawatte, weil dies im neuen Unternehmen erwartet wurde. Er hatte das selber gewählt, das war jetzt seine eigene Entscheidung – und das Diagramm zeigt klar:

die Dimension *Entscheidungsvermögen* ist ebenfalls maximal ausgeprägt und ein wichtiger Bestandteil seines guten Potentials – freilich für die Umgebung nicht immer bequem...

Dieser Fall ist ein Beispiel dafür, dass manchmal auch das Potential eines Kandidaten unterschätzt wird, er überqualifiziert ist und er deshalb nicht in ein Unternehmen passt, oder dass er aus Rivalitätsgründen eliminiert wird.

5. Die Kandidatin ist nicht einverstanden mit der Begutachtung an sich

Eine Bekannte erzählt, dass eine Freundin von ihr, Frau S., um die dreissig, mit betriebswirtschaftlicher Ausbildung, sich um eine ihren Fähigkeiten gut entsprechende Stelle in einer grossen Versicherung beworben habe. Sie sei vom HR-Verantwortlichen gebeten worden, zu ihrer Bewerbung eine Handschriftprobe zwecks graphologischer Begutachtung nachzuliefern.

Da die Kandidatin mit einer anderen Frau liiert sei, dies aber auf keinen Fall im geschäftlichen Umfeld bekanntmachen möchte, weigere sie sich, die Handschriftprobe abzuliefern: Sie befürchte, ihre sexuelle Neigung könnte in der Handschrift erkannt werden. Sie ist trotz fachmännischer Auskunft nicht vom Gegenteil zu überzeugen (sexuelle Neigungen können nicht aus der Handschrift ersehen werden) und verzichtet lieber auf die Stelle.

6. Der Auftraggeber ist nicht einverstanden mit dem Resultat der Begutachtung

Der CEO eines mittelgrossen Unternehmens ist ziemlich ratlos am Telefon; er schildert die Situation und fragt um dringenden Rat: Er habe eine wichtige Stelle zu besetzen und von drei guten Kandidaten den besten graphologisch beurteilen zu lassen. Das Problem dabei: Der Präsident «schwöre» auf einen bestimmten Graphologen, den er, der CEO, gar nicht gut fände – dieser habe auch tatsächlich den seiner Meinung nach sehr fähigen Kandidaten nach Strich und Faden «zerrissen». Der Präsident nehme jenem Graphologen aber jedes Wort ab. Was er jetzt tun solle? Ob er nicht ein neues Gutachten haben könne? Es werde ihm zwar nicht viel nützen, denn der Präsident lasse sich nichts sagen diesbezüglich, er könne ihm auch nicht gestehen, dass er (auf eigene Kosten) ein Zweitgutachten machen lasse, aber er müsse einfach wissen, ob er selber denn tatsächlich so falsch liege mit seiner eigenen Beurteilung des Kandidaten! Auch möchte er dem seiner Meinung nach falsch beurteilten Kandidaten nachträglich gerecht werden.

Das neue Gutachten beschreibt einen intelligenten, differenzierten und fähigen Bewerber; der CEO ist sehr froh um die Bestätigung seiner eigenen Urteilsfähigkeit und übermittelt der Graphologin das negative Gutachten: Sie gewinnt beim Lesen den Eindruck, es sei aufgrund einer völlig unterschiedlichen Schrift erstellt worden...

In einem solchen Falle soll sich der Auftraggeber nicht scheuen, ein Gegengutachten einzuholen, so wie es ein Executive Search in einem ähnlichen Fall ebenfalls getan hat (vgl. dazu Kap. V.D.1. – Die Begutachtung einer graphologischen Kurzanalyse).

C. Schriftexpertisen

1. Exemplarische Schriftexpertise / Schriftvergleichung

Das nachfolgend aufgeführte Muster für eine graphologische Expertise mit allen notwendigen Elementen kann als Vorlage für Schriftexpertisen verwendet und fallbezogen werden.

Vergleichung von Unterschriften: Vollmacht von A.B. für C.D.

Auftraggeber: Dr. iur. Hans X., Anwalt und Notar, Zürich

Ausgangslage

Eine Unterschrift auf einer Vollmacht wird von der Klientschaft in Zweifel gezogen; es geht darum abzuklären, ob ein begründeter Verdacht auf eine Fälschung besteht.

Untersuchungsmaterial (Vgl. dazu Dokumentation im Anhang)

- Vollmacht, ausgestellt von R.R, datiert (Ort , Datum), mit Unterschrift «R. R»; nur in Kopie einsehbar (Dok X)
- Kauf- und Pfandvertrag zwischen A.B. und R.R. als Verkäufer sowie C.D. als Käufer, datiert (Datum), mit allen vier Unterschriften sowie derjenigen des Notars, darunter auch «R. R», als notariell beglaubigt und damit als echt bezeugt; nur in Kopie einsehbar (Dok V1)
- Vertrag betreffend .... (Dok V2)
- Etc.

Materialkritik (Beurteilung der Qualität des vorliegenden Materials auf Tauglichkeit für einen Schriftvergleich)

Schreibwerkzeug:

Es ist zu vermuten, dass die US X mit einem anderen, feineren Stift geschrieben wurde, wie auch die US V1.

Strich:

Eine Analyse des Strichs ist aufgrund des schlechten Fotomaterials nur sehr beschränkt möglich. Insgesamt erscheint der Strich bei allen Dokumenten verlangsamt, versteift, unflüssig.

Diese Beeinträchtigung der flüssigen Schreibfähigkeit ist vermutlich Alters- und oder Krankheitsgründen zuzuschreiben.

Fragestellung

- Stammt die Unterschrift auf der Vollmacht vom (Datum) (Dok X) von R.R?
- Falls nein, hat A.B. sie geleistet?

Untersuchungsmethode

Die vergleichende Untersuchung erfolgt mit rein graphologischen Methoden der Merkmalsvergleichung; abgesehen von Vergrösserungen mit der Lupe oder am Bildschirm werden keine technischen (physikalischen oder chemischen) Untersuchungen durchgeführt.

Vorbehalt

Da für die vergleichende Untersuchung nur Fotokopien vorliegen und keine Originale, muss bei der Interpretation der Befunde ein entsprechender Vorbehalt angebracht werden.

Es muss insbesondere und prinzipiell damit gerechnet werden, dass bei einer Prüfung der Originale neue und/oder andere Befunde zutage treten.

Schriftvergleichung

Allgemeiner Eindruck

Auf den ersten Blick wirkt die Unterschrift auf Dok X etwas abweichend von den beiden Vergleichs-Unterschriften, insbesondere von derjenigen vom (Datum), die ja nur einen Tag zuvor geleistet wurde.

Die fragliche Unterschrift (von jetzt an mit US X bezeichnet) ist zwar ebenfalls unverbunden, erscheint aber eher etwas flüssiger. Dies kann mit aktueller Befindlichkeit, aber auch mit unterschiedlichen Gleit- bzw. Hafteigenschaften von Schreibwerkzeug und Papier zu tun haben.

Kurzbeispiel einer Analyse einzelner Elemente (mit Bilddokumentation[533]), tabellarischer Vergleich mit Gewichtung (Skala ---/--/-/ 0 /+/++/ +++)

Dokumentierte Elemente	**Vergleich der Elemente**			=
	Dok X	Dok V1	Dok V2	+/-
R.R Oberschleife				+++ -
R 2 Ø 1: Ø 2 Abstriche Punkt	148° 4 : 4 mm +	145° 5 : 4 mm +	150° 3 : 3 mm	+++ ++ +++ +
y Mittelband y Unterlänge				++ +

Abbildung 12: Bilddokumentation mit tabellarischem Vergleich

Überlegungen

Wegen des offenbar ähnlicheren Schreibinstrumentes lässt sich die fragliche US X besser vergleichen mit US V1, die zeitlich allerdings weiter zurückliegt. (...)

Allgemeine Beurteilung

Nach diesen Ausführungen ist ersichtlich, dass – immer soweit nach den vorliegenden Kopien feststellbar – weit mehr Übereinstimmungen als Abweichungen festzustellen sind zwischen der fraglichen Unterschrift X und den beiden Vergleichsschriften V1 und V2.

Diese Übereinstimmungen sind mehrheitlich von einer Entstehungsart, die praktisch nicht bewusst nachzuahmen ist, wie etwa die genaue Lage, die Art des Strichs und der winkligen Verbindungen, die kleinen Schluss-Häkchen etc.

533 Hier werden nur Ausschnitte der Unterschriften gezeigt.

Die vorgefundenen Abweichungen lassen sich zwanglos mit einer normalen Variationsbreite in einer persönlichen Handschrift erklären.

Schlussfolgerung

Aufgrund dieser Überlegungen ist es als eher wahrscheinlich anzunehmen, dass die fragliche Unterschrift auf Dokument X nicht gefälscht worden ist und dass R.R. diese Unterschrift selber geleistet hat.

Grössere Gewissheit kann aber nur durch eine Prüfung der Originale erlangt werden.

Anhang: Ausführliche Gesamtdokumentation.

2. Das Zweitgutachten: Die eine Partei ist mit einer Expertise nicht einverstanden

Diese Darstellungen beschreiben exemplarische Fälle, die öfter vorkommen: Bei Expertisen geht es fast immer um Geld, und jede Partei möchte, dass ein solcher Fall zu ihren Gunsten ausgeht. Steht genügend Kapital zur Verfügung, ist es auch kein Problem, ein gutes Zweitgutachten (oft auch Gegengutachten genannt) einzuholen.

Schwieriger ist es, wenn sich eine Partei betrogen fühlt und etwa infolge eines gefälschten Testaments um das gesamte Erbe geprellt ist. In einem solchen Fall kann unter Umständen aus finanziellen Gründen keine neue Expertise eingeholt und das Urteil nicht angefochten werden.

a) Das zweite Testament

Frau D. lebte mit ihrem Partner R. zusammen, der ein Testament zu ihren Gunsten verfasst hatte. Nach seinem Tod, kurz vor der Testamentseröffnung, tauchte von seiten der Verwandtschaft plötzlich ein zweites, jüngeres Testament auf, das den Bruder des Verstorbenen begünstigte. Frau D. war sich ganz sicher, dass dies nicht die Schrift ihres Partners sein könne.

Ein vom Gericht zugezogener Schriftexperte bestätigte aber, dass es die Schrift ihres Partners R. sei und alles seine Richtigkeit habe. Frau D. war verzweifelt – sie hatte mit dem Geld gerechnet, da sie keine eigenen Reserven hat und alles jeweils gemeinsam bewirtschaftet wurde – und sie suchte eine Schriftexpertin auf, um ein Zweitgutachten erstellen zu lassen. Da die Expertin zum Schluss kam, dass das zweite Testament nicht von der Hand des Partners R. geschrieben, sondern gefälscht worden sei, erstellte sie die Expertise umsonst. Frau D. bemüht sich noch immer um ihr Recht, was eine schwierige Sache ist ohne Geld.

Dieser Fall zeigt auch auf, dass es nicht immer einfach ist, nur aufgrund einfacher graphologischer und grapho-analytischer Kriterien zu beurteilen, ob es sich um eine identische oder aber um eine unterschiedliche Handschrift handelt. Gerade bei Testamenten und Verträgen helfen aber Laboruntersuchungen meist nicht weiter: Eine Kugelschreiber- oder Filzstifttinte zeitlich zu datieren ist so gut wie unmöglich. So ist der Experte auf eine hochdifferenzierte Erkennung von graphischen Merkmalen angewiesen, die er nur mit sehr gut geschultem Auge und aufgrund einer sehr guten Ausbildung leisten kann. Das Beispiel zeigt, dass diese Voraussetzungen in der Praxis leider nicht immer gegeben sind.

b) Der Vertrag

Wird das Urteil von einem Schiedsgericht gefällt, kann es nicht angefochten werden.

Um dieses Hindernis zu umgehen, hat eine Partei A jedoch eine neue Klage erhoben.

Dieser Fall ist bereits unter V.A.6. erwähnt worden; weitere Details kommen unter V.D.3. zur Ausführung.

> Partei A hatte Partei B vorgeworfen, einen unterschriebenen Vertrag, in welchem es um einen hohen achtstelligen Betrag ging, nicht eingehalten zu haben. Die Schriftexpertin kam zum Schluss, dass Partei B diesen «mit höchster Wahrscheinlichkeit» nicht unterschrieben habe. Der Schiedsrichter befand die Expertise für schlüssig, *lege artis* ausgeführt und übereinstimmend mit weiteren Ergebnissen aus anderen Quellen: es lagen eine zweite, unabhängig und fachmännisch ausgeführte Expertise vor sowie weitere Indizien, die klar dagegen sprachen, dass Partei die Unterschriften geleistet haben konnte – was Partei A nicht gefiel.
>
> Nachdem diese Partei A unmittelbar nach zeitgleicher Auslieferung der Expertise an beide Parteien der Schriftexpertin Geld von unbekanntem Absender überwiesen hatte (was diese umgehend zurückgehen liess), eröffnete sie erneut Klage, diesmal beim Strafgericht, und beschuldigte Partei B sowie die Schriftexpertin wegen falschen Gutachtens, Prozessbetrug und aktiver resp. passiver Bestechung. Die Begründung wurde vornehmlich dadurch «belegt», dass verschiedene frühere Expertisen das Gegenteil bewiesen hätten – ungeachtet der Tatsache, dass beide aktuellen Experten diese früheren Expertisen als nicht zutreffend begutachtet hatten[534].
>
> Die Staatsanwaltschaft beschloss, aufgrund der klaren Beweislage nicht auf diese Klage einzutreten und stellte die Strafuntersuchung ein; gegen diesen Beschluss erhob Partei A Beschwerde. Das Obergericht befand jedoch, der Staatsanwalt habe korrekt gearbeitet und richtig entschieden und wies die Beschwerde ab.

[534] Vgl. dazu die weiteren Ausführungen in Kap. V.D.3. (Begutachtungen).

Nun zog Partei A bis vor Bundesgericht: Dieses bestätigte indessen gem. 6B_448/2017 den Entscheid des Obergerichts und bestätigte, dass auf allen Stufen korrekt vorgegangen und schlüssig geurteilt worden sei. Die Beschwerde wurde erneut abgewiesen. Somit kam es nicht zum Prozess.

D. Begutachtungen von Gutachten

1. Die Begutachtung einer graphologischen Kurzanalyse

Herr C., ein erfahrener Executive Search, hatte bei einem Graphologen, Herrn T., eine Handschriftanalyse erstellen lassen für einen Kandidaten, Herrn N., den er seinem Auftraggeber als Führungskraft in hoher Position im Ausland zu empfehlen gedachte. Er hatte einen guten Eindruck gewonnen von dem Mann – und war einigermassen entsetzt, als er das Gutachten las. Der Kandidat war ebenfalls nicht bereit, diese Beurteilung zu akzeptieren. Daraufhin bat Herr C. die Co-Autorin, zunächst unvoreingenommen eine eigene Analyse zu schreiben und in einem zweiten Schritt die vorliegende erste Analyse zu beurteilen. Zusätzlich wurden noch zwei weitere zusätzliche Gutachten eingeholt.

Die erste Analyse für Herrn N., ausgestellt durch Herrn T.

> Herr N. ist – um dies vorwegzunehmen – kein dynamischer selbstbewusster Repräsentant der ersten Führungsebene. Herr C. wirkt ausgebrannt und überfordert. Er ist kein proaktiver, auch auf der konzeptionellen Ebene glaubwürdiger Manager, der mit der nötigen Durchschlagskraft auf sein Umfeld einwirkt. Seine Argumentation wirkt zu schulmässig, seine Denkhaltung zu starr.
>
> Herr N. wirkt auch von seinem Auftritt her verkrampft und unsicher. Er besitzt kein Charisma und kein Selbstvertrauen. Für Funktionen, die gewisse Leader-Eigenschaften erfordern, ist der Bewerber absolut ungeeignet.
>
> Er wirkt im Umgang dünnhäutig, signalisiert das Bedürfnis, sich bei jeder Gelegenheit abzugrenzen. Er wäre mit der diskutierten Position als General Manager vor allem auch auf der intellektuellen Ebene überfordert, ist nicht in der Lage, individuelle Strategien zu entwickeln und umzusetzen.
>
> Er darf allenfalls für die Wahrnehmung von Überwachungsaufgaben diskutiert werden, bleibt aber ein Repräsentant der zweiten Führungsebene und besitzt nicht die Substanz, um die Philosophie eines Unternehmens massgeblich zu beeinflussen oder gar zu prägen. Er wirkt aus graphologischer Sicht zu schwach, um ihn in eine ernsthafte Evaluation einzubeziehen.

Die zweite Analyse für Herrn N.

Die zweite, von der Co-Autorin ausgestellte Analyse soll nur kurz zusammengefasst werden – sie ist sehr viel länger ausgefallen und spricht im Gegenteil von einem hochintelligenten, strategisch begabten, intensiv präsenten und effizienten Unternehmer, der auch autonom und persönlich souverän auftritt, in hohem Masse engagiert und durchaus genügend belastbar ist, mit klarer Einstellung die Konflikte möglichst sachbezogen löst. Das fast optimal ausgefüllte Diagramm dürfte für sich sprechen:

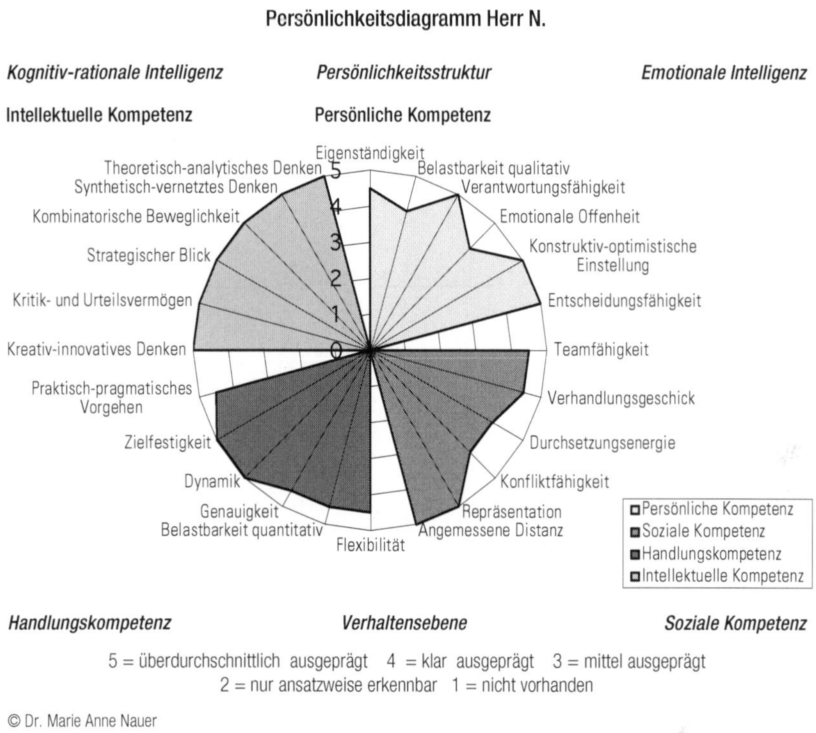

Abbildung 13: Persönlichkeitsdiagramm für Herrn N.

Die Begutachtung der «graphologischen Kurzanalyse für Herrn N.», ausgestellt von Herrn T.

Material

Laut mündlicher Mitteilung von Herrn C. ist diese Analyse korrekterweise aufgrund eines Originals ausgestellt worden, was grundsätzlich und erst recht im Falle einer wichtigen Führungsfunktion unerlässlich ist. Feinheiten des Strichs und des Drucks kommen auf einer Kopie ungenügend, meistens gar nicht zum Ausdruck, sind aber sehr wichtige Komponenten für die schriftpsychologische Beurteilung einer Handschrift.

Form: Länge, Aufbau

Die Form einer Kurzanalyse empfiehlt sich nicht für eine wichtige Führungsfunktion. Hier muss im Gegenteil sehr differenziert auf die einzelnen Persönlichkeitskomponenten eingegangen werden, um ein repräsentatives Bild zu entwerfen und eine umfassende und angemessene Beurteilung zu ermöglichen.

Der Aufbau wirkt willkürlich und lässt keine Struktur erkennen, er besteht aus mehr oder weniger lose hingeworfenen Bemerkungen.

Stil

Die Analyse beschränkt sich fast ausschliesslich darauf festzuhalten, was der Kandidat alles ***nicht*** hat und ***nicht*** kann – so etwas darf niemandem zugemutet werden: Der Kandidat hat nach dem Datenschutzgesetz das Recht, eine solche Analyse einzusehen, und so ein Machwerk in Form eines Sammelsuriums an negativen bis abschätzigen Bemerkungen kann wie ein Schock wirken. Kein Mensch besteht aus lauter negativen Eigenschaften und ungenügenden Fähigkeiten. Das Potential bleibt hier gänzlich unberücksichtigt.

Es spricht übrigens für die psychische Belastbarkeit und Selbstsicherheit des Kandidaten, dass er dies nicht akzeptiert und sich dagegen wehrt.

Inhalt

Es ist in keiner Weise nachvollziehbar, wie Herr T. zu seinen Befunden gelangt. Aufgrund international anerkannter schriftpsychologischer Deutungsregeln lässt sich keine einzige Aussage – vor allem in der vorliegenden pointierten Form – stichhaltig vertreten oder begründen.

Wer diese Analyse liest, gewinnt den Eindruck, Herr T. habe eine völlig andere Handschrift vor sich gehabt. Das meiste ist ganz einfach krass unzutreffend; einzig bei zwei Aussagen ist zu sagen, dass sie allenfalls teilweise nachvollziehbar sind:

Als erstes Beispiel sei das energetische Problem angeführt: Offenbar hat Herr T. verschiedene Komponenten der Handschrift unrichtig eingeschätzt, wie etwa Intensität und Verlauf des Drucks und den Strich. So kam er zum Schluss, dass der Kandidat «ausgebrannt und überfordert» sei. Nun ist allerdings dem Kandidaten zu raten, seine Reserven nicht allzu sehr zu strapazieren, um nicht eines Tages in eine böse Überraschung hinein zu geraten – doch dieser Rat ist eigentlich heutzutage jedem Manager mit auf den Weg zu geben. Tatsächlich verfügt der aktuelle Kandidat aber über viel Energie, die er – wie alle seine Ressourcen – auf ziemlich hohem Niveau bewusst und kontrolliert einsetzt; es besteht bezüglich einer Erschöpfung also weder eine bereits vorhandene noch eine direkt bevorstehende Gefahr.

Eine zweite Stelle betrifft die Bemerkung, der Kandidat sei «im Umgang dünnhäutig, signalisiere das Bedürfnis, sich bei jeder Gelegenheit abzugrenzen». Auch hier erschliesst sich aus der Handschrift zwar eine sensible und reagible, jedoch nicht übersensible Handschrift, die durchaus von guter psychischer Belastbarkeit des Schreibers zeugt. Im Umgang hat sich der Kandidat tatsächlich eine Art der äusseren Verbindlichkeit und Freundlichkeit angeeignet, die ihm erlaubt, sich dahinter persönlich abzugrenzen, was aber seiner persönlichen Anteilnahme und seinem Engagement in keiner Weise entgegensteht. Eine Fähigkeit zur angemessenen persönlichen Abgrenzung muss eine Führungspersönlichkeit im Gegenteil mitbringen. Sie garantiert hier auch, dass persönliche Belange nicht übermässig ins Geschäftlich-Berufliche hineingetragen werden.

Die Offenlegung solcher Zusammenhänge erfordert als Hintergrundarbeit eine differenzierte psychodynamische Analyse, die offensichtlich bei der Erstellung des Gutachtens von Herrn T. nicht stattgefunden hat.

Allgemeine Beurteilung

Vom Inhaltlichen her ist demnach zu sagen, dass in der vorliegenden Formulierung ***keine einzige Aussage stimmt,*** weil ***keine einzige Aussage schriftpsychologisch genügend fundiert und gerechtfertigt ist.*** Der Stil und die Ausdrucksweise sind völlig inakzeptabel.

Wichtig ist, dass sich, aufgrund international anerkannter schriftpsychologischer Deutungsregeln, keine einzige Aussage – vor allem in der vorliegenden pointierten Form – stichhaltig vertreten oder begründen lässt. Dass es diese Deutungsregeln gibt, ist bekannt aus Literatur, von den Syllabi der Ausbildungsinstitutionen und von internationalen Fachkontakten; dass sie auch angewendet werden, zeigen eindrücklich die drei unabhängig voneinander erstellten Zusatzgutachten aus dem Ausland und der Schweiz, die alle zu sehr ähnlichen Einschätzungen gelangen.

Solche Analysen sind nicht nur sehr negativ für die Bewerber, sondern auch für die Auftraggeberin – sie verzehren unnötig Potential, Ressourcen, Zeit, Finanzen und auch Emotionen; darüber hinaus schaden sie auch in hohem Masse der ganzen Zunft der seriösen Schriftpsychologen, die ihre Arbeit ernst nehmen und gewissenhaft ausführen.

Trotzdem ist kein Fall bekannt, wo ein Kandidat eine Ehrverletzungsklage angestrengt hätte.

2. Ein Spezialfall: Die Verbindung von Persönlichkeitsgutachten und Expertise

Auftrag eines kirchlichen Gerichts[535]

Eine Frau wünscht, ihre erste Ehe annullieren zu lassen, da sie sich neu und zwar kirchlich verheiraten möchte. Es geht in diesem Fall darum zu überprüfen, ob (neben anderen Klagegründen) ein Ehenichtigkeitsgrund nach katholischem Kirchenrecht vorliege.

Ausgangslage

Frau M. hat Ende 1969 oder anfangs 1970 den Diplom-Graphologen W. beauftragt, zu den Handschriften ihrer Tochter und deren Bräutigam je ein graphologisches Gutachten zu schreiben sowie über die beiden ein Partnergutachten

535 Vgl. auch Kap. V.A.8.

auszufertigen, und zwar, soweit bekannt, ohne Wissen der Betroffenen. Die Absicht war, die Tochter zu überzeugen, diesen Mann nicht zu heiraten. Offenbar war vor allem der Vater sehr negativ gegen diese Heirat eingestellt. Alle drei Gutachten wurden dann der jungen Frau kurz vor ihrer Hochzeit übergeben.

Die zivile Hochzeit fand im Winter 1970, die kirchliche eine Tag später statt. Die Ehe wurde fünf Jahre später geschieden. Beide Partner haben später wieder geheiratet; die zweite Ehe der Frau wurde ebenfalls geschieden.

Von der Frau ist ein kirchliches Verfahren initiiert worden mit der Frage, ob ihre erste Ehe nach katholisch-kirchlichem Recht gültig sei oder nicht (der Ex-Mann stellte sich gegen dieses Verfahren und wollte sich nicht daran beteiligen). Dabei sind die graphologischen Gutachten als Beweismittel vorgelegt worden. Nach Ansicht der Frau sollen sie die Charaktere der Partner beschreiben und deren menschliche (Un-)Reife zum Zeitpunkt ihrer Heirat beweisen.

Auftrag

Zuhanden des kirchlichen Gerichts soll eine Begutachtung der vorliegenden graphologischen Analysen erarbeitet werden als Grundlage für eine bessere Einschätzung des Beweiswertes dieser Gutachten.

Untersuchungsmaterial (wird jeweils dokumentiert mit Fotoscans)

1. Graphologisches Gutachten über «Dame, Sekretärin, geb. 1948» (in Kopie einer Kopie) ausgestellt von Diplom-Graphologe W., Musterhausen (bez. 24/25/26).
2. Graphologisches Gutachten über «Herrn, Italiener, geb. 1945» (in Kopie einer Kopie) ausgestellt von Diplom-Graphologe W., Musterhausen (bez. 27/28/29).
3. Partnervergleich: «Herrn, Italiener, geb. 1945» (in Kopie einer Kopie) ausgestellt von Diplom-Graphologe W., Musterhausen (bez. 30/31/32).

Fragestellung generell

Sind die vorliegenden Gutachten geeignet bzw. haben sie Beweiswert für die Beantwortung der Frage, ob die 1970 geschlossene Ehe gültig ist?

Fragestellungen detailliert

1. ***Handelt es sich beim Diplom-Graphologen W. um einen Graphologen, der seine Gutachten in der Regel (nach Ansicht der damaligen Fachkollegen oder anderen Referenzen) nach anerkannten Methoden und mit der sachgemässen Sorgfalt erstellt hat?***

2. ***Lässt sich ein graphologisches Gutachten in seiner Qualität beurteilen, wenn die Schriftunterlagen, auf denen es beruht, der Begutachtung nicht mehr zugrunde gelegt werden können? Falls ja, in welchem Ausmass, mit welchen Einschränkungen?***
3. ***Wie ist die Tatsache zu bewerten, dass die Auftraggeberin im Hinblick auf diese Gutachten klare Erwartungen hatte, nämlich ihre Tochter damit überzeugen zu wollen, den Partner nicht zu heiraten? Hat eine solche Ausgangslage sicher keinen Einfluss auf den Graphologen oder kann sie sein Gutachten beeinflussen?***
4. ***Sind die Aussagen, welche Herr W. in den vorliegenden Gutachten über die beiden Personen macht, im grossen und ganzen innerhalb der Grenzen dessen, was ein Graphologe aufgrund einer Handschrift von jemandem aussagen kann? Gibt es darin Sätze, die Bewertungen oder Interpretationen enthalten, die den Rahmen dessen überschreiten, was sich auf Grund einer Handschrift erkennen und sagen lässt? Wenn ja, welche Aussagen überschreiten diesen Rahmen?***
5. ***Welchen Gesamteindruck hinterlassen diese Gutachten von Herrn W. bei einer erfahrenen Graphologin?***

Einverständnis

Da die Tochter von Frau M. (deren Name der Autorin dieser Begutachtung nicht bekannt ist) persönlich die Gutachten von 1970 beibringt, um damit die Ungültigkeit ihrer damaligen Ehe aufzuzeigen, muss sie dem kirchlichen Gericht selbstverständlich auch eine Begutachtung der Dokumente zugestehen für den Fall, dass dieses eine solche anordnet.

Vorbehalte

Da für diese Begutachtung nur Fotokopien von Fotokopien vorliegen und keine Originale, da insbesondere auch die den graphologischen Gutachten damals zugrunde liegenden Handschriftproben nicht mehr greifbar sind, muss bei der Interpretation der Befunde ein entsprechender Vorbehalt angebracht werden.

Liegt in einem Begutachtungsfall nur eine Kopie vor, besteht ***keine Sicherheit bezüglich der tatsächlichen Existenz eines Originals*** in der vorgelegten Form (Vorbehalt 1).

Da auch die Handschriften nicht mehr zur Verfügung stehen, kann auch nicht mit gänzlicher Sicherheit angenommen bzw. überprüft werden, ***dass sich die ausgeführten Gutachten tatsächlich auf die gemeinten Personen beziehen,*** im vorliegenden Fall insbesondere auch, da die ***Personen nicht mit***

Namen genannt, sondern nur mit «Dame, Sekretärin, geb. 1948» resp. «Herrn, Italiener, geb. 1945» bezeichnet werden (Vorbehalt 2).

Es muss jedenfalls damit gerechnet werden, dass bei Sichtung und Prüfung der Original-Dokumente und -Handschriften neue und/oder andere Befunde zutage treten könnten.

Überlegungen zu den einzelnen Fragestellungen

1. Handelt es sich beim Diplom-Graphologen W. um einen Graphologen, der seine Gutachten in der Regel (nach Ansicht der damaligen Fachkollegen oder anderen Referenzen) nach anerkannten Methoden und mit der sachgemässen Sorgfalt erstellt hat?

Zu Person und Fachkompetenz von W. (1932–1996)

Der Diplom-Graphologe W. ist bei allen aktuellen schweizerischen sowie deutschen Graphologenverbänden unbekannt: Er war in keiner der nennenswerten deutschsprachigen graphologischen Gesellschaften Mitglied. Überprüft wurden

Im Dachverband ***Association Déontologique Européenne de Graphologues ADEG***:

- Schweizerische Graphologische Gesellschaft SGG/SSG
- Berufsverband geprüfter Graphologen / Psychologen (BGGP)

Im Dachverband ***Europäische Gesellschaft für Schriftpsychologie und Schriftexpertise e.V. EGS – Schweiz***:

- Interessengemeinschaft Diplomierter Graphologen (IDG)
- Schweizerische Graphologische/schriftpsychologische Berufsvereinigung (SGB)
- Schweizerischer Verband für Graphologie und Tiefenpsychologie (SVGT)
- Verband Deutschsprachiger Graphologen (VDG)

EGS – Deutschland:

- Deutsche Graphologische Vereinigung (DGV)
- Fachverband Deutsche Graphologen (FDG)

Ohne Dachverband:

- Verband Schweizerischer Graphologen (VSG)

Die Recherchen haben ergeben[536], dass W. seine Ausbildung wahrscheinlich bei Dipl. Psych. Hermann Fischer gemacht und nach dessen Merkmalssystematik

---

[536] Laut persönlichen Mitteilungen von international anerkannten graphologischen Fachexperten und Exponenten der Berufsverbände, mehrheitlich akademisch graduierten Psychologen.

gearbeitet habe. Fischer war (möglicherweise promovierter) Psychologe, der in Heidelberg ein graphologisches Unterrichtszentrum führte. Eine Kollegin aus Deutschland schreibt der Autorin der Expertise: «Seine Methode war gut und gründlich – wenn auch heute etwas sehr veraltet.» Er hat beispielsweise 1956 ein Buch verfasst mit dem Titel: «Wie werde ich Menschenkenner? Menschen-, Charakter-, Handschriftenkunde», herausgegeben bei Kemper in Heidelberg.

> Darin bezieht sich Fischer im Kapitel «Die charakterologische Deutung der Handschrift» bei seinen Ausführungen auf namhafte und damals massgebliche Autoren wie Robert Heiss, Ludwig Klages, Hans Knobloch und Max Pulver, deren Schrifttum auch heute noch – mit zeitgemässen Anpassungen – weitgehend Gültigkeit hat und in einschlägigen Instituten gelehrt wird. Er verstand sich als Ausdruckswissenschaftler mit eindeutig psychologischem Hintergrund, grenzte sich klar von Physiognomik und okkulten Praktiken ab; seine Ausführungen bewegen sich auf der Höhe des damaligen Fachwissens und sind umfassend und differenziert, wie es etwa der Abschnitt über die Analyse des Strichs zeigt.
>
> Er mahnt, ein Gutachten nicht zum «Bösachten» werden zu lassen, subjektive Voreingenommenheiten zu vermeiden und die Beurteilung wertungsfrei zu halten.[537] An anderer Stelle moniert er, das «Warum von Wertempfindungen» festzustellen.[538] «Die Menschenbeurteilung kann nicht ernst und verantwortungsbewusst genug gehandhabt werden.»[539] Er betont, dass verbindliche Zukunftsprognosen nicht zu erwarten seien.

Der damals gebräuchliche, von ihm geleitete Fernkurs «war nicht schlecht und ist bis vor kurzem noch angeboten worden, wobei das Unterrichtmaterial wohl auf die 50er Jahre zurückgeht».[540]

Fischer hat in der Bielefelder Graphologischen Bibliographie (BGB) 45 Einträge in der Zeit von 1951 bis 1968. Er war Mitbegründer der graphologischen Zeitschrift Ausdruckskunde (1954–1958), die hervorgegangen war aus Graphologische Monatsberichte (1951–1952) und Graphologischer Dienst (1953). 1958 schied Fischer aus der Redaktion aus. Ab 1960 gab er die Graphologische Deutungspraxis heraus. Dies sind «Arbeitsblätter, die besonders kasuistisches Schriftenmaterial und seine Deutungen liefern und aus Volkshochschulkursen über Graphologie hervorgegangen sind...»[541] Dann folgte im Jahre 1964 die Zeitschrift Der Graphologe (1964–1965).

537 FISCHER, S. 32.

538 FISCHER, S. 64.

539 FISCHER, S. 32.

540 Persönliche Mitteilung von Renate Joos, Dipl. Psych.

541 Persönliche Mitteilung von Renate Joos, Dipl. Psych.

Laut telefonischer Mitteilung von seinem Sohn L. hat der Graphologe W. zunächst Schriftsetzer gelernt; auf dem zweiten Bildungsgang wurde er im Alter von etwa 25 Jahren Graphologe. Er wirkte in diesem Beruf selbständig in der Schweiz, zunächst in einer ländlichen Gegend. 1967 zog er nach Zürich, weil er sich dort bessere berufliche Rahmenbedingungen erhoffte. Er arbeitete in jenen Jahren offenbar sehr erfolgreich als Graphologe, meist auch noch am Wochenende, und war viel unterwegs.

Geschieden von seiner Frau, verbrachte er seine letzten Jahre in der Ostschweiz, wo er schon – in einem Kinderheim, da ihn seine Mutter verstossen hatte – aufgewachsen war. So habe er «seinen Selbstwert aus seinem beruflichen Erfolg bezogen». Diese Mitteilungen seines Sohnes lassen es als naheliegend erscheinen, dass das Thema Ehe und Familie für W. ein hochsensibles war.

Aufgrund der Unterschrift von W. lässt sich annehmen[542], dass es sich offenbar um eine differenzierte, sehr aufnahmefähige, offene und einfühlsame, autonome und verantwortungsbewusste Persönlichkeit handelte mit guter intellektueller Kompetenz und Kritikfähigkeit.

Ein Hinweis, wonach er für seine Praxis mit Inseraten geworben haben soll (was damals in Graphologenkreisen verpönt war, da diese sich meist wie Ärzte und Psychologen an deren ethischem Code orientierten, der solches verbot) konnte bislang nicht bestätigt werden. Hingegen zeugen die Stellen aus Inseraten in verschiedenen Printmedien, mit denen Fachleute gesucht werden, von der beruflichen Tätigkeit des Personalberaters und Diplom-Graphologen W.: Er tritt hier als Ansprechpartner für einzureichende Bewerbungsschreiben bei namhaften Firmen und Institutionen in Erscheinung.[543]

Die Methode, die W. zur Erstellung seiner Gutachten angewendet hat, erscheint indessen als dem damaligen Wissensstand entsprechend (vgl. dazu vor allem auch die Abschnitte 4. und 5.).

---

542 Nur annähernd, soweit möglich nach den vorhandenen Kopien; Originalhandschriften von ihm aus jener Zeit sind nicht verfügbar, und eine isolierte Unterschrift ist unzureichend für eine abschliessende Beurteilung.

543 Vgl. Resultate zu Google-Recherchen von 1974 bis 1993, im Anhang des Originalgutachtens.

Grundsätzliches zur Annahme des Auftrags seitens des Gutachters unter Berücksichtigung der zeitlichen Einordnung

Die Situation heute

Heutzutage ist die Regelung klar: Wird ein graphologisches Gutachten (auch «graphologische Analyse» genannt) erstellt, hat die betroffene Person ihr Einverständnis dazu abzugeben. Ohne ihr Wissen darum bedeutet die Ausstellung eines Gutachtens eine Verletzung des Persönlichkeitsrechts und damit des Datenschutzgesetzes.

Im Bundesgesetz (235.1) über den Datenschutz (DSG) vom 19. Juni 1992[544] steht im

> **2. Abschnitt: Allgemeine Datenschutzbestimmungen**
>
> Art. 4.
>
> 4 Die Beschaffung von Personendaten und insbesondere der Zweck ihrer Bearbeitung müssen für die betroffene Person erkennbar sein.
>
> 5 Ist für die Bearbeitung von Personendaten die Einwilligung der betroffenen Person erforderlich, so ist diese Einwilligung erst gültig, wenn sie nach angemessener Information freiwillig erfolgt. Bei der Bearbeitung von besonders schützenswerten Personendaten oder Persönlichkeitsprofilen muss die Einwilligung zudem ausdrücklich erfolgen.

Parallel sind in den 90er Jahren von graphologischen Gesellschaften und Dachverbänden explizit Ehrencodices erstellt worden, so etwa 1990 von der Association Déontologique de Grapholoques ADEG und 1992, in Redaktion derjenigen von 1972, von der Europäischen Gesellschaft für Schriftpsychologie EGS[545].

Im Code européen de déontologie der ADEG steht unter anderem[546]:

> Ad 8: Die Arbeit des Graphologen untersteht dem moralischen Respekt und professioneller Haltung.
>
> Ad 9: Seine Ausdrucksweise soll absolut unparteiisch sein und er muss Gefälligkeitsgutachten unbedingt ablehnen.
>
> Ad 10: Er darf keine Stellungnahme abgeben zu einem Dokument, von dem er weiss, dass es entwendet oder gestohlen worden ist.

---

544 http://www.admin.ch/ch/d/sr/2/235.1.de.pdf.

545 Vgl. Beilagen im Anhang des Originalgutachtens.

546 Code déontologique ADEG.

Die EGS gibt 1992 per 1993 den offiziellen Ehrenkodex, die Internationale Standesordnung für Graphologen, neu heraus;[547] sie ist heute in der Version von 2004 zu lesen. Dort heisst es:

> § 8: Als rechtmässiger Inhaber eines handschriftlich verfassten Schriftstückes im Sinne der graphologischen Auftragserteilung gilt allein der Schrifturheber; er hat sein schriftliches Einverständnis für die Erstellung einer graphologischen/schriftpsychologischen Analyse zu erteilen. Dieses Einverständnis ist als vorhanden zu betrachten, wenn der Text den handschriftlichen Vermerk «Handschriftprobe» enthält oder in der Anzeige des Auftraggebers deutlich vermerkt ist, dass ein handschriftlicher Lebenslauf oder eine «Handschriftprobe» verlangt wird. Liegt kein entsprechendes Einverständnis des Schrifturhebers vor, wird aber ein erkennbares höheres Interesse geltend gemacht, darf der Graphologe/Schriftpsychologe unter Beachtung aller gebotenen Vorsicht ein Gutachten erstellen (insbesondere gilt bezüglich Verantwortung nachfolgende Ziffer 9). Gerichtlich angeordnete graphologische Begutachtungen entbinden den Graphologen/Schriftpsychologen von einer Überprüfung bezüglich Einverständniserklärung.
>
> § 9: Das Gutachten/der Bericht ist ausschliesslich für den Auftraggeber bestimmt, der auch die alleinige Verantwortung für die Folgen, die im Falle einer Weitergabe an Dritte eintreten können, trägt. Der Graphologe/Schriftpsychologe darf die ihm ausgehändigten Dokumente und die dadurch gewonnenen Erkenntnisse nicht zum Nachteil Dritter verwenden.

Die Schweizerische Graphologische Gesellschaft SGG/SSG verweist in ihrer Homepage auf den Datenschutz. Dort steht zu den Richtlinien zum Datenschutz, an welche sich die Mitglieder zu halten haben[548]:

- Die Schriftautorin/der Schriftautor muss ihr/sein Einverständnis zur Analyse der Handschrift geben.
- Die Abgabe einer Handschriftprobe, einer handschriftlichen Bewerbung oder eines handschriftlichen Briefes bei einer Bewerbung wird als implizites Einverständnis zur graphologischen Beurteilung betrachtet.[549] Die schriftliche graphologische Beurteilung gehört dem Auftraggeber, der die Verantwortung für deren Verwendung trägt.
- Die schriftliche graphologische Beurteilung soll von der Schriftautorin, vom Schriftautor eingesehen werden können, beim Auftraggeber oder beim Graphologen, je nach Absprache.

---

547 Ehrenkodex-Standesordnung EGS.

548 Datenschutzrichtlinien SGG, Stand 2011.

549 Dieser Passus lautet neu: «Die Abgabe einer Handschriftprobe, einer handschriftlichen Bewerbung oder eines handschriftlichen Briefes bei einer Bewerbung soll in Text oder Begleittext ein explizites Einverständnis zur graphologischen Beurteilung enthalten.»

- Auf Wunsch muss der Schriftautorin, dem Schriftautor vom Auftraggeber kostenlos eine Kopie der schriftlichen Analyse abgegeben werden.
- Der Name des Graphologen, der Graphologin muss in der schriftlichen Analyse aufgeführt sein.
- Die SGG/SSG-Mitglieder sind an die Schweigepflicht gebunden.

Die Situation bis zu den 70er Jahren

Implizit galt dieser Grundsatz, keine Analysen ohne Wissen der Beteiligten auszufertigen, in der Praxis schon vorher. Dr. Kristin Bühler, die Studienleiterin der Graphologie in den frühen 70er Jahren am Seminar für Ausdruckskunde Basel, wies jeweils ihre Studenten kontinuierlich und deutlich darauf hin.

1972 wurde die Europäische Gesellschaft für Schriftpsychologie und Schriftexpertise e.V. EGS gegründet. In ihren Satzungen gab es bereits damals diese allgemeinen ethischen Anweisungen:

> § 2.4 Alle EGS-Mitglieder sind verpflichtet, sich so zu verhalten, dass dem Ansehen der Gesellschaft kein Schaden zugefügt wird. Alle als Schriftpsychologen praktizierende Mitglieder, gleich welcher Mitgliedskategorie sie angehören, sind verpflichtet, ihre Berufstätigkeit mit wissenschaftlichem Ernst, Umsicht und Verantwortungsbewusstsein auszuüben, so wie es die Rechtsordnung gebietet und die Öffentlichkeit erwartet.
>
> § 3.3 Bei Vorliegen eines wichtigen Grundes ist das Direktorium berechtigt, den Ausschluss eines Mitglieds zu verfügen. Das betroffene Mitglied kann die Ausschlussverfügung binnen einem Monat ab Zustellung des Ausschlussbescheides beim Schieds- und Ehrengericht begründet und dokumentiert anfechten. Dieses entscheidet endgültig.

Es wird hier also noch nicht ausdrücklich festgehalten, dass ohne das Einverständnis des Betroffenen kein graphologisches Gutachten ausgeführt werden darf oder soll; die Entscheidung wird sozusagen dem persönlichen Empfinden des Graphologen anheimgestellt, der lediglich allgemein zu verantwortungsvollem Handeln angehalten wird.

In noch früheren Jahren wurde der Grundsatz auch von im übrigen seriös arbeitenden Graphologen wohl nicht immer strikt eingehalten. Heinrich Pfanne beklagt in seinem 1961 erschienen Lehrbuch denn auch, dass es auf diesem Gebiet keine verbindlichen Rechtsgrundlagen gebe. In seiner Anleitung zur Abfassung eines Gutachtens führt er einen Katalog von vorgängig zu klärenden Fragen auf[550], darunter:

> 10. In welchem Verhältnis steht der Auftraggeber zum Schreiber?

550 PFANNE, Lehrbuch, S. 428.

> 11. Wozu soll das Gutachten dienen? (...)
>
> 12. Weiss der Schreiber von dem Auftrag zur Analyse seiner Schrift? Wenn nein, warum nicht? Wenn ja, warum erteilt er den Auftrag nicht selbst?

Dazu führt er aus:

> Die letzten drei Fragen[551], von deren glaubwürdiger Beantwortung ich persönlich die Ausführung einer Analyse unter allen Umständen abhängig mache, zielen freilich weniger darauf ab, auf aussergraphologischem Wege Kenntnisse über den Schreiber zu gewinnen, als vielmehr die ***moralische Berechtigung*** des Auftraggebers zur Erteilung des Auftrages zu prüfen. Ich habe an anderer Stelle[552] schon darüber gehandelt, dass der Mangel einer gesetzlichen Regelung den Graphologen nicht dazu veranlassen darf, ***psychodiagnostische Gutachten für jedermann über jede Schrift zu erstatten***. Er muss sich vielmehr innerhalb des ihm möglichen Rahmens vergewissern, dass ***der Auftraggeber eine anzuerkennende Berechtigung zur Erteilung des Auftrages hat***. Leider ist der Kreis derjenigen, die einen Graphologen nur aus blosser Neugier oder gar aus unlauteren Motiven in Anspruch nehmen, sehr gross. Gerade deshalb empfiehlt es sich aber für den Graphologen, die Ausführung des Auftrages von der Beantwortung der vorstehenden Fragen abhängig zu machen. (Kursive von der Autorin.)

Die Folgerung ist, dass der «Auftraggeber sein berechtigtes Interesse am Ergebnis der Analyse glaubhaft machen» muss.[553]

Ob Diplom-Graphologe W. in diesem Sinne gehandelt hat, ist im nachhinein kaum überprüfbar und erscheint aus heutiger Sicht zumindest fragwürdig, auch wenn sein Verhalten möglicherweise einer damals unter manchen Graphologen noch recht verbreiteten Praxis entsprach. W. war offenbar auch nicht Mitglied in einem der damals existierenden und anerkannten Verbände und musste sich deren Satzungen und Codices' nicht direkt verpflichtet fühlen, auch wenn diese den damaligen Zeitgeist und die generell herrschende Auffassung unter den verbandesmässig organisierten Graphologen widerspiegeln und schliesslich auch den Ermahnungen seines mutmasslichen Lehrers entsprechen.

In diesem Licht erscheint es immerhin grundsätzlich bedenkenswert, ob unter fragwürdigen Umständen erstellte Dokumente zur Beantwortung von Fragen im Rahmen eines kirchengerichtlichen Verfahrens hinzugezogen werden sollen. Ob hier, im Sinne des Ehrenkodex' der EGS, ein «erkennbares höheres Interesse geltend gemacht» werden kann, ist nach 41 Jahren und aufgrund des vorliegenden Materials nicht klar zu beurteilen.

---

551 Gemeint sind die genannten Fragen 10, 11 und 12.

552 PFANNE, Wesen, S. 85 ff.

553 PFANNE, Lehrbuch, S. 428.

Allerdings ist W. im Sinne von in dubio pro reo auch zwanglos zuzugestehen, dass ihm als verantwortungsvollem Fachmann, der er aufgrund seiner als seriös zu vermutenden Ausbildung wohl war, die Zukunft der jungen Frau ein echtes Anliegen war und es ihm ehrlich darum ging, sie zur Vorsicht zu mahnen. Seine eigene Lebensgeschichte legt überdies die Vermutung nahe, dass er vom Thema Ehe und Familie persönlich stark angesprochen war und er sich auch deshalb in dieser Art und Weise engagierte. Die Mutter der Braut als Auftraggeberin schien ihm demnach, im Sinne Pfannes, «eine anzuerkennende Berechtigung zur Erteilung des Auftrags» zu haben.

Für seine Qualifikation als Fachmann spricht schliesslich auch der Umstand, dass dieser Ehe tatsächlich keine längere Dauer beschieden war und sie nach nur fünf Jahren bereits wieder geschieden wurde – er hatte also offenbar richtig erkannt, dass von den beiden Charakteren her die Grundlage für eine gute Partnerschaft kaum gegeben war.

2. Lässt sich ein graphologisches Gutachten in seiner Qualität beurteilen, wenn die Schriftunterlagen, auf denen es beruht, der Begutachtung nicht mehr zugrunde gelegt werden können? Falls ja, in welchem Ausmass, mit welchen Einschränkungen?

Ein graphologisches Gutachten, zu welchem die zugehörigen und zugrundeliegenden Handschriften nicht mehr greifbar und also unbekannt sind, lässt sich in seiner Qualität nicht wirklich beurteilen. Es können nur allgemeine Feststellungen gemacht werden, welche grundsätzlich die gemachten Aussagen und den qualitativen Inhalt betreffen; es stellt sich also die Frage: Ist es ***grundsätzlich*** möglich, aufgrund einer Handschriftanalyse zu solchen Aussagen zu gelangen? Es kann nichts dazu gesagt werden, ob im Einzelfall eine Aussage auf die zu begutachtende Person zutrifft oder nicht. Zu den grundsätzlich möglichen Aussagen wird unter (4.) Stellung genommen.

3. Wie ist die Tatsache zu bewerten, dass die Auftraggeberin im Hinblick auf diese Gutachten klare Erwartungen hatte, nämlich ihre Tochter damit überzeugen zu wollen, den Partner nicht zu heiraten? Hat eine solche Ausgangslage sicher keinen Einfluss auf den Graphologen oder kann sie sein Gutachten beeinflussen?

Offenbar hatte die Auftraggeberin klar die Absicht, ihre Tochter zu beeinflussen und sie, möglicherweise im Auftrag oder auf Drängen ihres Ehemannes und Vaters der Tochter, von dieser Heirat abzuhalten. Es ist nicht bekannt, inwieweit sie den Graphologen kannte oder in welcher Art Beziehung sie zu ihm stand; auch über die Person des Diplom-Graphologen W. ist sehr wenig bekannt. Es ist wohl davon auszugehen und ihm zugute zu halten, dass er nach damaligem Dafürhalten seriös und mit guten Absichten gehandelt und gearbeitet hat; er verwahrt sich jedenfalls ausdrücklich gegen eine Beeinflussung, indem er gleich eingangs des Partnervergleichs festhält: «Es kann und soll weder Sinn und Zweck dieser Arbeit sein, eine Ehe mit diesem Partner zu empfehlen noch davon abzuhalten. Vielmehr sollen die charakterlichen Gegebenheiten möglichst sachlich erfasst und dargelegt werden, um so eine Entscheidung zu erleichtern oder herbeiführen zu helfen, klärend zu wirken.» Trotzdem kann eine Beeinflussung nicht völlig ausgeschlossen werden (formal fällt auch auf, dass der Vergleich nur mit «Herrn, Italiener» betitelt ist, was auf einen einseitigen Vergleich hinsichtlich der Passung hinweist).

Es ist also möglich, dass das Gutachten – allenfalls unbewusst – auf eine Weise erstellt wurde, die den Wünschen der Auftraggeberin entsprach. Dieser Eindruck wird natürlich verstärkt durch die vielen negativen Wertungen sowie die Schlussfolgerung im Partnervergleich, doch ist es genau so gut auch möglich und eher wahrscheinlich, dass W. von der Schrift selber her unangenehm berührt war und von daher auf seine Wortwahl geführt wurde. Schliesslich muss festgehalten werden, dass die Graphologen von Berufs wegen und von ihrer Ausbildung her fähig sein müssen und es weitestgehend auch sind, sich äusseren Beeinflussungen zu entziehen. Die diesbezüglich grössere Gefahr geht viel eher von der Schrift selbst aus, die einen bestimmten Anmutungscharakter mitbringt und dadurch beim Betrachter etwas auslöst: eine Reaktion, welche dieser im Falle einer Begutachtung sorgfältig zu analysieren und dann auch zu neutralisieren hat. Darauf hat ja auch der mutmassliche Lehrer von W. bereits 1956 hingewiesen, indem er moniert, «subjektive Voreingenommenheiten zu vermeiden und die Beurteilung wertungsfrei zu halten» sowie «das ‹Warum von Wertempfindungen› festzustellen».[554]

Aufgrund der vorliegenden Gutachten entsteht freilich der Eindruck, dass diese Arbeit zumindest ein Stück weit auf der Strecke geblieben ist. Dazu ist wiederum festzuhalten, dass dieser eminent psychologische Teil der Arbeit auch damals schon vielen Graphologen (vor allem den Psychologen und insbesondere den Psychoanalytikern unter ihnen) geläufig, jedoch (noch) nicht allgemein verbreitet war. Auch erlaubten sich manche Graphologen eine Wortwahl, die tendenziös anmutet und die sich heute, im Zuge des Daten- und Persönlichkeitsschutzes, gleichsam von selbst verbietet. Aus dieser Perspektive betrachtet sind die

[554] FISCHER, S. 32 ff.

vorliegenden Gutachten in ihrer Formulierung wenn auch nicht gerade als beispielhaft, jedoch auch nicht als ausgesprochen auffällig anzusehen.

4. Sind die Aussagen, welche Herr W. in den vorliegenden Gutachten über die beiden Personen macht, im grossen und ganzen innerhalb der Grenzen dessen, was ein Graphologe aufgrund einer Handschrift von jemandem aussagen kann? Gibt es darin Sätze, die Bewertungen oder Interpretationen enthalten, die den Rahmen dessen überschreiten, was sich auf Grund einer Handschrift erkennen und sagen lässt? Wenn ja, welche Aussagen überschreiten diesen Rahmen?

Zum Gutachten über «Dame, Sekretärin, geb. 1948»

Das Gutachten ist in vier Kapitel gegliedert:

«Intelligenz – Charakter – Arbeitseigenschaften – Mitmenschliches Verhalten».

Diese Einteilung entspricht der allgemein üblichen und handlichen, wie sie auch heute häufig noch verwendet werden; die Autorin hat das genauso gelernt und benützt die Einteilung heute quasi synonym, aber moderner formuliert: «Intellektuelle Kompetenz – Persönliche Kompetenz – Handlungskompetenz – Soziale Kompetenz», wenn auch in leicht veränderter Reihenfolge.[555]

Ad Intelligenz: Inhaltlich ist dieses Kapitel unauffällig, es handelt sich um Aussagen, die sich grundsätzlich aus einer Schrift ableiten lassen, ausser der Feststellung, dass die Schreiberin dazu neige, «Geheimnisse auszuplaudern»: Nach heutiger Auffassung ist ein so ***konkretes Verhalten nicht feststellbar***. («Diskretion» war vermutlich zu jener Zeit ein beliebter Topos, nach dem immer wieder gefragt wurde, vor allem auch in beruflichem Zusammenhang.) Ein heutiger Gutachter würde vorsichtiger formulieren und beispielsweise sagen, dass sie jemand sehr offener sei und rasch reagiere auf alles, was um sie herum passiere (ob diese Aussage auf die gemeinte Person tatsächlich zutrifft, ist damit nicht gesagt, da die Schrift ja nicht bekannt ist).

Ad Charakter: auch hier gilt, dass grundsätzlich alle Aussagen aufgrund einer Handschriftanalyse möglich sind, wobei die Beschreibung natürlich etwas veraltet anmutet. Und eine ***Wertung*** wie «sauberer und lauterer Charakter» verbietet sich heutzutage ein Graphologe, er würde eher Wert legen auf eine pflichtbewusste Einstellung und gewissenhafte Arbeitsweise.

Ad Arbeitseigenschaften: Dieses Kapitel ist unauffällig und erscheint korrekt und angemessen.

---

[555] Vgl. dazu Diagramm mit Erläuterung in der Dokumentation des Originalgutachtens.

Ad Mitmenschliches Verhalten: Auch hier gilt das bereits bei Charakter Gesagte, wobei wieder die in «aufrichtig» implizit enthaltene Wertung auffällt (diese Wortwahl assoziiert sich sofort mit ihrem Gegenteil unaufrichtig, eine Feststellung, die sich eben heutzutage verbietet).

Insgesamt erscheint das Gutachten durchaus haltbar, abgesehen von den wenigen, vor allem auch zeitbedingten erwähnten Besonderheiten.

Zum Gutachten über «Herrn, Italiener, geb. 1945»

Hier muss ein weiterer Vorbehalt angebracht werden, denn es erscheint grundsätzlich möglich (und ist vielleicht noch nachzuprüfen), dass der genannte Italiener entweder generell oder aber im Deutschen ***schreibungewandt*** war. In diesem Fall stünde natürlich das ganze Gutachten in Frage.

Ad Intelligenz: Inhaltlich erscheint dieses Kapitel weitgehend korrekt, doch finden sich hier vermehrt pointierte Wertungen: es wird vermerkt, dass der Schreiber «gefährlich gewandt», dass seine Kritik «brutal» und seine Phantasie «ungepflegt» sei, wobei es hier auch nicht ganz klar ist, was sich der Leser darunter vorzustellen hat. Die Feststellung, dass er nicht wisse «auf Diskretion zu halten» ist zu konkret wie bereits zum ersten Gutachten angemerkt.

Ad Charakter: Auch dieses Kapitel kann inhaltlich an sich korrekt sein, doch fällt die wertende Ausdrucksweise viel stärker ins Gewicht: Der Schreiber ist «weniger lobenswert», er sei «brutal» und «werfe andere um» – heute würde ein Graphologe versuchen, die ganze Problematik sachlicher zu beschreiben und von der Dynamik her zu erklären. Dass von «Liebe und Hass» gesprochen wird, lässt Ambivalenzzeichen vermuten, doch scheint es aus heutiger Sicht zu simpel und zu pauschal und nicht angebracht, diese Ausdrücke so zu verwenden.

Ad Arbeitseigenschaften: Auch hier findet sich wieder eine Wertung: Er «kneift vor der Verantwortung». Heute würde der professionelle Graphologe versuchen zu beschreiben, weshalb es jemandem schwer fällt, echte Verantwortung zu übernehmen, und zwar in einer Weise, die der Betroffene auch versteht, damit er etwas davon profitieren und an sich arbeiten kann.

Ad Mitmenschliches Verhalten: Auch hier gilt das eben Gesagte – inhaltlich möglicherweise richtig, wirkt die Wortwahl altmodisch und die Ausdrucksweise stark wertend, manchmal auch allzu konkret, etwa wenn festgehalten wird, dass der Schreiber «seine Pläne fast stündlich umwirft».

Zum Partnervergleich über «Herrn, Italiener, geb. 1945»

Formal fällt wie erwähnt auf, dass der Vergleich nur mit «Herrn, Italiener» betitelt ist, was auf einen einseitigen Vergleich Tochter – Bräutigam und nicht umgekehrt hinweist, was auch zum Auftrag von Seiten der Brautmutter passt.

Grundsätzlich gilt das bereits oben Gesagte – inhaltlich dürfte das meiste richtig sein (unter dem Vorbehalt, dass der Schreiber ***nicht schreibungewandt*** war zum Zeitpunkt der Begutachtung), doch wirkt die Wortwahl sehr wertend bis abwertend: «ein Mann, dem man klugerweise ausweichen sollte», «Primitivnatur», die mit «ungeschliffenen geistigen Waffen nur so um sich wirft». Daneben werden durchaus auch Potentiale aufgezeigt, auch die Primitivnatur hat ihre Vorteile, «unter strenger und aufbauender Kontrolle kann er allerhand leisten», er zeigt «echte Lebensfreude». Aber er ist «gerissen» und «aalglatt».

Die Schlussfolgerung indessen erscheint nachvollziehbar. Der Graphologe äussert sich hier auch nicht kategorisch negativ, sondern rät, «nichts zu überstürzen» und zu beobachten. Die Dame ist für ihn kindlich und unreif, aber kultivierter, der Herr ist «noch nicht ehereif». Des Graphologen Empfehlung lautet streng genommen ***ablehnend für den aktuellen Zeitpunkt: «Zuwarten und Beobachten»***, er mahnt also zur Vorsicht.

Zusammenfassend lässt sich festhalten, dass diese Gutachten, unter Beachtung der Vorbehalte,

- inhaltlich weitgehend richtig sein dürften und das heutige graphologische Aussage-Spektrum respektieren – bis auf ganz wenige Stellen, welche indessen dem damaligen Wissenstand entsprechen dürften;
- in der Formulierung zum Teil stark (und dabei meist negativ) wertend sind, was zum Teil allerdings dem damaligen, jedoch nicht von allen Fachleuten übernommenen Zeitgeist entsprach.

5. Welchen Gesamteindruck hinterlassen diese Gutachten von Herrn W. bei einer erfahrenen Graphologin?

Die vorgelegten graphologischen Gutachten machen durchaus den Eindruck einer soliden handwerklichen Arbeit, wobei der Begutachter sehr engagiert erscheint und sich in seinen Wertungen zu relativ starken und auch negativen Ausdrücken hinreissen lässt. Dies entspricht – wie auch die Tatsache, dass die Gutachten offenbar ohne Wissen der Beteiligten erstellt wurden – wie erwähnt zum Teil dem damaligen Zeitgeist, der aber gerade von den in Fachverbänden organisierten Fachleuten auch damals schon hinterfragt und kritisiert wurde. Es wurde erkannt, dass einer seriösen Arbeit eine respektvolle und klare ethische Haltung zugrunde liegen muss, um den Klienten nicht zu schaden und um die

Graphologie als letztlich psychologische Diagnostikmethode nicht in Misskredit zu bringen.

Ohne Einsicht in die den Gutachten zugrunde liegenden Original-Handschriften ist jedenfalls eine abschliessende Beantwortung dieser Frage nicht möglich.

Allgemeine Beurteilung

***Vorbehalte**:*

1. Es besteht keine völlige Sicherheit bezüglich der tatsächlichen Existenz dieser Gutachten im Original.
2. Es kann nicht überprüft werden, ob sich die ausgeführten Gutachten tatsächlich auf die gemeinten Personen beziehen, im vorliegenden Fall insbesondere auch, da die Personen nicht mit Namen genannt sind.
3. Es wäre zu überprüfen, ob der Herr «Italiener» zum Zeitpunkt des Verfassens der Schriftprobe nicht schreibungeübt war.

***Stellungnahme zu den einzelnen Fragen**:*

1. Die Methode, die W. zur Erstellung seiner Gutachten angewendet hat, entspricht offenbar dem damaligen Wissensstand. Allerdings erscheint es grundsätzlich bedenkenswert, ob unter fragwürdigen Umständen erstellte Dokumente – hier ohne Wissen der Beteiligten angefertigte graphologische Gutachten – zur Beantwortung von Fragen im Rahmen eines kirchengerichtlichen Verfahrens hinzugezogen werden sollen. Ob hier, im Sinne des Ehrenkodex' der EGS, ein «erkennbares höheres Interesse geltend gemacht» werden kann, ist nach 41 Jahren und aufgrund der vorliegenden Materials nicht klar zu beurteilen.

   Allerdings lässt sich W. im Sinne von in dubio pro reo auch zwanglos zugestehen, dass ihm als verantwortungsvollem Fachmann, der er aufgrund seiner als seriös zu vermutenden Ausbildung wohl war, die Zukunft der jungen Frau ein echtes Anliegen war und es ihm ehrlich darum ging, sie zur Vorsicht zu mahnen.

   Für seine Qualifikation als Fachmann spricht schliesslich auch der Umstand, dass dieser Ehe tatsächlich keine längere Dauer beschieden war und sie nach nur fünf Jahren bereits wieder geschieden wurde – er hatte also offenbar richtig erkannt, dass von den beiden Charakteren her die Grundlage für eine gute Partnerschaft kaum gegeben war.
2. Sind die zu beurteilenden Handschriften nicht mehr zugänglich, ist es nicht möglich zu überprüfen und also mit Sicherheit festzustellen, ob die

gemachten Aussagen wirklich auf die gemeinten und zu begutachtenden Personen zutreffen. Es können nur allgemeine Feststellungen gemacht werden, welche grundsätzlich die vorgefundenen Aussagen hinsichtlich ihrer aufgrund der Graphologie möglichen Machbarkeit betreffen.

3. Eine Beeinflussung des Graphologen durch die Auftraggeberin ist nicht wahrscheinlich, kann jedoch nicht gänzlich ausgeschlossen werden. Wahrscheinlicher ist eine Beeinflussung durch das Schriftbild selbst.
4. Es lässt sich festhalten, dass die vorliegenden Gutachten, unter Beachtung der Vorbehalte,
   - inhaltlich weitgehend richtig sein dürften und das heutige graphologische Aussage-Spektrum respektieren – bis auf ganz wenige Stellen, welche indessen dem damaligen Wissenstand entsprechen dürften;
   - in der Formulierung zum Teil stark (und dabei meist negativ) wertend sind, was zum Teil allerdings dem damaligen, jedoch nicht von allen Fachleuten übernommenen Zeitgeist entsprach.
5. Die vorgelegten graphologischen Gutachten machen durchaus den Eindruck einer soliden handwerklichen Arbeit, wobei der Begutachter allerdings sehr engagiert erscheint und sich in seinen Wertungen zu relativ starken und auch negativen Ausdrücken hinreissen lässt. Ohne Einsicht in die den Gutachten zugrunde liegenden Schriften ist jedoch eine abschliessende Stellungnahme nicht möglich.

***Stellungnahme zu der grundsätzlichen Fragestellung*:**

Sind die vorliegenden Gutachten geeignet bzw. haben sie Beweiswert für die Beantwortung der Frage, ob die 1970 geschlossene Ehe gültig ist?

Die persönliche Qualifikation des Gutachters W. kann heute kaum mehr adäquat beurteilt werden, da die zugänglichen Daten allzu spärlich sind; seine fachliche Ausbildung und ***berufliche Qualifikation*** erscheinen indessen, soviel die aktuellen Recherchen und die Prüfung der Gutachten ergeben haben, als ***vermutlich hinreichend***.

Es gibt allerdings verschiedene Punkte, die fragwürdig, zu bedenken oder nicht zu beantworten sind:

- Laut Vorbehalt besteht keine völlige Sicherheit darüber, ob diese Gutachten im Original tatsächlich existieren und ob sie sich auch auf die gemeinten Personen beziehen, insbesondere, da diese nicht mit Namen genannt werden.
- Das Zustandekommen der Gutachten ist aus heutiger, jedoch auch bereits aus der Sicht der 70er Jahre unter fragwürdigen Umständen geschehen, weil sie ohne Wissen der Betroffenen eingeholt wurden.

- Da die zugrunde gelegten Handschriften nicht einsehbar sind, kann nicht mehr gültig nachgeprüft werden, ob die Inhalte der Gutachten wirklich zutreffen.

Immerhin kann eher angenommen werden, dass keine nennenswerte Beeinflussung des Gutachters stattgefunden hat. Auch ist dem Gutachter W. eine wahrscheinlich zureichende berufliche Qualifikation zuzuschreiben und in gewissem Mass zuzugestehen, dass er in diesem Auftrag wohl ein «erkennbares höheres Interesse» erblickt hat, dass ihm als verantwortungsvollem Fachmann die Zukunft der jungen Frau ein echtes Anliegen war und es ihm ehrlich darum ging, sie zur Vorsicht zu mahnen.

Schlussfolgerung

In diesem Sinne darf wohl, unter der Voraussetzung, dass alle erwähnten Vorbehalte dahinfallen und der Gutachter inhaltlich richtig lag, den vorgelegten graphologischen Gutachten ein gewisser Beweiswert zugesprochen werden im Sinne eines Indizes, dass aufgrund der charakterlichen Voraussetzungen der beiden beteiligten Partner dieser Ehe keine glückliche Zukunft bevorstehen konnte und sie demgemäss ihren eigentlichen Sinn nicht zu erfüllen vermochte.

Dokumentation:

Verwendete Gutachten, Vergrösserte Unterschriften von W. US 1, US 2 und US 3, die erwähnten ethischen Codes von ADEG, EGS und SGG, Persönlichkeitsdiagramm, Liste der Graphologischen Gesellschaften und Dachgesellschaften, Literaturhinweise, Google-Recherchen.

Gerichtsentscheid[556]

Die kirchliche Judikatur dieses Falles wird, soweit bekannt, ausgeführt unter V. A. 8.: Für die kirchliche Annullierung einer Ehe wäre nachzuweisen, dass bei einem Partner ein ***schwerer Mangel im Urteilsvermögen (can. 1095, 2° CIC)*** zum Zeitpunkt der Eheschliessung vorhanden gewesen war. In der Beweisführung würdigte das Gericht – neben den Aussagen der Zeugen – ausführlich den graphologisch-kritischen Beitrag. Das Gericht kam jedenfalls zu folgendem Schluss:

Es ist (...) nicht erwiesen, dass der Mann bei der Heirat an einem schweren Mangel im Urteilsvermögen im Hinblick auf die wesentlichen ehelichen Rechte und Pflichten, die gegenseitig zu übertragen und zu übernehmen sind, gelitten hätte.

---

556 Vgl. dazu auch die Ausführungen unter Kap. V.A.8.

3. Die Begutachtung von Falsch-Gutachten aufgrund falscher Ausgangslage

Hier handelt es sich um ein Kapitel aus der Vorgeschichte des Falles, der bereits unter V.A.6. (Judikatur) im dortigen Zusammenhang erwähnt und im Bundesgerichtsurteil 6B_448/2017 dokumentiert wurde. Die Parteien hatten sich geeinigt, die Sache durch ein unabhängiges Schiedsgericht entscheiden zu lassen.

Partei A hatte Partei B vorgeworfen, einen unterschriebenen Vertrag, indem es um einen hohen achtstelligen Betrag ging, nicht eingehalten zu haben. Die Schriftexpertin erhielt den Auftrag, die Unterschriften auf dem Vertrag sowie auf Begleitbriefen zu prüfen und zu vergleichen mit dem vorhandenen Material, das aus älteren sowie aktuell angefertigten Unterschriften bestand.

Ein zweiter Auftrag bestand darin, in einem nächsten Schritt eine Anzahl von verschiedenen früheren Expertisen zur selben Fragestellung (es handelte sich dabei um Parteigutachten) zu begutachten, die zu einem gegenteiligen Ergebnis gekommen waren.

Die vorgelegten Unterlagen werden wie folgt bezeichnet:

Str*ittige Gruppe:*

Konvolut X – sieben Unterschriften X auf dem Vertrag im Original
Konvolut Y – drei Unterschriften Y in Begleitbriefen in Kopie

Vergleichsgruppe*:*

Konvolut V – 20 frühere Vergleichsunterschriften V im Original
Konvolut W – 40 aktuell einverlangte Vergleichsunterschriften W im Original

Auftrag 1*:*

Die Schriftexpertin kam zum Schluss, dass

- die Schriften von Konvolut X und Y übereinstimmten (mit Vorbehalt, da Y nur in Kopie vorhanden – einer Kopie liegt ***niemals mit Sicherheit*** auch ein identisches Original zugrunde!)
- die Vergleichsschriften V und W bezüglich wesentlicher Merkmale nicht mit den strittigen Schriften übereinstimmten

und somit ***Partei B den Vertrag «mit höchster Wahrscheinlichkeit» nicht unterschrieben habe.***

Auftrag 2*:*

Die Sichtung der früheren Expertisen ergab, dass die damaligen Experten sämtlich nicht das gleiche aktuelle Vergleichsmaterial erhalten hatten. Partei A hatte ihnen Folgendes vorgelegt:

Strittige Gruppe:

Konvolut X – sieben Unterschriften X auf dem Vertrag im Original

Vergleichsgruppe:

Konvolut Y – drei Unterschriften Y in Begleitbriefen in Kopie

Dokument V – eine (!) frühere Vergleichsunterschrift V im Original

Die sieben Experten kamen unabhängig voneinander zum selben Schluss, nämlich dass

- die Schriften X und Y übereinstimmten (mit Vorbehalt, da Y nur in Kopie vorhanden)
- die Schrift V als einzige Vergleichsschrift abweichende Merkmale zeigte, die jedoch – da isoliert – nicht so recht eingeordnet werden konnten und deshalb als individuelle Variante eingestuft wurde

und somit ***Partei B den Vertrag wahrscheinlich unterschrieben habe***.

Die Kritik enthielt in diesem Fall die Folgerung, dass die früher zugezogenen Experten allerdings richtig festgestellt hatten, dass die Schriften X und Y übereinstimmten und so zu ihrem zwar falschen, aber logischen Schluss kommen mussten, Partei B habe den Vertrag unterschrieben.

Sie hätten jedoch unbedingt umfassenderes Vergleichsmaterial auch im Original beantragen müssen.

Der Schiedsrichter befand die neue Expertise für schlüssig, *lege artis* ausgeführt und übereinstimmend mit weiteren Ergebnissen aus anderen Quellen: es lagen eine zweite aktuelle, unabhängig und fachmännisch ausgeführte Expertise vor (die übrigens bezüglich der Begutachtung der früheren Expertisen zum gleichen Schluss gelangte) sowie weitere Indizien, die klar ***dagegen*** sprachen, dass Partei B die Unterschriften geleistet haben konnte.

Der Schiedsspruch lautete demgemäss, Partei B habe den strittigen Vertrag ***nicht unterschrieben*** und müsse der Forderung von A nicht nachkommen.

E. Expertisen und Analysen bei Kunst- und Geschichtsfälschungen

1. Kunstexpertise: Signaturenprüfung bei einem Gemälde

Bei einer Kunstexpertise gilt es immer, verschiedene Aspekte zu berücksichtigen. Im vorliegenden Fall lauteten die Fragestellungen:

1. Hat der Maler Claude Monet dieses Gemälde gemalt?
2. Hat der Maler Claude Monet die Signatur auf dem Gemälde angebracht?

Dabei ist die erste Frage grundsätzlich von einem oder besser mehreren, in verschiedenen Richtungen spezialisierten Kunstexperten zu beantworten; die Signaturenspezialistin sollte allerdings idealerweise Kenntnisse in Kunstgeschichte vorweisen können. Diese werden am Rande mitberücksichtigt. Wird indessen die zweite Frage verneint, ist auch die Beantwortung der ersten Frage hinfällig: Auch bei einer allfällig positiven Beantwortung wird das Gemälde nicht dem fraglichen Künstler zugeschrieben und in den *Catalogue raisonné* aufgenommen werden können.

Gemälde mit Baum in gelb-braunem Feld, sign. Claude Monet 1907

1. Historische Analyse: Provenienz[557]

Zur Provenienz liegen keine Angaben vor.

2. Maltechnische Analyse: Malstil

Auf den ersten Blick könnte das Bild als Monet durchgehen, zeigt es doch eine «impressionistische» Malweise. Auch sind Bilder von Monet in diesen Farbtönen bekannt.

Bei näherem Hinsehen zeigen sich aber gewisse Auffälligkeiten:

- die Baumstämme sind ungenau gemalt, ihr Verlauf und ihre Struktur sind nicht wirklich nachzuvollziehen;
- auch das Blattwerk und allgemein die Malweise sind undifferenziert;
- die Häuser im Hintergrund sind unscharf und nicht klar wahrzunehmen, was sonst bei Monet immer möglich ist.
- Die Farbgebung wirkt plakativ und ebenfalls wenig differenziert.

557 Bei der endgültigen Authentifizierung von Kunstwerken kommt diesem Gesichtspunkt ein eminent wichtiger Stellenwert zu.

- Die Pinselführung ist ebenfalls als relativ grob und wenig differenziert zu bezeichnen.

3. Kunsthistorische Analyse: Zeitliche Einordnung

Monet hat zwar viele ländliche Sujets mit Feldern und Bäumen gemalt, aber früh schon, vor allem in den 1870er Jahren, Landschaften sehr häufig in Verbindung mit Wasser dargestellt. Ebenfalls relativ früh hat er begonnen, in Serien zu malen, indem er ein Sujet wiederholt unter verschiedenen Bedingungen und in verschiedener Farbgebung darstellte. In späteren Jahren hat er praktisch nur noch in dieser Art in Serien gemalt, so ab 1900 zum Beispiel im nebligen London; aus dem Jahr 1907 sind nur Seerosenbilder bekannt, ab 1908 auch Bilder von Venedig.

Eine solche Landschaft wie die vorliegende von 1907 passt also in keiner Weise in die «kunsthistorische Landschaft».

4. Die Signatur

Monets Signatur ist über die Jahre hinweg erstaunlich einheitlich geblieben (es folgen Beispiele von 1866–1907).

Freilich wirkt seine Signatur am Anfang etwas manirierter, vor allem durch die betonte Endung mit dem eigenwilligen t-Querstrich, aber auch durch die betonte Rückläufigkeit in der Oberzone des d. Das M wird bald sehr regelmässig mit ziemlich spitzen Winkeln gesetzt, welche die anfänglichen Arkaden ablösen.

Bezüglich der Lage, die fast immer leicht linksschräg ist, gibt es ein paar wenige Ausnahmen, wo sie klar rechtsschräg wird, offenbar in Anlehnung an seine Handschrift, dabei vermutlich aber später ins Bild gesetzt, nicht ***nass in nass***.

Fast immer ist die Verbindung im Vornamen Claude zwischen **C** und **l** zu sehen, manchmal nur andeutungsweise, doch die Tendenz zur Schleifenbildung ist jeweils auszumachen.

Die Signatur auf dem fraglichen Gemälde weist dagegen mehrere absolut untypische Details auf, die ***nicht in die zu erwartende individuelle Variationsbreite eingeordnet*** werden können:

- das ***C*** wirkt unorganisch steif, tendenziell verbogen
- das kleine ***l*** in Claude zeigt keine Tendenz zur Schleife, während in den authentischen Signaturen deutlich die Verbindung zwischen ***C*** und ***l*** zu sehen ist
- das ***d*** hat eine Oberlänge, die in ihrer Art und Linksläufigkeit völlig übertrieben ist

- das ***M*** ist in dieser Form grundsätzlich ebenfalls nie anzutreffen: es ist in zwei Abstrichen gemacht, nicht wie sonst in einem Auf-Ab-Auf-Ab-Zug; auch wirkt der zweite Abstrich ebenfalls etwas verbogen
- die Kleinbuchstaben sind unorganisch und stereotyp in zwei Tupfern hingesetzt
- der ***t***-Querstrich ist ebenfalls völlig übertrieben in Länge und Breite; vor allem weist er nach rechts oben, während er in den authentischen Signaturen horizontal oder nach unten weisend steht, und er überragt deutlich die Jahreszahl, ein Element, das so bei Monet nie vorkommt.

Die Signatur muss deshalb als ***nachgeahmt*** eingestuft werden.

5. Technische und chemische Analysen:

Aufgrund der vorangehenden Befunde kann auf technische und farbchemische Untersuchungen verzichtet werden.

Schlussfolgerung:

Das vorliegende Gemälde ist mit an Sicherheit grenzender Wahrscheinlichkeit nicht Claude Monet (1840–1926) zuzuschreiben.

2. Eine historische Handschriftanalyse: Fälscher von archäologischen Funden

Schriftpsychologische Analyse für James Mellaart (1925–2012)

Vorgeschichte

Die «Bekanntschaft» der Co-Autorin mit James Mellaart ist zustande gekommen an Vorträgen von Eberhard Zangger[558] zur relativ unbekannten Kultur und Schrift der Luwier, einem indogermanisch-anatolischen Volk, das im kleinasiatisch-ägäischen Raum neben der pharaonischen, der hethitischen und der phönizischen eine weitere Hochkultur sowie in einigen Gebieten eine Keilschrift, in anderen eine Hieroglyphenschrift entwickelt hatte. Zangger hatte längere Zeit mit dem Forscher Mellaart zusammen gearbeitet und sich auf von diesem zur Verfügung gestelltes Material wie archäologische Schriften, Skulpturen und weitere Artefakte gestützt. Am zweiten dieser Abende, ein halbes Jahr nach dem ersten, als alle Zuhörer die Beschreibung des Fortgangs der spannenden Forschungsarbeiten erwarteten, wurde stattdessen über die ganze Inszenierung einer eigenartigen und einmaligen Fälschung der Geschichte sowie von historischen Dokumenten und archäologischen Funden aus Zeit und Kultur eben dieser

---

558 ZANGGER, S. 2 ff.

Luwier berichtet. Eberhard Zangger zeigte einen von Mellaart an ihn adressierten Brief, der sich allerdings als Kopie entpuppte – sogar hier, im persönlichen Bereich, war nichts Echtes vorhanden. Jedenfalls fiel die Unterschrift auf: Es waren «Fälscherzeichen» zu erkennen, wie sie in Signaturen auf gefälschten Gemälden angetroffen werden können. Eberhard Zangger bat die Co-Autorin, eine Handschriftanalyse zu verfertigen, in der Hoffnung, in der Persönlichkeit Mellaarts irgendwelche Hinweise zum besseren Verständnis dessen jahrzehntelangen Fälschertreibens finden zu können.

Das Schriftmaterial

Das Schriftmaterial ist intuitiv und absolut zufällig ausgewählt worden aus einem völlig unübersichtlichen Konvolut von Tausenden von einzelnen Blättern, von denen sich einige hundert bei Eberhard Zangger befinden.

Die Schrift

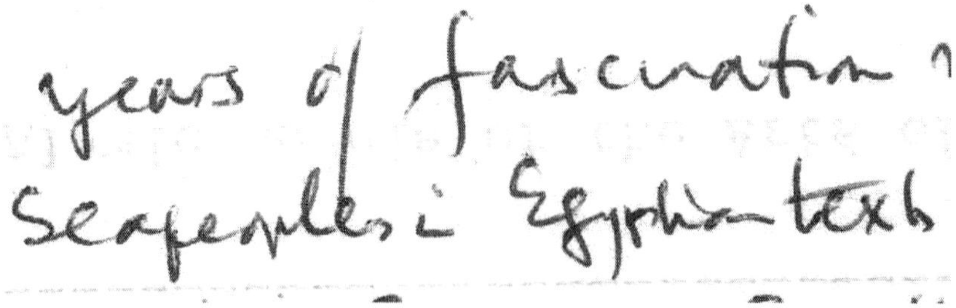

Abbildung 14: Handschriftbeispiel I von James Mellaart

Die Schrift wirkt zunächst sehr unauffällig, leicht rechtsschräg bis steil, klein, flüssig, rhythmisch, intelligent und ausgeprägt verbunden, nicht gerade gut, aber doch einigermassen leserlich: die Schrift eines engagierten Wissenschaftlers eben. Bei näherer Beobachtung fallen betonte rechtsläufige Überstreichungen auf sowie unterschiedliche Gestaltungen in der Unterzone.

Die Manuskripte

Die Manuskripte indessen strahlen etwas Besessenes aus in ihrer Unablässigkeit, mit der hier Seiten um Seiten gefüllt wurden. Sie sind meist geordnet geschrieben, oft auf liniertem Papier; wenn sie auf unliniertem daherkommen, wirken sie unruhiger, jedoch in einer Wellenbewegung, welche jeweils die ganzen Absätze zu erfassen scheint – wie wenn sich der Schreiber im Flow hätte davontragen lassen, sich seinen visionären Höhenflügen ergeben hätte.

Das Papier ist von unterschiedlichem Format, oft sehr dünn, fast durchscheinend, so dass die rückseitige Beschriftung durchschimmert; die Tinte je nach Papier fast etwas zerfliessend, so dass jedenfalls häufig unscharfe Strichränder entstehen.

Die Skizzen

Die Skizzen sind oft auf etwas dickeren Papieren zu finden, etwa auf der Rückseite von Briefen, so auf einer Terminbestätigung von Sotheby's für einen Vortrag über Pre-Islamic Design von 1988. Diese Rückseiten sind systematisch so beschrieben, dass beim Umdrehen der ursprüngliche Text auf dem Kopf steht, sozusagen als dessen Kennzeichnung als Makulatur und Notizpapier.

Hier finden sich nun Notizen mit ganz unterschiedlichen Schreibgeräten, jetzt häufig auch in Steillage, dazwischen Zeichnungen – es ist offensichtlich im Lauf der Zeit immer wieder etwas dazugekommen.

Die zeitliche Einordnung

Eine zeitliche Einordnung kann kaum vorgenommen werden, von der Dokumentation nur soweit, als etwa ein Manuskript als «nach 1988 entstanden» bestimmt werden kann. Die Schrift scheint sich indessen über die Jahre hinweg – soweit chronologisch überhaupt auszumachen – etwas mehr zu versteifen.

Das Phänomen könnte möglicherweise auf den mutmasslichen Alkoholmissbrauch zurückzuführen sein, aber auch auf andere, unbekannte Ursachen. Ein eigentlicher Tremor ist indessen nicht festzustellen, jedoch viele versteckte Stellen mit Strichunsicherheit auch im Aufstrich sowie Ablaufstörungen mit sowohl vertikalem als auch horizontalem Tremor:

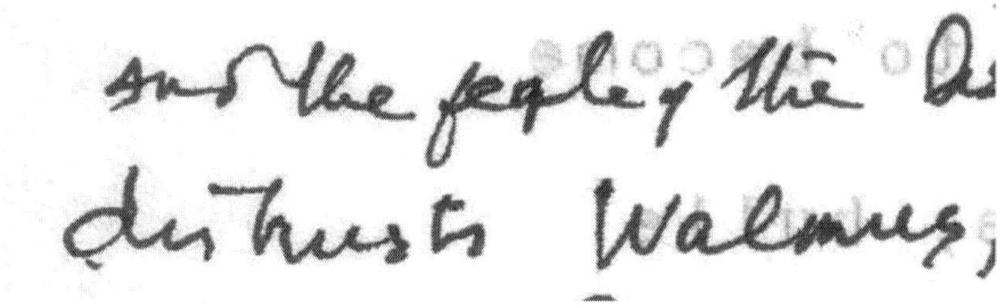

Abbildung 15: Handschriftbeispiel II von James Mellaart

Insgesamt wirkt das Mikroschriftbild deshalb sehr störbar und nervös.

Die graphologische Interpretation

Der Intellekt

Wir haben es hier mit einem hochintelligenten Menschen zu tun, der sich intensiv für eine Sache engagiert und diese möglichst rational abhandeln will, ein routinierter Kopfarbeiter mit einem weitgespannten Radar, der schnell denkt und äusserst gewandt assoziiert und kombiniert. Ein faustisches Suchen ist durchaus auszumachen, indessen neben dem wissenschaftlich-theoretisch gebotenen Abstand von den Dingen doch auch diskrete Zeichen von Bedeutungsanspruch und einer unbekümmerten Dreistigkeit aus einer als Berufung empfundenen Überzeugung heraus, mit allem fertig zu werden und jede Lage zu meistern.

Das Handeln

Tatsächlich entspringt diesem Leistungsanspruch ein rastloser und fast blinder, umständlicher Eifer, eine pedantische Geschäftigkeit bei – vermutlich – effektivem Leerlauf. Freilich ist er grundsätzlich in der Lage, zielsicher eine Aufgabe anzuvisieren und auch zu bewältigen. Fehler werden nach Möglichkeit verdeckt, der Mann möchte makellos dastehen, forciert durchaus seinen Einsatz, manchmal wohl zweckwidrig. Er fühlt sich berufen, Einfluss zu nehmen, fühlt sich aber eingeengt von der Umgebung, womöglich von der ganzen Welt: Wohl sieht er ein, dass manche Verhältnisse nicht zu ändern sind und eine Anpassung erfordern, doch kann er diese nur schwer leisten.

Er bewegt sich zunehmend an der Grenze seiner Leistungsfähigkeit, die Selbstkontrolle ist zwar gesteigert aufgrund des nervösen Konzentrationsmangels, doch bleibt eine Störbarkeit in einem Zustand grundsätzlicher Selbstüberforderung.

Die Person

So scheint er in einer Art ständiger psychischer Mobilmachung zu leben, womöglich in dauernder Erwartung irgendwelcher Hindernisse und bereit, sich gegen diese zu stemmen, seien sie nun real oder imaginiert. Oder auch selbstgeschaffen? Nachdem bekannt ist, dass er geschichtliche Dokumente und historische Funde gefälscht hat, läge dies nahe.

An sich von recht robuster Natur, entwickelt James Mellaart tatsächlich eine Art Besessenheit in seiner Tätigkeit – er scheint sich auch förmlich da hinein zu flüchten. Offenbar baut er sich hier seine eigene Welt – ob bewusst oder nach Art der Schwindler, die ihre Lügengebilde für Wirklichkeit halten, lässt sich aus diesem Schriftbild nicht eruieren, auch wenn diskrete Anzeichen in dieser Richtung auszumachen sind.

Jedenfalls ist es um seine psychische Belastbarkeit nicht besonders gut bestellt: obwohl ursprünglich mit guter Bodenhaftung ausgestattet, dürfte er sich aufgrund der meisten hier zugänglichen Manuskripte persönlich zersplittert und innerlich unsicher und aufgeregt gefühlt haben – möglicherweise aufgrund eines Bruchs im Lebensgefühl, der auch schon in sehr frühen Jahren stattgefunden haben kann. Er bleibt resigniert und verletzbar, und diese Art und Weise von Arbeit erhält Suchtcharakter. Der Alkohol ist da nur noch Beigabe.

Der Umgang

James Mellaart hatte wohl eine unbefangene, frische Seite im Umgang, die mit einer angemessenen diskreten Distanz gepaart war. Manches geschah sehr selbstverständlich, und doch korrigierte und kontrollierte er sich auch dauernd ein bisschen: er wollte einen guten Eindruck machen. Dies half ihm gleichzeitig, nicht allzu vieles und nicht allzu viele an sich heranzulassen. Lieber sah er andere in Abhängigkeit von sich: Dies versprach und verhalf ihm zu vermehrtem Selbstwertgefühl. Vermutlich konnte er sich zu diesem Zweck auch weitschweifig bis zudringlich geben – und bisweilen verhielt sich bisweilen ungeschickt, da er sich zunehmend nahe an der Grenze des Krampfhaften bewegte.

Die Unterschrift

Die Unterschrift ist leider nur in Kopie vorhanden. Auffällig ist die viel kleinere Verbundenheit als in der Laufschrift; die Unterschrift wirkt sehr bewusst, etwas künstlich und versteift hingesetzt, fast ausschliesslich in Script-Buchstaben, und die Unterlänge im Vornamen erscheint als Anlehnung an die Paraphe: eine Formel, die traditionell die Wichtigkeit von Persönlichkeiten wie Königen, Politikern und anderen echten und vermeintlichen Exponenten des öffentlichen Lebens unterstrichen hat. Auch die Formung des M und die Endung des Namens sind Demonstrationen, die in dieselbe Richtung zielen.[559]

Die Fragen

Es bleiben die Fragen: War es pure Hochstapelei? Handelt es sich um eine Pseudologia phantastica? Um Psychopathie? In allen Fällen wäre eine zugrunde liegende narzisstische Persönlichkeitsstörung zu vermuten, welche allerdings der Entwicklung einer hohen Intelligenz in keiner Weise hinderlich ist, sondern eine solche oft eher noch fördert.

559 Über die eingangs erwähnten «Fälscherzeichen» laufen weitere Untersuchungen; dazu können keine Angaben gemacht werden.

Nachdem bekannt ist, wie James Mellaart die Wissenschaft ausgetrickst hat, könnte es sich lohnen, in der Handschrift entsprechende Hinweise zu suchen. Indessen lassen sich hier weder Phantastik noch Betrug nachweisen.

Jedenfalls ist der Graphologe nicht befugt, aufgrund der Handschrift Diagnosen zu stellen und also auch nicht, Antworten zu geben. Es bleibt das Faszinosum sowohl dieser intensiv bewegten und intelligenten Schrift als auch der schillernden Persönlichkeit.

3. Eine historische Expertise

Bei umfangreichem Material kann es sich empfehlen, zur Unterstützung auch statistische Methoden beizuziehen.

Ein Forscher aus Fernost schickt eine Anzahl von Unterschriften zum Vergleich: acht davon stammen aus den Jahren 1911–1924 und lauten auf einen Namen C. (Dok C); zehn Unterschriften datieren aus den Jahren 1946–1965 und lauten auf einen Namen H. (Dok H). Aus der Zeit zwischen 1924 und 1946 steht kein Material zur Verfügung. Die Frage lautet, ob die beiden Gruppen von ein und derselben Person verfasst wurden oder aber von zwei unterschiedlichen Personen. Laut geschichtlicher Überlieferung müsste es sich um die gleiche Person handeln.

Offensichtlich zweifelt aber der Forscher an der Übereinstimmung der zwei Schriftgruppen; es sind offenbar auch Verschwörungstheorien im Umlauf, die auf ein Verschwinden der ersten Person C. und eine blosse Vortäuschung ihres Wiederauftauchens in Form eines Double hindeuten. Erschwert wird das Ganze durch den Umstand, dass die fragliche Persönlichkeit nachweislich zeitlebens eine grössere Anzahl von verschiedenen Namen benützte. In den Jahren zwischen 1924 und 1946 weilte die fragliche Person längere Zeit im Ausland; es ist jedoch nicht bekannt, weshalb gerade aus diesem langen Zeitraum keine Unterschriften zur Verfügung stehen.

***Technische Probleme**:*

- Das Material ist in höchst mangelhafter Qualität vorhanden (Downloads aus dem Internet in zum Teil schlechter Auflösung).
- Es stehen fast nur Unterschriften und nur wenige Schriften zur Verfügung; die Untersuchung muss sich also auf die Prüfung der Unterschriften beschränken.
- Die Herkunft und Authentizität der Dokumente kann von der Expertin nicht überprüft werden.

Eine erste Sichtung der Unterschriften zeigt deren jeweils ziemlich unterschiedliche Gestaltung; die chronologische Auflistung ergibt eine uneinheitliche Verteilung von verschiedenen Unterschrift-Mustern.

Um eine erste Übersicht zu gewinnen, werden in einem ersten Schritt für jede einzelne Unterschrift 33 einzelne Merkmale geprüft, gewichtet und in einer 7er Skala eingeordnet; aufgrund dieses Materials kann eine Clusteranalyse durchgeführt werden: Damit lassen sich innere Zusammenhänge zwischen verschiedenen Datengruppen sichtbar machen. In diesem Beispiel handelt es sich um Zahlenmaterial aus 18 Protokollen mit je 33 gewichteten Merkmalen, die statistisch verglichen werden.[560]

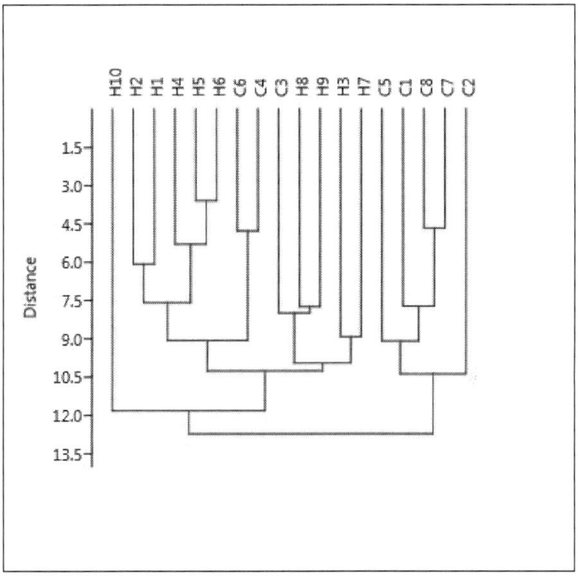

Abbildung 16: Clusteranalyse für die Unterschriftengruppen C und H

Das Bild der so entstandenen Clusteranalyse ergibt zwei Hauptgruppen bezüglich der Verteilung der Unterschriften resp. ihrer Ähnlichkeit zueinander, wobei sich innerhalb der einen nur Schriften der Gruppe C befinden (C1, C2, C5, C7, C8: rechts) und die andere (links) wieder zwei Hauptgruppen aufweist, wovon

[560] Dabei gilt der Grundsatz: Je näher sich zwei Positionen abbilden, desto ähnlicher sind sie.

eine wiederum nur eine einzige Schrift H10 (ganz links) sowie eine gemischte Gruppe enthält.

Dabei lässt sich die isolierte Stellung der Schrift H10 dadurch erklären, dass sie in der chronologischen Reihenfolge mit einem grösseren Abstand als letzte figuriert und deutliche Zeichen von altersbedingter Veränderung aufweist.

Die gemischte Gruppe besteht aus drei Schriften der Gruppe C (C3, C4, C6) sowie den restlichen neun Schriften H (H1-H9). Diese Durchmischung lässt sich auch durch erneute individuelle Überprüfung der Unterschriften nicht weiter erklären.

Somit ist das Bild unklar, und es können keine Tendenzen festgestellt geschweige denn Schlüsse gezogen werden. Es macht hier also keinen Sinn, ohne qualitativ und quantitativ gutes Material sowie weitere Informationen über die Entstehung der Unterschriften noch aufwendigere Analysen anzustellen. Die Schlussfolgerung lautet demzufolge: Non liquet – leider zur grossen Enttäuschung des Forschers. Aber Forschungen sind nie abgeschlossen.

VI. Zusammenfassungen und Empfehlungen für die Praxis

A. Rechtliche Grundlagen

1. Der Auftrag

- Die Stellungnahme eines Gutachters hat *lege artis* nach Vorgaben der Sorgfaltspflicht und der Best Practice zu erfolgen.
- Die Stellungnahme eines Gutachters gilt jedoch als Ausdruck seiner persönlichen Einschätzung und ist als solche nicht anfechtbar.

2. Compliance

- Die Arbeitgeberin hat im Interesse der Risikoverminderung das Recht, über die Persönlichkeit des Kandidaten Auskunft zu erhalten; der Kandidat hat umgekehrt das Recht, die Abgabe einer Handschriftprobe zu verweigern.
- Weiter sind folgende Grundsätze einzuhalten:
  - Transparenz (Art. 4 Abs. 4 DSG)
  - Zweckbindung (Art. 4 Abs. 3 DSG),
  - Prinzip von Treu und Glauben bei der Datenerhebung (Art. 4 Abs. 2 DSG).[561]

3. Persönlichkeitsschutz

- Für die Einholung eines graphologischen Eignungs-Gutachtens braucht es ein explizites Einverständnis des Bewerbers.
- Das Gutachten gehört der Auftraggeberin; im Falle eines Anstellungsverhältnisses der Arbeitgeberin, in privaten Fällen der Privatperson. Die Verantwortung für die Aufbewahrung liegt bei der Auftraggeberin.

---

561 Hugentobler, AJP 2009, S. 154.

4. Datenschutz

- Das graphologische Eignungs-Gutachten stellt ein psychodiagnostisches Instrument dar. Als solches enthält es persönliche Daten und untersteht dem DSG.

5. Verhältnismässigkeitsgebot

- Bei der Einholung eines graphologischen Eignungs-Gutachtens gilt das Verhältnismässigkeitsgebot.

6. Einsichtsrecht

- Der angestellte Bewerber hat ein Einsichtsrecht. Seine sämtlichen Beurteilungen sind Teil des Personaldossiers und müssen aufbewahrt werden bis zur Auflösung des Anstellungsverhältnisses.
- Der nicht angestellte Bewerber hat kein Recht auf weitere Auskunft; seine Unterlagen müssen von der Arbeitgeberin zurückgegeben, die erhobenen Daten aber vernichtet werden.

B. Graphologie in der Praxis

1. Zum Persönlichkeitsgutachten

a) Aus der Handschrift können ermittelt werden

- ***Intellektuelle Kompetenz***: *Art des Denkens, der Problemlösung, der geistigen Beweglichkeit, der Realitätsbezogenheit etc.*
- ***Handlungskompetenz***: *Art der Arbeits- und Vorgehensweise, Speditivität, Zielorientiertheit, Dynamik, Flexibilität, Genauigkeit, Stabilität, quantitative Belastbarkeit etc.*
- ***Persönliche Kompetenz***: *Einfühlungsvermögen, emotionale Offenheit, Motivation, Verantwortungsbewusstsein, Distanz zu sich und anderen, innere Unabhängigkeit, Entscheidungsvermögen, Stresstoleranz, psychische Belastbarkeit etc.*
- ***Soziale Kompetenz***: *Anpassungsfähigkeit, Teamorientierung, Kommunikationsvermögen, allgemeine Umgangsart, Konfliktfähigkeit etc.*

- ***Führungskompetenz***: *Strategische Weitsicht, Autonomie, allgemeine Belastbarkeit, Durchsetzungsvermögen, Verhandlungsgeschick, Frustrationstoleranz etc.*
- ***Allgemeines Potential***: *Wo kann noch vermehrt Potential aktiviert werden und auf welche Weise?*
- ***Spezielle Psychodynamik***: *Allgemeine funktionale und dynamische Struktur der Persönlichkeit. Besondere Schwierigkeiten aufgrund innerpsychischer Konstellationen und Möglichkeiten zu deren Bewältigung*

b) Aus der Handschrift können *nicht* ersehen werden:

- ***Spezielle Fähigkeiten***
- ***Besondere berufliche oder persönliche Neigungen***
- ***Geschlecht***
- ***Alter***
- ***Schulbildung, Beruf***
- ***Sexuelle Präferenzen***
- ***Konkrete Probleme in Alltag oder Beruf***
- ***Konkrete Verhaltensweisen in bestimmten Situationen***
- ***Körperliche oder psychische Krankheiten***

2. Judikatur

a) Zur Expertise

- Beim Beizug von Schriftexperten zur Identifizierung von Schriften scheint der zugleich graphologisch Geschulte als besser qualifiziert geeignet.[562]
- Bei einer Schriftexpertise darf es sich durchaus auch um ein Privat- oder Parteigutachten handeln.[563] Von einem Parteigutachten muss Kenntnis genommen werden, sofern dieses eingereicht oder beigezogen wird.[564]
- Die Würdigung der privaten Expertise untersteht jedoch dem persönlichen Ermessen der richterlichen Instanz.[565]

562 WOLF, S. 35.

563 6B_539/2008.

564 DONATSCH/DEMARMELS, S. 129.

565 6B_280/2009.

b) Zur Zweitexpertise

- In der Zweitexpertise muss deutlich aufgezeigt werden, dass und weshalb die tatsächlichen Annahmen im früheren Urteil ungenau oder falsch waren:
- Eine Zweitexpertise hat nur eine Chance, wenn erhebliche Tatsachen oder Beweismittel vorzubringen sind, die vorher nicht bekannt waren und zu einer neuen Beurteilung führen können[566].
- Ein neues Gutachten bildet somit noch keinen Revisionsgrund, soweit es lediglich eine vom früheren Gutachten abweichende Meinung vertritt:
- es muss vielmehr mit überlegenen Gründen abweichen und klare Fehler des früheren Gutachtens aufzeigen, die geeignet sind, die Beweisgrundlage des Urteils zu erschüttern[567].
- Es liegt im Ermessen der richterlichen Instanz, ob sie die Beweismittel als erheblich betrachtet[568].
- Von einem Parteigutachten muss allerdings Kenntnis genommen werden, sofern dieses eingereicht oder beigezogen wird.[569]
- Es muss deutlich aufgezeigt werden, dass und weshalb die tatsächlichen Annahmen im früheren Urteil ungenau oder falsch waren;
- es darf sich bei einer Zweitexpertise durchaus auch um ein Privatgutachten handeln.[570]

C. Empfehlungen für die Praxis

1. Persönlichkeitsgutachten

a) Klare und transparente Instruktionen

- Der Beizug des Graphologen wird klar deklariert, sein Name wird bekanntgegeben.
- Das graphologische Persönlichkeitsgutachten soll nicht ausschlaggebend sein für die Anstellung, sondern ein Instrument unter verschiedenen zur Feststellung der Eignung darstellen.

---

566 BGE 122 IV 66 E. 2.

567 BGE 101 IV 247 E. 2.

568 6B_280/2009.

569 Donatsch/Demarmels, S. 129.

570 6B_539/2008.

- Der Zeitrahmen für die Einholung ist definiert und wird vom Graphologen eingehalten.
- Der Kandidat erhält das Merkblatt für die Anfertigung von optimalen Schriftproben (A.3.1) und hält sich an die Anweisungen.
- Der Graphologe erhält ein CV des Kandidaten, um Kenntnis von wichtigen Eckdaten zu erlangen.

b) Klare und zulässige Aussagen

- Der Graphologe hält sich an das Verhältnismässigkeitsgebot und nimmt Bezug auf die zu besetzende Position oder Aufgabe.
- Er benennt nach Möglichkeit Problembereiche und zeigt gleichzeitig vorhandenes ungenütztes Potential sowie Entwicklungschancen auf.

c) Offerte von Gesprächen mit dem Graphologen

- Der Graphologe ist bereit, nachfolgende oder weiterführende Gespräche zu führen, sowohl mit der Auftraggeberin als auch mit dem Kandidaten, und zwar auch im Ablehnungsfall, sofern dies gewünscht wird.
- Falls notwendig, begleitet er den Kandidaten in seinem Entwicklungsprozess oder überweist ihn an eine fähige Fachperson.

2. Expertisen

- Der Graphologe erhält klare und richtige Instruktionen, sowohl zum strittigen als auch zum vorhandenen Vergleichsmaterial an Schriften und Unterschriften.
- Er erhält Einsicht in die Sachlage, soweit diese notwendig ist zur Einordnung und Beurteilung des Schriftmaterials (Informationen über Entstehungszeiten der Dokumente, allfällige besondere Umstände, mögliche Erkrankungen des Schriftautors und dergleichen).
- Er hält sich an die zeitlichen Vorgaben.
- Er hält sich formal an die international anerkannte Vorlage mit allen zu berücksichtigenden Punkten.
- Er beschränkt sich auf Aussagen zur Fragestellung.

D. Antworten auf häufig gestellte Fragen

1. Abnehmende Häufigkeit des Schreibens

Obwohl viele Menschen nur noch selten von Hand schreiben, wird die Schreibbewegung als solche nicht verlernt – sie wird wie jede Bewegung vom Gehirn gesteuert und ist dort gespeichert. Nach ein paar Zügen – also mit etwas Übung – wird wieder die frühere Geläufigkeit erreicht.

2. Sollen Kinder noch von Hand schreiben lernen?

Beim Schreiben von Hand laufen im Gehirn sehr wichtige und komplexe Prozesse ab. Studenten, die sich von Hand Notizen machen, memorieren besser als diejenigen, die auf der Tastatur tippen, und zwar vor allem bezüglich des konzeptionellen Denkens sowie des allgemeinen Verständnisses.[571]

Schüler, die ihre Arbeiten von Hand schreiben, verfügen über einen grösseren Wortschatz und eine bessere Syntax als diejenigen, die tippen.[572]

Schüler, die ihre Arbeiten tippen, sind im Lesen und Schreiben gegenüber ihren handschreibenden Mitschülern retardiert.[573] Darunter leidet in der Folge nicht nur die Entwicklung des Denkens, sondern der gesamten Persönlichkeit.

Anhand von Gehirnscans konnte gezeigt werden, dass bei handschreibenden Kindern bereits nach vier Wochen mehr fürs Lesen verantwortliche Regionen aktiviert wurden als bei den Kindern, welche die Buchstaben nur visuell lernten.[574]

3. Der Einfluss der Stimmung und der Umstände

Die Handschrift ist verhältnismässig konstant[575]; subjektiv wahrgenommene Schwankungen betreffen normalerweise nur solche Merkmale, die bewusst relativ leicht zu beeinflussen sind; die essentiellen Strukturen, etwa in der Beschaffenheit des Strichs, bleiben erhalten.

---

571 MULLER/OPPENHEIMER, S. 1159 ff.

572 CHRISTENSEN, S. 441 ff.

573 MORIN/LAVOIE/MONTESINOS-GELET, S. 110 ff.

574 JAMES, S. 1 ff.

575 CHERNOV, Formal Validation, S. 38 ff.

Besondere Umstände hingegen sind zu erwähnen, wie etwa das Verfassen eines Schreibens im fahrenden Zug, mit verstauchter Hand, unter Einnahme von bestimmten Medikamenten oder von Alkohol und dergleichen mehr.

Auch eine allfällige Linkshändigkeit kann aus der Handschrift nicht «erraten» werden.

4. Die Aussagekraft der Unterschrift

Auch die Unterschrift ist ein Teil der persönlichen Handschrift, dazu ein sehr wichtiger: besiegelt sie doch rechtskräftig Urkunden. Da sie eben von Hand geschrieben wird, zeigt sie ebenfalls absolut persönliche Züge. Darüber hinaus stellt sie aber eine Art Visitenkarte dar und enthält deshalb häufig bewusst gewählte Elemente – die Art der Darstellung und ihre Ausführung sind freilich auch wieder sehr individuell. Trotzdem kann rein aufgrund einer Unterschrift kein tiefergreifendes oder umfassendes Persönlichkeitsbild erstellt, sondern es können nur Teilaspekte eruiert werden.

E. Die Rolle des Graphologen als Experten

Dem Experten wird oft – meist mehr oder weniger implizit – eine Rolle als Entscheidungsträger zugeschrieben, da die wirklichen Entscheidungsträger ihre Entscheidungen von seiner Meinung abhängig machen. Der Graphologe ist Experte für die Beschreibung einer Persönlichkeitsstruktur, die Erstellung eines entsprechenden Profils oder für die Identifizierung von Handschriften und Unterschriften. Die Arbeitgeberin oder die Verfahrensleitung ist im Rahmen des Entscheidungsprozesses auf diese Ausführungen angewiesen.

Die Fähigkeiten und Funktionen von Experten sollten demnach möglichst transparent sein, damit sie auch optimal eingesetzt werden können und damit den Experten auch nur Fragen gestellt werden, welche sie beantworten können.[576]

Ein wichtiger Aspekt betrifft den Umstand, dass es bei Entscheiden, die auf einer Expertenmeinung beruhen (vor allem etwa bei Personalentscheiden im Fall von Persönlichkeitsgutachten) sehr häufig um die Prognose von menschlichem Verhalten und den damit verbundenen Risiken geht. Diese Risiken möchten die Entscheidungsträger möglichst zu 100 % ausschliessen können. Gleichzeitig gibt es aber kein Instrument, mit welchem sich menschliches Verhalten mit absoluter

576 HUBER, A., S. 379.

Sicherheit vorhersagen lässt – es geht hier immer um die Einschätzung von Wahrscheinlichkeiten.[577]

Darüber hinaus gilt ganz besonders für graphologische Persönlichkeitsgutachten, dass sich die Aussagen vor allem auf eine strukturelle Ebene beziehen: Es lässt sich mittels einer Handschriftanalyse viel weniger das Verhalten einer Person beschreiben als vielmehr deren ***psychodynamische und funktionale Persönlichkeitsstruktur***. Trotzdem wird sehr häufig erwartet, dass das Persönlichkeitsgutachten zum Verhalten einer Person ganz konkrete Aussagen liefern könne.

Das Problem der Prognose erfordert nicht nur im gerichtlichen, sondern auch im alltäglichen Bereich des Personalwesens eine realistische Betrachtung von Möglichkeiten und Grenzen des Umgangs mit Risiken und die Einsicht, dass auch eine *lege artis* erstellte Prognose lediglich eine Wahrscheinlichkeitsaussage und keine mit Sicherheit zu treffende Vorhersage sein kann.[578]

Weder Entscheidungsträger noch Experten dürfen demnach für allfällige nicht zu vermeidende Konsequenzen verantwortlich gemacht werden.[579]

Darum ist vor allem im Personalbereich eine transparente, auf Vertrauen zwischen allen Beteiligten basierende Grundlage die wichtigste Voraussetzung überhaupt für einen gelingenden diagnostischen Prozess. Anschliessend können darüber hinaus ein graphologisches Persönlichkeitsgutachten auch zu einem hervorragenden Führungsinstrument und der Experte zum Berater werden.

---

577 HUBER, A., S. 379.
578 HUBER, A., S. 380.
579 HUBER, A., S. 380.

Anhang

Anhang 1: Die ethischen Codices

1. Der Ehrenkodex der Europäischen Gesellschaft für Schriftpsychologie EGS

EUROPÄISCHE GESELLSCHAFT FÜR SCHRIFTPSYCHOLOGIE UND SCHRIFTEXPERTISE e. V.
Zentralsekretariat, Postfach 88, CH-8041 Zürich

E G S Ehrenpräsident/Präsident: Rudolf Känzig, dipl. Psychologe, Klebestr. 6, CH-8041 Zürich

Internationale Standesordnung (Ehrenkodex) für Graphologen

01. Der internationale Ehrenkodex für Graphologen/Schriftpsychologen legt die Rechte und Pflichten des nach der vorliegenden Berufsethik praktizierenden Graphologen/Schriftpsychologen fest. Es können sich sowohl einzelne Fachpersonen, wie auch Fachgruppen durch Unterzeichnung auf diese gemeinsame Berufsethik verpflichten. Das Sekretariat der Europäischen Gesellschaft für Schriftpsychologie und Schriftexpertise führt ein entsprechendes Register, das auf Anfrage hin jedermann zur Einsichtnahme offen steht. Für die der EGS angeschlossenen Verbände und Mitglieder ist dieser Ehrenkodex (Standesordnung) verbindlich.

    Verstösse gegen diesen Ehrenkodex werden bei einem angeschlossenen Verband durch das Schieds- und Ehrengericht des entsprechenden Verbandes beurteilt. Bei Verstössen durch Einzelunterzeichner oder bei Fehlen eines verbandsinternen Schieds- und Ehrengerichtes wird der Wissenschaftliche Beirat der EGS als Schieds- und Ehrengericht amten und entscheiden. Dieser Entscheid kann gemäss Reglement an das Schieds- und Ehrengericht der EGS weitergezogen werden; es entscheidet endgültig.

02. Die wissenschaftlich begründete Graphologie/Schriftpsychologie ermöglicht das Studium und die Beurteilung der Persönlichkeit durch das Medium Handschrift; sie bedient sich zu diesem Zweck der wissenschaftlich und empirisch validierten Ermittlungs- und Interpretationstechniken. Der Graphologe/Schriftpsychologe lehnt Aufträge, die das Gebiet der forensischen Schriftexpertise betreffen ab, wenn er nicht zusätzlich zur Ausbildung als Graphologe/ Schriftpsychologe über eine ausreichende Ausbildung als Schriftexperte verfügt.

03. Der Graphologe/Schriftpsychologe arbeitet ausschliesslich auf der Basis von Originalhandschrift-Dokumenten; ist dies nicht möglich, hat er in seinem Bericht einen entsprechenden deutlichen die Aussage einschränkenden Vermerk anzubringen. Bestehen Zweifel irgendwelcher Art, kann ein Auftrag ohne Begründung abgelehnt werden.

04. Gegenstand der Arbeit ist die Handschrift; das Ziel der Arbeit ist die Erfassung der Persönlichkeit des Schreibers im Hinblick auf den dem Graphologen/Schriftpsychologen erteilten Auftrag.

05. Der Graphologe/Schriftpsychologe verpflichtet sich, nur innerhalb der Grenzen seiner Kenntnisse und der damit verbundenen Kompetenz und im Rahmen seiner Erfahrung zu arbeiten. Er verwendet ausschliesslich die anerkannten Methoden der graphologischen Diagnostik. Er ist nicht befugt medizinische Diagnosen zu stellen.

06. Berichte und Gutachten erstellt der Graphologe/Schriftpsychologe unbeeinflusst von Vorurteilen jeder Art (Geschlecht, soziale Stellung, Rasse, Politik). Er wahrt die Intimsphäre der beurteilten Person gegenüber Dritten sofern ihn der Schrifturheber nicht ausdrücklich davon entbindet.

07. Der Graphologe/Schriftpsychologe wahrt bei der Ausübung seiner Tätigkeit auch im Rahmen der Bewerberauslese Takt und Verschwiegenheit und vermeidet in seiner Berichterstattung die Aussage über Persönlichkeitsaspekte, die nicht im Zusammenhang mit der zu besetzenden Stelle stehen

08. Als rechtmässiger Inhaber eines handschriftlich verfassten Schriftstückes im Sinne der graphologischen Auftragserteilung gilt allein der Schrifturheber; er hat sein schriftliches Einverständnis für die Erstellung einer graphologischen/schriftpsychologischen Analyse zu erteilen. Dieses Einverständnis ist als vorhanden zu betrachten, wenn der Text den handschriftlichen Vermerk "Handschriftprobe" enthält oder in der Anzeige des Auftraggebers deutlich vermerkt ist, dass ein handschriftlicher Lebenslauf oder eine "Handschriftprobe" verlangt wird. Liegt kein entsprechendes Einverständnis des Schrifturhebers vor, wird aber ein erkennbares höheres Interesse geltend gemacht, darf der Graphologe/Schriftpsychologe unter Beachtung aller gebotenen Vorsicht ein Gutachten erstellen (insbesondere gilt bezüglich Verantwortung nachfolgende Ziffer 9). Gerichtlich angeordnete graphologische Begutachtungen entbinden den Graphologen/ Schriftpsychologen von einer Überprüfung bezüglich Einverständniserklärung.

09. Das Gutachten/der Bericht ist ausschliesslich für den Auftraggeber bestimmt, der auch die alleinige Verantwortung für die Folgen, die im Falle einer Weitergabe an Dritte eintreten können, trägt. Der Graphologe/Schriftpsychologe darf die ihm ausgehändigten Dokumente und die dadurch gewonnenen Erkenntnisse nicht zum Nachteil Dritter verwenden.

10. Der Graphologe/Schriftpsychologe hat die Gesetze seines Landes bezüglich Wahrung der Intimsphäre, das Persönlichkeitsrechts und des Berufsgeheimnisses sowohl bei schriftlicher wie auch mündlicher Aussage zu wahren.

11. Der Graphologe/Schriftpsychologe ist verpflichtet, seine fachliche Kompetenz zu erhalten und weiterzuentwickeln. Auch hat er die Entwicklung in den Umgebungsdisziplinen seiner Arbeit (Oekonomie, Philosophie, Psychologie usw.) zu verfolgen.

12. Dem Graphologen/Schriftpsychologen ist es untersagt, in Verbindung mit seiner graphologischen/schriftpsychologischen Arbeit in einer Disziplin tätig zu sein, die sich auf Wahrsagerei, Okkultismus, Esoterik oder auf ein anderes im Widerspruch zur graphologisch-wissenschaftlichen Tätigkeit stehendes Gebiet bezieht. Er hat auch Werbung oder Veröffentlichungen in Medien, die in diese Richtung gehen, zu unterlassen.

Der vorstehende, 12 Artikel umfassende internationale Ehrenkodex für Graphologen/Schriftpsychologen, ausgearbeitet von der Europäischen Gesellschaft für Schriftpsychologie und Schriftexpertise, tritt am 1. Januar 1993 in Kraft.

Stuttgart, 1. November 1992

EUROPÄISCHE GESELLSCHAFT FÜR SCHRIFTPSYCHOLOGIE UND SCHRIFTEXPERTISE e. V.

Der Präsident	Der Vorsitzende des WB
sig.	sig.
Rudolf Känzig	Herbert Scholpp

2. Der Code déontologique der Association Européennes de Graphologues ADEG

a) Französische Version

CODE EUROPEEN DE DEONTOLOGIE

1. Ce code européen de déontologie a pour but de définir les droits et les devoirs de graphologues soucieux d'exercer leur métier en conformité avec une éthique professionnelle commune.

2. La graphologie, science humaine, technique d'observation et d'interprétation, permet l'étude de la personnalité par l'examen de l'écriture.

3. Le graphologue étudie la personnalité du scripteur. Il travaille exclusivement sur des documents manuscrits authentiques. Il effectue ce travail d'analyse et de synthèse pour répondre à une demande d'ordre professionnel ou privé.

4. Le graphologue a le devoir d'entretenir et de développer ses compétences.

5. Le graphologue s'engage à n'utiliser que les méthodes relatives à sa pratique, à travailler dans les limites de ses connaissances et de son expérience.

6. Le graphologue s'abstiendra d'émettre des diagnostics en des domaines réservés au corps médical.

7. Tout graphologue signataire de ce code ne doit pas faire apparaître ses diplômes de graphologie sur des documents professionnels s'ils sont associés à une activité ayant trait à l'occultisme ou à la divination. Il doit s'abstenir de faire des publications ou de la publicité dans les périodiques touchant à ce même type d'activité.

8. Les travaux effectués par le graphologue imposent le respect des valeurs morales et professionnelles. Le graphologue doit sauvegarder en toute circonstance son indépendance, sa probité et son sens de l'humain. Il ne doit être influencé par aucun préjugé en ce qui concerne toute question de sexe, de race, de politique, de classes sociale et de religion.

9. Dans toute étude, le graphologue garde tact et discrétion. Dans les travaux de sélection professionnelle, il évite d'aborder les aspects de la personnalité du scripteur qui ne sont pas en rapport avec des critères du poste à pourvoir. Son langage doit être, dans ses travaux, tout à fait impartial et de refuser toute analyse de complaisance.

10 Le graphologue s'engage à ne pas utiliser, dans le but de nuire à autrui, les documents et les informations qu'il détient. Etant seul juge de la valeur des documents qu'on lui soumet, il peut refuser d'effectuer une analyse sans avoir à donner ses raisons. Il doit refuser de donner un avis sur un document qu'il sait avoir été détourné ou volé. Il doit refuser de travailler sur des documents faxés ou photocopiés parce qu'ils altèrent la qualité du trait.

11. Le graphologue doit respecter les lois de son pays concernant la personne humaine et en particulier le secret professionnel qui doit être gardé tant verbalement que dans la diffusion des documents.

12. Le possesseur légitime d'un document est seul responsable des suites données à l'analyse. Les résultats doivent être envoyés exclusivement au demandeur.

13. Le graphologue ne peut citer ses clients qu'avec leur accord. Il ne peut communiquer ou publier des textes, ou leur analyse, qu'avec l'assentiment de l'intéressé ou du possesseur du document.

14. Chaque association ou groupement de graphologues ayant signé ce code de déontologie s'engage à le faire respecter et appliquer par chacun de ses membres diplômés. Les infractions relèvent du conseil de discipline de chacune des associations ou groupements des pays co-signataires.

b) Englische Version

ADEG Association Déontologique Européenne de Graphologues

EUROPEAN CODE OF DEONTOLOGY

1. The object of this European Code of Graphology is to define the rights and duties of graphologists wishing to exercise their profession in accordance with common professional ethics.

2. Graphology, a human science and a technique of observation and interpretation, enables the personality to be studied through the examination of handwriting.

3. The graphologist is expected to maintain and develop his specialised skills.

4. The graphologist studies the personality of the writer. He works exclusively on authentic handwritten documents. He carries out his work of analysis and synthesis in response to a request of a professional or private nature.

5. The graphologist shall undertake to use only methods relating to his practice, and to work within limits of his knowledge and experience.

6. The graphologist shall abstain from issuing diagnoses in fields reserved to the medical profession.

7. Any graphologist signatory to this Code shall not display his graphology qualifications on professional documents if these are associated with an activity concerned with the occult or divination. He shall abstain from publishing or advertising in periodicals related to the above activities.

8. The work undertaken by the graphologist concerning the human person imposes the respect of moral and professional values. The graphologist must safeguard, at all times, his independence, integrity and sense of humanity. He must not be influenced by any prejudice in respect of sex, race, politics, social class or religion.

9. In every analysis, the graphologist shall remain tactful and discreet. In work concerned with the selection of personnel, he shall avoid touching upon the aspects of the writer's personality which are not related to the criteria of the position to be filled. His language must remain clear, prudent and unambiguous. In his work, he must be completely impartial and refuse to provide any analysis of 'accommodation'.

10. The graphologist shall undertake not to use the documents or the information in his possession for the purpose of causing harm to others. Being the sole judge of the worth of the documents submitted to him, he shall be able to refuse to provide an analysis without having to give any reason for doing so. He shall refuse to express an opinion on a document he knows to have been stolen. He shall refuse to work on documents transmitted by fax or photocopied, because these processes alter the quality of the handwriting trait.

11. The graphologist shall respect the laws of his country regarding the human person and, in particular professional secrecy, which must be respected verbally as well as in the circulation of documents.

12. The legitimate owner of a document shall be the sole person responsible for the subsequent use of the analysis. The results shall be exclusively sent to the person who made the request.

13. The graphologist shall not divulge the name of his clients without their prior consent. He shall not communicate or publish texts, or analyses thereof, without the agreement of the interested party or the owner of the document. In education, teachers shall respect the anonymity of the writers of documents used.

14. Each association or grouping of graphologists, having signed this Code of Ethics, shall undertake to ensure that it is respected and applied by all their qualified members. Offences shall be dealt with by the disciplinary board of each association or grouping of the co-signatory countries.

3. Die Standesordnung der SGG

SCHWEIZERISCHE GRAPHOLOGISCHE GESELLSCHAFT

SOCIETE SUISSE DE GRAPHOLOGIE SGG/SSG

STANDESORDNUNG

1. Ziel und Zweck

1.1 Die Standesordnung hat das Ziel, Rechte und Pflichten der praktizierenden SGG-Graphologen sowie dessen Verhältnis zu Auftraggebern und Kollegen zu definieren, ferner die SGG-Mitglieder auf das Berufsethos zu verpflichten.

1.2. Die Standesordnung gilt als integrierender Bestandteil der Statuten und muss von den Mitgliedern im Sinne einer Loyalitätserklärung unterzeichnet werden. Die Bestätigung wird in das Archiv der SGG aufgenommen und registriert.

2. Pflichten des SGG-Graphologen

2.1 Allgemein

2.1.1 Zweck der Untersuchung eines jeden SGG-Graphologen ist die Bestimmung der Persönlichkeitsmerkmale und charakterlichen Tendenzen des Schriftautors.

2.1.2 Der SGG-Graphologe arbeitet mit authentischen, mengenmässig und qualitativ ausreichenden Dokumenten. Er entscheidet selbst darüber, ob das ihm zur Verfügung stehende Material dieser Forderung entspricht.

2.1.3 Zu Publikationen und Lehrzwecken können Handschriften verwendet werden, wenn sie nicht gegen Diskretionsverpflichtungen verstossen.

2.2. Den Kunden und den Schriftautoren gegenüber

2.2.1 Der SGG-Graphologe ist verpflichtet, seinen Beruf verantwortungsbewusst und nach den Regeln der Objektivität auszuüben. Er unterlässt jede unsachliche oder diffamierende Äusserung über die Person des Begutachteten. Mündliche und schriftliche Gefälligkeitszeugnisse sind unstatthaft.

2.2.2 Der SGG-Graphologe hat Achtung vor der persönlichen Würde und Freiheit sowie dem Privatleben und den Interessen des Schriftautors zu beweisen. Das setzt Diskretion und Takt voraus.

2.2.3 Der SGG-Graphologe verpflichtet sich in seinen Gutachten zu äusserster Vorsicht in der Wortwahl. Analysen, die berufliche Selektionen zum Inhalt haben, sollten die privaten und persönlichen Bereiche des Schriftautors nicht berühren, wenn sie keine Auswirkungen auf seine Tätigkeit haben.

2.2.4 Der SGG-Graphologe wird sein Urteil nicht durch Berücksichtigung von Personen, Geschlecht, Rasse, Partei, sozialer Stellung oder Religion beeinflussen lassen.

2.2.5 Der SGG-Graphologe – wie auch seine Mitarbeitenden, Angestellten und Hilfspersonen – unterliegen der Schweigepflicht und wahren das Berufsgeheimnis, das sich auch auf die Zeit nach dem Tod des Auftraggebers und des Schriftautors erstreckt. Schweigepflicht und Berufsgeheimnis gelten für mündliche wie für schriftliche Auskünfte.

2.2.6 Ohne Einwilligung des Schriftautors dürften Analysen nicht weiterverwendet werden.

Es darf einem Schriftautor keine Auskunft darüber gegeben werden, ob ein Auftrag für eine Analyse erteilt wurde.

2.2.7 Der SGG-Graphologe verpflichtet sich, sich über den Stand der Forschung auf dem Laufenden zu halten.

2.3. Seinen Kollegen gegenüber

2.3.1 Die Tätigkeit des Berufsgraphologen kann sowohl selbständig wie in einem Angestelltenverhältnis ausgeübt werden.

SGG-Graphologen, die eine Praxisgemeinschaft gründen, müssen SGG-Mitgliedern den Vorzug geben.

2.3.2 Die SGG empfiehlt, die Verassoziierung oder Zusammenarbeit zwischen zwei SGG-Graphologen durch einen schriftlichen Vertrag mit Konkurrenzklausel zu regeln. In jedem Fall sind beide Partner dem Bundesgesetz vom 30. September 1943 (samt Nachträgen) über den unlauteren Wettbewerb unterstellt.

2.3.3 Übernimmt ein SGG-Mitglied die Vertretung eines Kollegen, so verpflichtet er sich, die Aufträge während dessen Abwesenheit auszuführen, ihm nach dessen Rückkehr die nötigen Informationen zu geben und weitere Aufträge der Klienten des Kollegen an ihn abzulehnen, es sei denn, der Kollege wäre mit einer Abtretung einverstanden oder zumindest verständigt worden.

2.3.4 SGG-Graphologen sollen sich untereinander kollegial verhalten und sich gegenseitig moralisch unterstützen.

SGG-Graphologen respektieren das Ansehen ihrer Verbandskollegen und enthalten sich abschätziger Äusserungen über deren Arbeit gegenüber Auftraggebern oder Drittpersonen.

2.3.5. Der SGG-Graphologe bemüht sich, beim Auftreten von Differenzen zwischen Auftraggebern und Berufskollegen zu vermitteln.

2.3.6 Die SGG-Graphologen akzeptieren im Rahmen ihrer Möglichkeiten die Verpflichtung, die der Vorstand ihnen im kollektiven Interesse auferlegt.

2.3.7 Tätigkeiten in Presse, Radio und Television sind dem Vorstand vorgängig zu melden.

2.3.8 Der SGG-Graphologe hält sich an die Honorarordnung der SGG. Es steht ihm frei, seine Dienste unentgeltlich zur Verfügung zu stellen, wenn er es mit seinem Gewissen vereinbaren kann.

3. Vorstösse

3.1. Vorstösse gegen die Standesordnung oder Verletzungen der wirtschaftlichen oder fachlichen Interessen der SGG werden auf begründetes Verlangen eines Mitgliedes durch den Vorstand abgeklärt.

3.2. Das Ergebnis der Abklärung ist vom Vorstand schriftlich zu formulieren und dem betreffenden Mitglied mitzuteilen.

3.3 Der Vorstand ist zuständig, folgende Sanktionen auszusprechen: Mahnung und Verweis.

3.4 Der Ausschluss fällt in die Zuständigkeit der Generalversammlung und wird durch den Vorstand beantragt.

Zürich, 01. Juni 2015

Bitte hier abtrennen und an das Sekretariat der SGG senden:

Standesordnung

Hiermit bestätige ich den Erhalt und die Annahme der Standesordnung der SCHWEIZERISCHEN GRAPHOLOGISCHEN GESELLSCHAFT

Ort und Datum:

Unterschrift:

4. Die Datenschutzempfehlung der SGG

SCHWEIZERISCHE GRAPHOLOGISCHE GESELLSCHAFT
SOCIETE SUISSE DE GRAPHOLOGIE SGG / SSG

Reglemente

Die Datenschutzrichtlinien der SGG

- Die SGG-Graphologen befolgen die Richtlinien des Datenschutzgesetzes.
- Der Schriftautor muss sein Einverständnis zur Analyse der Handschrift geben.
- Die Abgabe einer Handschriftprobe, einer handschriftlichen Bewerbung oder eines handschriftlichen Briefes bei einer Bewerbung soll in Text oder Begleittext ein explizites Einverständnis zur graphologischen Beurteilung enthalten.
- Die schriftliche graphologische Beurteilung gehört der Auftraggeberin, welche die Verantwortung für deren Verwendung trägt.
- Die schriftliche graphologische Beurteilung soll vom Schriftautor eingesehen werden können, bei der Auftraggeberin oder beim Graphologen, je nach Absprache.
- Auf Wunsch muss dem Schriftautor von der Auftraggeberin kostenlos eine Kopie der schriftlichen Analyse abgegeben werden.
- Der Name des Graphologen muss in der schriftlichen Analyse aufgeführt sein.
- Die SGG-Mitglieder sind an die Schweigepflicht gebunden.

Stand: Januar 2019

Anhang 2: Interne Papiere SGG

1. Das Modell zum Qualitätsmanagement der SGG

SCHWEIZERISCHE GRAPHOLOGISCHE GESELLSCHAFT
SOCIETE SUISSE DE GRAPHOLOGIE SGG / SSG

Qualitätssicherung

Ein Modell zum Qualitätsmanagement in der Schriftpsychologie[1]

Im Gesundheitsbereich und also auch in der Psychologie müssen Fragen des Qualitätsmanagements diskutiert werden. Da die Handschriftanalyse ein psychodiagnostisches Instrument darstellt, handelt es sich bei der graphologischen Diagnostik um eine essentiell psychologische Disziplin.

Das nachstehende Modell für die Qualitätssicherung in der Schriftpsychologie und der Graphologie ist in Anlehnung an Modelle in der Psychotherapie und in der Medizin entwickelt und angepasst worden.

Dabei werden übergreifend drei Qualitätsbereiche beachtet:

1 - Strukturqualität
2 - Prozessqualität
3 - Ergebnisqualität.

Besonderes Augenmerk von Seiten der SGG als Berufsverband verdient dabei die eigentliche Dienstleistung, wird diese doch direkt vom Kunden wahrgenommen und dient quasi als Aushängeschild. Im Hintergrund hängen aber alle Bereiche sich gegenseitig bedingend zusammen.

Im Folgenden wird ein detaillierter und systematischer Überblick über die zu beachtenden Bereiche gegeben.

[1] Leicht redigierte Fassung von 2003

1 Strukturqualität

- **Berufliche Qualifikation:**
  - der Personen (qualifizierte Ausbildung; Zugehörigkeit Berufsverband SGG, SBAP.)
  - der Versorgung (Erreichbarkeit, termingerechtes Erledigen der Aufträge etc.)
  - Weiterbildung (Intervision, Kolloquien, QM, Forschung, Literatur, Lehre etc.)
  - Klare Konzepte bezüglich Arbeitsauffassung (ethische und juristische Aspekte)

- **Forschung**
  - Sicherung der Arbeitsgrundlagen
  - Neue Erkenntnisse
  - Sicherung der wissenschaftlichen Qualifikation

- **Bündelung der Kompetenzen:**
  - Durch verschiedene Zusatzausbildungen und individuelle Richtungen können verschiedene Kompetenzen eingebracht werden, das führt zu
  - Synergie
  - Potenzierung der Möglichkeiten

- **Network effizient aufbauen und erweitern**
  - Sicherung der Erreichbarkeit einer Fachperson
  - Ermöglichung des Austauschs unter Kollegen
  - Erhaltung des allgemeinen Informationsflusses
  - Internationale Vernetzung für Arbeit, Forschung und Lehre

- **Dokumentation der Fälle:**
  - Transparenz für Kunden und Partner
  - Grundlagen für Qualitätssicherung
  - Grundlagen für Forschung

2 Prozessqualität

- **Kundenaufbau und Kundenpflege**
  - Akquisition
  - Information und Instruktion des Kunden über Ablauf und Methode
  - Begleitung des Kunden
  - Bewährung als Psychologe

- **Eigentliche Dienstleistung:**

- Sorgfältige , sach- und fachgerechte Bestandesaufnahme durch Information vom Kunden:
  - Anforderungsprofil
  - Inserat
  - Curriculum
  - Kenntnis der Umstände und Umgebung

- Sorgfältige , sach- und fachgerechte Durchführung der graphologischen Analysen; gewissenhafte und kundengerechte Formulierung sowie ansprechende Präsentation der Befunde, „Auftritt" nach aussen

- „Aufklärungsphase": Besprechungen
  - mit Einzelpersonen: Personalchef, Vorgesetzten, weiteren Beteiligten
  - mit den Kandidaten
  - mit Teams

- Begleitung bei Entscheidungsprozessen:
  - Was tun wir jetzt?
  - Intern oder extern?

- Beraten beim Ergreifen von Massnahmen:
  - persönliche Entwicklung
  - Team-Entwicklung
  - Coaching
  - Ausbildung
  - personeller Ausbau/Abbau
  - organisatorische Massnahmen
  - andere Massnahmen

- **Dokumentation von Information und Arbeit**

- Nachfragen bei Kunden über
  - Zufriedenheit
  - Brauchbarkeit der Ergebnisse etc.

- Dokumentierung des Arbeitsprozesses zwecks
  - Nachträglicher Informationsmöglichkeit, Rückfragen etc.
  - Forschungsgrundlagen

- **Vorträge, Medienarbeit, Kurse**

3 Ergebnisqualität

- **Evaluation**:
  - Besprechungen
  - Leistungskontrollen: Wie zutreffend war die Analyse?
  - Ergebniskontrollen: Wie zufrieden ist der Kunde?

- **Einsatz von Messinstrumenten**, die Prä-/Post-Zustand erfassen puncto
  - Erfüllung des Anforderungsprofils,
  - des Auftrags
  - der Zufriedenheit
  - der Problematik etc.

  - ***Entwicklung von neuen Instrumenten:***
    - Fragebogen
    - Diagramm

- **Externe Qualitätskontrollen:**
  - Fragebogen bei Kunden
  - Vergleich mit Ergebnissen anderer diagnostischer Mittel -> Forschung

• **Dokumentation**

• **Intervision**
- Kontrolle über subjektive Leistung
- Lernmöglichkeiten
- Anregungen
- Informelle Kommunikation

• **Forschung**
- Grundlagenarbeit
- Individuelle Weiterbildung
- Rückmeldung zur täglichen Arbeit
- Repräsentative Funktion gegen aussen: Garantie der wissenschaftlichen Grundlagen

2. Qualitätssicherung: Ergebnisse der Umfrage bei Kunden der SGG (2006 – 2008)

Schweizerische Graphologische Gesellschaft SGG

Société Suisse de Graphologie SSG

Qualitätssicherung

Ergebnisse der Umfrage bei Kunden der
Schweizerischen Graphologischen Gesellschaft SGG
(2006 - 2008)

Auswertung: Marie Anne Nauer

Qualitätssicherung

Ergebnisse der Umfrage bei Kunden der
Schweizerischen Graphologischen Gesellschaft SGG
(2006 - 2008)

Auswertung: Marie Anne Nauer

In der heutigen Zeit ist es unumgänglich, ab und zu Resultate vorzulegen zur Qualitätssicherung, um die eigene Arbeit zu überprüfen. Zu diesem Zweck hat die Schweizerische Graphologische Gesellschaft SGG im Zeitraum von 2006 bis 2008 eine Umfrage bei Kunden ihrer aktiven Mitglieder durchgeführt.[1]

Dabei wurde ein hoher Rücklauf von 83% erzielt. Es haben
- 13 Graphologen bei
- 44 Kunden
- 84 Fragebögen eingeholt.

70 % der Kunden sind bereit zu weiteren Auskünften; bei 7% ist dies nicht möglich (meist aus organisatorischen/zeitlichen Gründen).

Die ***Beratungsbereiche*** (mögliche Mehrfachnennungen) haben sich gegenüber früheren Zeiten, wo vorwiegend für Neueinstellungen gearbeitet wurde, deutlich verschoben:

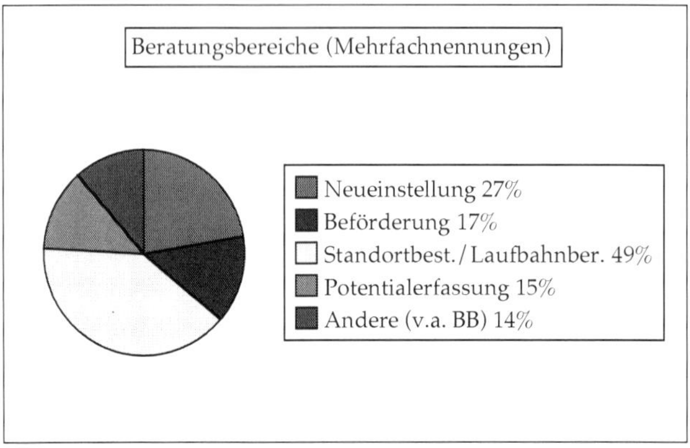

[1] Die Umfrage kann aufgrund der relativ kleinen Zahlen nicht als repräsentativ betrachtet werden, doch bringt sie für unsere tägliche Arbeit wichtige Hinweise.

Die ***Zufriedenheit*** ist hoch:
85% der Kunden finden, dass ihre Vermutungen klar bzw. mehr oder weniger bestätigt wurden; für insgesamt 74% ist manches klarer geworden oder es haben sich neue Aspekte gezeigt; für 27% ist die anstehende Entscheidung erleichtert worden.

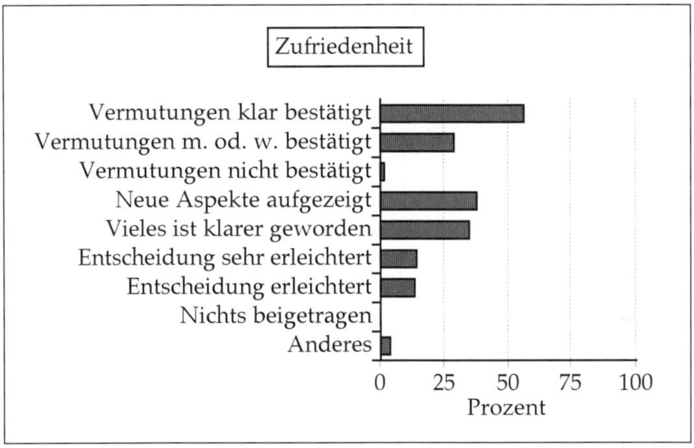

Die ***Ergebnisse*** sind als ausgesprochen gewinnbringend bezeichnet worden: 81% der Kunden bezeichnen sie als gut brauchbar bis sehr gut und gewinnbringend:

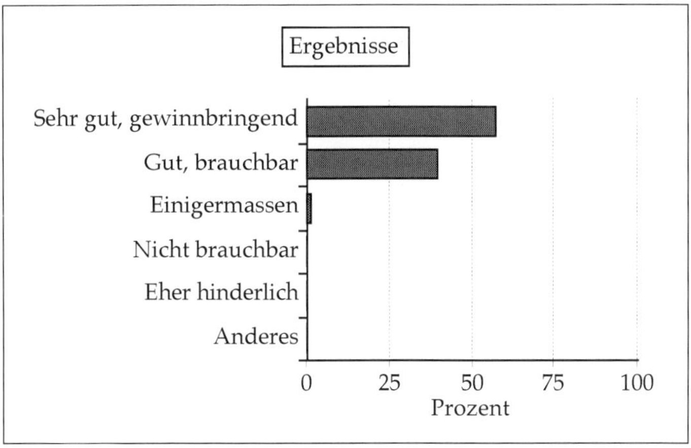

Die Formulierung ist durchaus zufriedenstellend und wird in der vorgebrachten Form geschätzt:

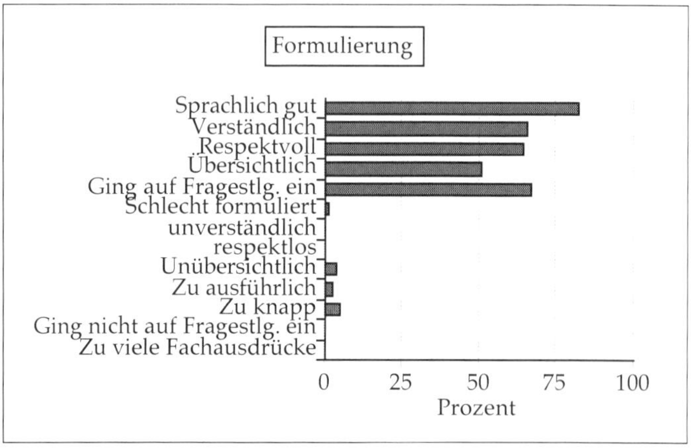

Die Kandidaten werden sehr viel umfassender ***informiert*** als zu früheren Zeiten, also im Sinne des Datenschutzes:

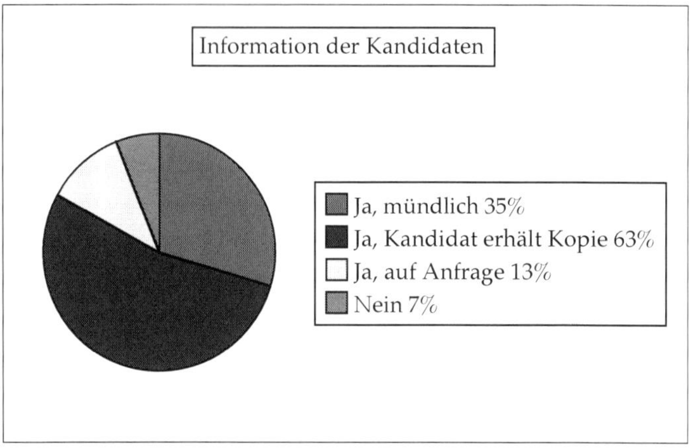

Sie fühlen sich entsprechend auch meist ***gut erfasst:*** nämlich 64% von ihnen, und 25% (Doppelnennung möglich) haben neue Einsichten gewonnen:

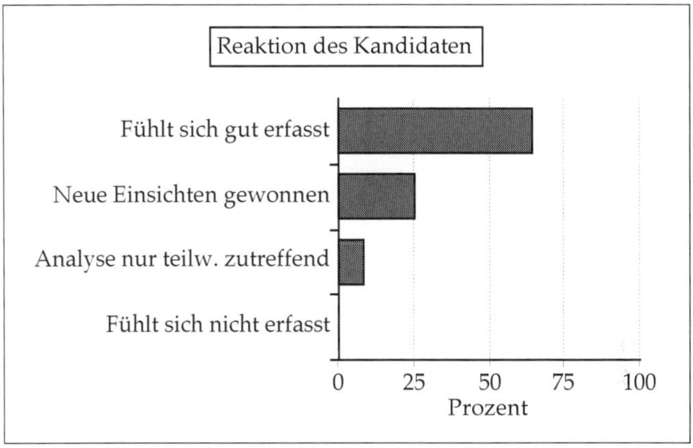

Die ***Entscheidung*** für oder gegen eine Einstellung oder für eine bestimmte Massnahme wurde häufig erleichtert:

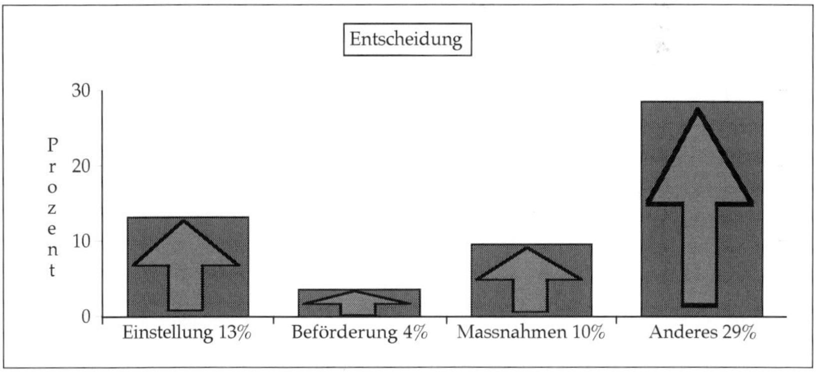

Was kann man ***besser machen?***

Es wurde zweimal angeregt, die Analyse besser zu gliedern und zu strukturieren; Einmal war dem Kunden der Text zu direkt, und einmal wünschte man sich, die Schwierigkeiten würden klarer aufgezeigt.
Insgesamt schlagen 8% der Kunden eine Verbesserung vor.

Einige wenige ***kritische Punkte*** wurden konkret angemerkt:

- Kritisch eingestellte Kandidaten hätten bisweilen Mühe, die Befunde anzunehmen (da ist dann natürlich auch das psychologische Einfühlungsvermögen des Personalchefs gefordert, der die Resultate übermittelt);
- Ein Kandidat fühlte sich überfordert von der Persönlichkeitsbeschreibung;
- Eine besser strukturierte Darstellung wäre hilfreich für das Verständnis.

Persönliche Anmerkungen haben 32% der Kunden angebracht:

Der Grundtenor tönt einhellig sehr zufrieden, vor allem auch mit der guten und häufig langjährigen Zusammenarbeit. Die Handschriftanalyse stellt offenbar nach wie vor eine wichtige Ergänzung und/oder Vertiefung dar zu den übrigen Einschätzungsinstrumenten.
Vor allem ist sie eine wichtige Entscheidungshilfe, die hilft, Fehler zu vermeiden – und Fehleinstellungen sind nicht nur teuer, sondern für alle Beteiligten unangenehm:

Zürich, April 2008

Anhang 3: Muster und Diagramme

1. Merkblatt für die Herstellung optimaler Schriftproben

SCHWEIZERISCHE GRAPHOLOGISCHE GESELLSCHAFT
SOCIETE SUISSE DE GRAPHOLOGIE SGG /SSG

Merkblätter

MERKBLATT ZUR HERSTELLUNG GEEIGNETER SCHRIFTPROBEN

Die Zuverlässigkeit der graphologischen Aussagen wird erhöht, wenn Sie die folgenden Punkte beachten:

- keine Filzschreiber oder Kugelroller verwenden; geeignet sind: gewöhnliche Kugelschreiber, evt. Füllhalter oder Bleistifte
- wenn möglich keine Abschrift, sondern etwas Spontanes: Briefe, Notizen und dergleichen
- wenn der Schreiber gewohnt ist, liniertes oder kariertes Papier zu benützen, bitte auch eine *zusätzliche* Probe auf uni weissem Papier (ohne unterlegtes Linienblatt!)
- Unterschrift und evt. Zahlen (z.B. Datum) nicht vergessen
- ein ausgefülltes Formular genügt nicht!
- zwei Schriftstücke sind besser als eines: grundsätzlich lieber zu viel Schrift als zu wenig, mindestens aber etwa eine A4-Seite. Gerne auch einige Proben aus früheren Zeiten.

Zusätzliche Angaben zur Person:

- Alter, Geschlecht, Muttersprache, Nationalität, Ort der Grundschule
- Angaben zur Ausbildung und beruflichen Situation
- bei speziellen Fragestellungen: Umschreibung der allgemeinen und der aktuellen Situation, zB Anforderungsprofil der zu besetzenden Stelle, Beschreibung einer besonderen Problematik etc.
- allfällige Linkshändigkeit oder sonstige motorische Besonderheiten
- aktuelle oder durchgemachte schwere Krankheiten, Einnahme relativ starker Medikamente, welche die Motorik beeinträchtigen könnten
- Bitte *keine* Photographie beilegen!

☞ ***Und vor allem: Schreiben Sie in Ihrer gewohnten Schrift, auch wenn es eine Druckschrift und auch wenn es keine Schönschrift ist!***

2. Das Persönlichkeitsprofil

a) Definitionen

Anforderungs- und Beurteilungsprofil

Definitionsblatt

	1	2	3	4	5
Bewertung:	❑	❑	❑	❑	❑

5 = überdurchschnittliche, überzeugende Ausprägung
4 = deutlich erkennbar, klar ausgeprägt
3 = in mittlerem Mass ausgeprägt
2 = nur ansatzweise erkennbar
1 = zu geringe Ausprägung, nicht vorhanden

Dabei gilt es zu beachten, dass in höheren Chargen Werte von 4 bereits die untere Grenze darstellen.

Intellektuelle Kompetenz

	1	2	3	4	5
Theoretisch-analytisches Problemverständnis Kann logisch aufgliedernd komplexe Probleme erfassen, denkt rational und begrifflich klar und prägnant, kann abstrahieren	❑	❑	❑	❑	❑
Synthetisch-vernetztes Denken Hat Sinn für Zusammenhänge, kann Einzelnes klar einschätzen innerhalb des Gesamtzusammenhangs, denkt antizipatorisch	❑	❑	❑	❑	❑
Kombinatorische Beweglichkeit Denkt flüssig, beweglich, assoziativ, gewandt, kann sich rasch ein Bild von der Sachlage machen; folgert gleichzeitig logisch und intuitiv	❑	❑	❑	❑	❑
Strategischer Blick Orientiert sich am konkret Vorhandenen, hat Sinn für das Wesentliche, findet praktikable, sinnvolle Lösungen, gewinnt unmittelbare Einsicht in Sachlagen und raschen Ueberblick über die Verhältnisse	❑	❑	❑	❑	❑
Kritik- und Urteilsvermögen Gelangt durch objektiv-distanzierte Betrachtung zu abgewogener, sachlicher Stellungnahme	❑	❑	❑	❑	❑
Kreativ-innovatives Denken Kann sich locker auf ungewohnten Denkbahnen bewegen, lässt sich etwas einfallen, findet weiterführende, schöpferische, eigenständige Lösungen	❑	❑	❑	❑	❑

Handlungs-Kompetenz

	1	2	3	4	5
Praktisch-pragmatisches Vorgehen Handelt erfahrungsorientiert, realistisch; organisiert systematisch, plant umsichtig und geordnet	❑	❑	❑	❑	❑
Zielfestigkeit Arbeitet zielorientiert, mit zweckmässigen Mitteln, speditiv, zügig	❑	❑	❑	❑	❑
Dynamik Zeigt intensiven, gleichmässigen Einsatz, „Push", „Drive", Tätigkeitsbedürfnis, Begeisterungsfähigkeit, Unternehmungslust	❑	❑	❑	❑	❑
Genauigkeit Arbeitet konzentriert, genau, gewissenhaft, sorgfältig, gründlich	❑	❑	❑	❑	❑
Belastbarkeit (quantitativ) Arbeitet ökonomisch, ermüdet nicht leicht dank sinnvollem Einsatz, ist robust, leistungsfähig	❑	❑	❑	❑	❑
Flexibilität Kann sich leicht umstellen, verschiedenen Menschen, Situationen und Anforderungen anpassen	❑	❑	❑	❑	❑

Persönliche Kompetenz

	1	2	3	4	5
Eigenständigkeit Handelt selbständig, unabhängig, bildet sich eigene Meinung, hat den Mut, gewisse Risiken einzugehen und zu verantworten, sich zu exponieren	❑	❑	❑	❑	❑
Belastbarkeit (qualitativ) Gutes Selbstvertrauen, psychische Ausgeglichenheit, gute Stress- und Frustrationstoleranz	❑	❑	❑	❑	❑
Verantwortungsfähigkeit Ethisch fundierte Einstellung sowie angemessene Distanz zu sich selbst und der Umgebung, realistische Selbsteinschätzung, sinnvolle Abgrenzung, innere Souveränität	❑	❑	❑	❑	❑
Emotionale Offenheit Ist sensibel, ansprechbar, hat gutes Einfühlungsvermögen	❑	❑	❑	❑	❑
Konstruktiv-optimistische Einstellung Ist initiativ, motiviert, lässt sich nicht so leicht Entmutigen, engagiert sich	❑	❑	❑	❑	❑
Entscheidungsfähigkeit Ist bereit und fähig, rasche und fundierte Entscheide zu fällen, packt auch Schwieriges an	❑	❑	❑	❑	❑

Soziale Kompetenz

	1	2	3	4	5
Teamfähigkeit Kann sich flexibel anpassen und sich trotzdem persönlich und situationsgerecht einbringen, wirkt integrierend	❑	❑	❑	❑	❑
Verhandlungsgeschick Gute Ausdrucks- und Kommunikationsfähigkeit, kann aufs Gegenüber eingehen und gleichzeitig zielfest bleiben	❑	❑	❑	❑	❑
Durchsetzungsenergie Setzt sich durch aufgrund sachlicher Argumentation und innerer Festigkeit	❑	❑	❑	❑	❑
Konfliktfähigkeit Ist bereit und fähig, Konflikte anzugehen und angemessen auszutragen. Gute Beziehungsfähigkeit	❑	❑	❑	❑	❑
Repräsentation Angemessenes, selbstsicheres Auftreten, angenehme Umgangsformen, stilsichere Erscheinung	❑	❑	❑	❑	❑
Angemessene Distanz Natürliche Lebendigkeit im Umgang, Takt, Rücksichtnahme	❑	❑	❑	❑	❑

Gesamtbeurteilung

	1	2	3	4	5
Allgemeine Eignung	❑	❑	❑	❑	❑
Führungskompetenz	❑	❑	❑	❑	❑
Eventuelle Entwicklungsmöglichkeiten	❑	❑	❑	❑	❑

	Nein	Reserve	JA
Grundsätzliche Empfehlung	❑	❑	❑

Allfällige Problematik (beschreiben):

Besonderes:

b) Profilbogen

Anforderungs- und Beurteilungsprofil	1	2	3	4	5
für:	von:				
Intellektuelle Kompetenz	❑	❑	❑	❑	❑
Theoretisch-analytisches Problemverständnis	❑	❑	❑	❑	❑
Synthetisch-vernetztes Denken	❑	❑	❑	❑	❑
Kombinatorische Beweglichkeit	❑	❑	❑	❑	❑
Strategischer Blick	❑	❑	❑	❑	❑
Kritik-und Urteilsvermögen	❑	❑	❑	❑	❑
Kreativ-innovatives Denken	❑	❑	❑	❑	❑
Handlungs-Kompetenz	❑	❑	❑	❑	❑
Praktisch-pragmatisches Vorgehen	❑	❑	❑	❑	❑
Zielfestigkeit	❑	❑	❑	❑	❑
Dynamik	❑	❑	❑	❑	❑
Genauigkeit	❑	❑	❑	❑	❑
Belastbarkeit (quantitativ)	❑	❑	❑	❑	❑
Flexibilität	❑	❑	❑	❑	❑
Persönliche Komptenz	❑	❑	❑	❑	❑
Eigenständigkeit	❑	❑	❑	❑	❑
Belastbarkeit (qualitativ)	❑	❑	❑	❑	❑
Verantwortungsbewusstsein	❑	❑	❑	❑	❑
Emotionale Offenheit	❑	❑	❑	❑	❑
Konstruktiv-optimistische Einstellung	❑	❑	❑	❑	❑
Entscheidungsfähigkeit	❑	❑	❑	❑	❑
Soziale Kompetenz	❑	❑	❑	❑	❑
Teamfähigkeit	❑	❑	❑	❑	❑
Verhandlungsgeschick	❑	❑	❑	❑	❑
Durchsetzungsenergie	❑	❑	❑	❑	❑
Konfliktfähigkeit	❑	❑	❑	❑	❑
Repräsentation	❑	❑	❑	❑	❑
Angemessene Distanz	❑	❑	❑	❑	❑
Gesamtbeurteilung	❑	❑	❑	❑	❑
Allgemeine Eignung	❑	❑	❑	❑	❑
Eventuelle Entwicklungsmöglichkeiten	❑	❑	❑	❑	❑
Grundsätzliche Empfehlung	❑ Nein		❑ Reserve		❑ Ja

3. Das Persönlichkeitsdiagramm

a) Das Kreisdiagramm

DAS NAUER-PERSÖNLICHKEITSDIAGRAMM

Aufgrund der Handschriftanalyse kann ein sehr differenziertes Persönlichkeitsprofil erstellt werden. Vor allem können fast alle wichtigen Führungseigenschaften rasch und genau beschrieben und auch visuell dargestellt werden.

Dabei wird eine Skala von 1 bis 5, wobei zu beachten ist, dass für eine Führungskraft eine klare Ausprägung all dieser Dimensionen erwünscht ist, das heisst eine Stufung von 4 bis 5. Die mittlere Stufe 3 wird bereits als ungenügend betrachtet: Diesem Umstand trägt die Darstellung auf dem Kreisdiagramm optisch Rechnung.

Durch die unterschiedliche Einfärbung der vier Kompetenzbereiche können auf den ersten Blick bereits wichtige Tendenzen festgestellt werden:
Handelt es sich um ein ausgeglichenes Profil?
Welcher Sektor nimmt auffallend viel/auffallend wenig Raum ein?
Wo liegen die grössten „Einbrüche" und also die Problembereiche?

Differenzierten Aufschluss über die funktionale und innerpsychische Struktur der Persönlichkeit gibt das ausformulierte Gutachten.

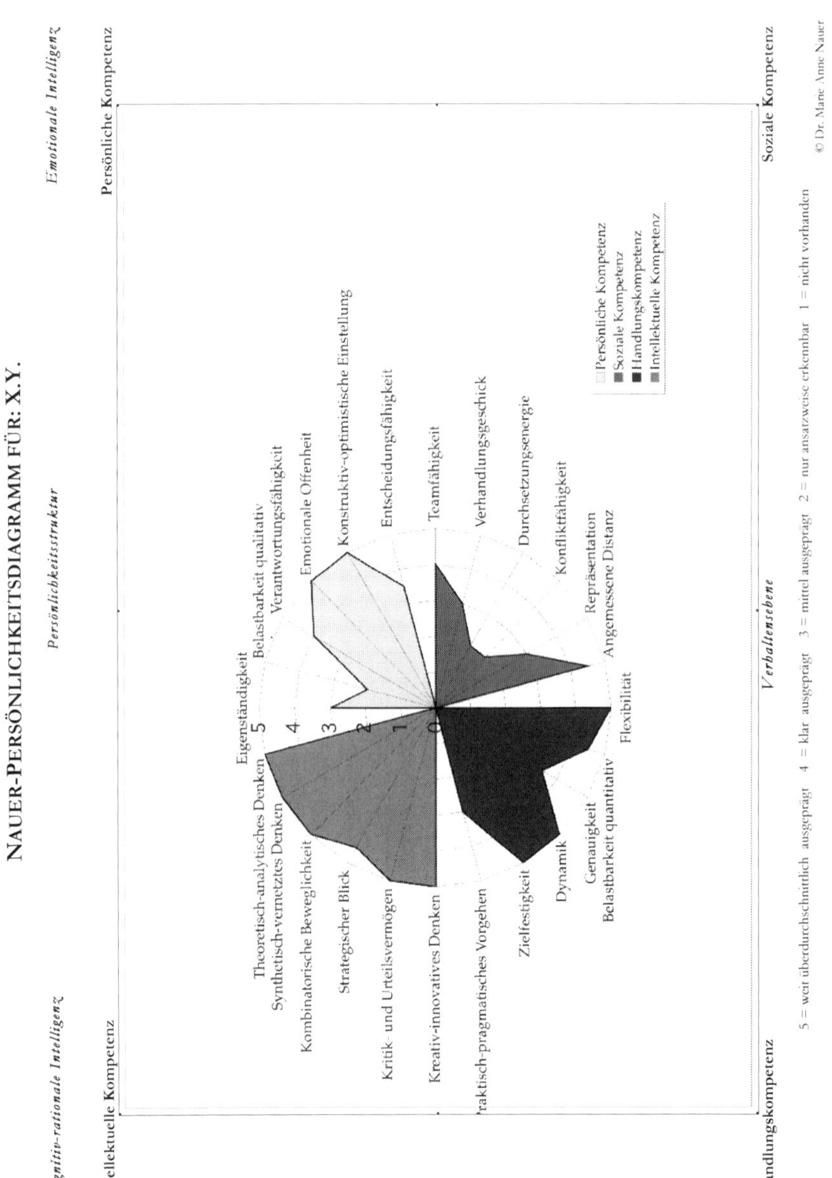
NAUER-PERSÖNLICHKEITSDIAGRAMM FÜR: X.Y.
Persönlichkeitsstruktur
Kognitiv-rationale Intelligenz
Emotionale Intelligenz
Intellektuelle Kompetenz
Persönliche Kompetenz
Handlungskompetenz
Soziale Kompetenz
Verhaltensebene
Eigenständigkeit
Belastbarkeit qualitativ
Verantwortungsfähigkeit
Emotionale Offenheit
Konstruktiv-optimistische Einstellung
Entscheidungsfähigkeit
Teamfähigkeit
Verhandlungsgeschick
Durchsetzungsenergie
Konfliktfähigkeit
Repräsentation
Angemessene Distanz
Flexibilität
Belastbarkeit quantitativ
Genauigkeit
Dynamik
Zielfestigkeit
Praktisch-pragmatisches Vorgehen
Kreativ-innovatives Denken
Kritik- und Urteilsvermögen
Strategischer Blick
Kombinatorische Beweglichkeit
Synthetisch-vernetztes Denken
Theoretisch-analytisches Denken
5
4
3
2
1
0
Persönliche Kompetenz
Soziale Kompetenz
Handlungskompetenz
Intellektuelle Kompetenz
5 = weit überdurchschnittlich ausgeprägt 4 = klar ausgeprägt 3 = mittel ausgeprägt 2 = nur ansatzweise erkennbar 1 = nicht vorhanden
© Dr. Marie Anne Nauer

b) Kompetenzentabelle

KOMPETENZENTABELLE

Auftraggeberin: A. B. **Bewerber: C. D.**

Datum: 16.01.2017

Graphologische Analyse – Profil **Graphologin: M. N.**

DENKEN:

	schwach	mittel	gut	sehr gut
Erkennen von Zusammenhängen				
Organisation, zweckmässige Planung				
Klare, übersichtliche Strukturierung				
Kreativität/Innovation				

Text:

ARBEIT:

	schwach	mittel	gut	sehr gut
Ist genau, gründlich				
Selbstdisziplin				
Ist quantitativ belastbar				
Handelt flexibel, zweckmässig				

Text:

PERSÖNLICHKEIT:

	schwach	mittel	gut	sehr gut
Eigeninitiative, Eigenmotivation				
Frustrationstoleranz				
Überzeugungskraft/Abschlusswille				
Selbständigkeit				

Text:

KONTAKT:

	schwach	mittel	gut	sehr gut
Kontaktfreudigkeit, Extraversion				
Einnehmende Ausstrahlung				
Angemessener Umgang				
Einfühlung in Kunden				

Text:

WEITERE BEMERKUNGEN:

Text:

Recht in privaten und öffentlichen Unternehmen

Band 1 Ute Buschmann / Salome Krummenacher
Eignerstrategien für Spitäler als Teil der Hospital Governance
2012. XXVIII, 125 Seiten, broschiert, CHF 45.–

Band 2 Stefan Rieder
Whistleblowing als interne Risikokommunikation
Ausgestaltung eines unternehmensinternen Whistleblowing-Systems aus arbeits- und datenschutzrechtlicher Sicht
2013. LIX, 362 Seiten, broschiert, CHF 88.–

Band 3 Manuel Stengel
Der Vertrauensarzt im privatrechtlichen Arbeitsverhältnis
2014. XVI, 348 Seiten, broschiert, CHF 88.–

Band 4 Simone Küng
Taschenkontrolle in Theorie und Praxis aus arbeitsrechtlicher Sicht
2015. XXIV, 107 Seiten, broschiert, CHF 43.–

Band 5 Alexander J. P. Ertl
Das befristete Arbeitsverhältnis in Theorie & Praxis
Unter Berücksichtigung des Arbeitsvermittlungsgesetzes
2015. XXXI, 259 Seiten, broschiert, CHF 78.–

Band 6 Johannes Sokoll
Referenzen im Arbeitsrecht
2016. XXVII, 113 Seiten, broschiert, CHF 45.–

Band 7 Manuel Vogler
Haushaltshilfen im schweizerischen Arbeitsrecht
2016. XIX, 98 Seiten, broschiert, CHF 42.–

Band 8 Belinda Bieli
Mobbing aus Sicht des Schweizer Arbeitsrechts
2016. XXIII, 129 Seiten, broschiert, CHF 46.–

Band 9 Mathias Fernandez
Entschädigung und Genugtuung wegen missbräuchlicher Kündigung
2017. XXV, 97 Seiten, broschiert, CHF 45.–

Band 10 Carina Oehri
Arbeitsunfähigkeit, Ferienunfähigkeit und Stellensuchunfähigkeit im Arbeitsrecht
2017. XXI, 84 Seiten, broschiert, CHF 40.–

Band 11 Selina Kämpfer
Überwachung des E-Mailverkehrs von Mitarbeitern
2017. XXIX, 119 Seiten, broschiert, CHF 45.–

Band 12 Nicolas Scheibler
Pflichten des Arbeitgebers bei Drohungen unter Arbeitnehmern
2017. XXI, 99 Seiten, broschiert, CHF 43.–

Recht in privaten und öffentlichen Unternehmen

Band 13 Silvia Baschung
Praktikantenverträge aus arbeitsrechtlicher Sicht
2017. XXII, 120 Seiten, broschiert, CHF 45.–

Band 14 Sandro Gauch
Grundlage und Bedeutung der Business Judgment Rule in der Schweiz
2018. XXIV, 166 Seiten broschiert, CHF 50.–

Band 15 Alexander Wiederkehr
Arbeitszeiterfassung in Spitälern und Kliniken
2018. XXI, 122 Seiten, broschiert, CHF 45.–

Band 16 Fabian Akeret
Verantwortlichkeitsklagen in der Schweiz während den letzten 20 Jahren
2018. XXXIX, 171 Seiten, broschiert, CHF 64.–

Band 17 Tobias Kaufmann
Funktion und rechtliche Stellung von Beiräten auf strategischer Führungsebene
2018. XXVII, 116 Seiten, broschiert, CHF 46.–

Band 18 Anusanan Sambasivam
Probezeit im schweizerischen Arbeitsrecht
2018. XXIII, 112 Seiten, broschiert, CHF 45.–

Band 19 Nicolas Dommer
Die Auskunftspflichten der Bank gegenüber Vermögensverwaltungskunden
2018. XXXVI, 189 Seiten, broschiert, CHF 64.–

Band 20 Carla Sophia Wälty
Verbot zum Tragen von Kopftuch oder Piercing durch den Arbeitgeber
2018. XXV, 96 Seiten, broschiert, CHF 43.–

Band 21 Jens Niemeyer
Probearbeit aus arbeitsrechtlicher Sicht
2018. XXV, 84 Seiten, broschiert, CHF 40.–

Band 22 Antonia Herger
Die sozialversicherungsrechtlichen Folgen einer ungerechtfertigten fristlosen Kündigung
2018. XXII, 79 Seiten, broschiert, CHF 40.–

Band 23 Christina Nydegger
Gleichstellungsprozesse in der Schweiz
2019. XXIX, 145 Seiten, broschiert, CHF 54.–

Band 24 Betty-Annett Meier
Bewertung des Arbeitgebers im Internet
2018. XXV, 92 Seiten, broschiert, CHF 45.–

Recht in privaten und öffentlichen Unternehmen

Band 25 Jonas Wüest
Haftung von Arbeitnehmenden im Konzern
2019. XXVII, 173 Seiten, broschiert, CHF 64.–

Band 26 Claudia Grüning
Funktion und Bedeutung von Einigungsstellen im schweizerischen Arbeitsrecht
2019. XXV, 140 Seiten, broschiert, CHF 54.–

Band 27 Mathias Mauchle
Das Rechtsverhältnis zwischen dem Beistand und der Erwachsenenschutzbehörde
2019. XLVII, 308 Seiten, broschiert, CHF 88.–

Band 28 Liliane Ruch
Verwarnungspflicht vor Kündigung gemäss GAV-Vorschrift
2019. XXIII, 109 Seiten, broschiert, CHF 46.–

Band 29 Michael Toneatti
Löschungsanspruch von personenbezogenen Daten des Arbeitnehmers gegenüber der Arbeitgeberin
2019. XXVII, 146 Seiten, broschiert, CHF 60.–

Band 30 Valérie Dätwyler
Sozialplan in der Schweiz aus arbeitsrechtlicher Sicht
2019. XXV, 177 Seiten, broschiert, CHF 65.–

Band 31 Daniel Herschkowitz
Der Belegarztvertrag – Theorie und Praxis
2019. In Vorbereitung